陆阳 著

杨家旧事

杨绛记忆之外的故事

南京师范大学出版社

图书在版编目(CIP)数据

杨家旧事：杨绛记忆之外的故事 / 陆阳著. --南京：南京师范大学出版社，2017.10
 ISBN 978-7-5651-3458-6

Ⅰ.①杨… Ⅱ.①陆… Ⅲ.①杨绛(1911—2016)—回忆录 Ⅳ.①K825.6

中国版本图书馆 CIP 数据核字(2017)第 186534 号

书　　名	杨家旧事——杨绛记忆之外的故事
著　　者	陆　阳
责任编辑	张元卿
出版发行	南京师范大学出版社
地　　址	江苏省南京市玄武区后宰门西村9号(邮编:210016)
电　　话	(025)83598919(总编办)　83598412(营销部)　83598297(邮购部)
网　　址	http://www.njnup.com
电子信箱	nspzbb@163.com
照　　排	南京理工大学资产经营有限公司
印　　刷	江阴金马印刷有限公司
开　　本	660毫米×970毫米　1/16
印　　张	19.75
字　　数	237千
版　　次	2017年10月第1版　2017年10月第1次印刷
书　　号	ISBN 978-7-5651-3458-6
定　　价	85.00元

出 版 人　彭志斌

南京师大版图书若有印装问题请与销售商调换

版权所有　侵犯必究

前　言

《杨家旧事》，讲述的是杨绛先生与她父辈两代人的旧事。

杨绛先生是我国著名作家、翻译家，一生翻译了大量国外经典著作，同时也写下了许多至性至情的回忆作品。杨绛先生深谙做人谦和、为文蕴藉之道，在怀人忆旧之时往往避实就虚，含而不露，极有分寸，给读者留下了些许空白和疑问。

写作此书初衷，就是从当时的报刊、档案、家谱以及同时代人物的回忆中，搜罗相应的资料，对杨绛的《回忆我的父亲》《回忆我的姑母》《杂忆与杂写》等文章进行了考索和补充，抉杨绛著作之隐，传杨家生活之奇，钩时代风云之沉。

全书共四章，第一、二章分别复原了杨绛父亲杨荫杭和姑母杨荫榆的生平，第三、四章则着重讲述了杨绛的读书时光，以及与钱锺书一起在抗战岁月中所经历的人与事。这些过去的人事，或曾被遗忘，或曾被隐藏，或曾被批判，或曾被唾弃，或曾被谎言式地改造过。之所以会如此，当时自然有这样或那样的理由。今天，写作此书，不在于辨析当时的对错，只在于还原那时的事实；不在于褒贬过去的人事，只在于考索曾经的行状。

但受到学识和资料的限制，书中所写的事实可能仍不是最终的真相，或者真相还隐藏在历史更深处。

这样的写作，其实是一个寻找的过程，一个唤醒记忆的过程，一个温故溯往、述旧启新的过程，应该抱有一种平和的心态，言自己所知，同时也不讳言自己所不知。距离已远，这段历史看起来不会那么亲近，但也因为距离已远，又可以免去现实的干扰，不为世俗看法所左右。还有，在写作笔调上，不必那么经院，不必那么学术，应该追求新鲜感、冲击力和可读性，有趣，有意思。我在这方面做了努力，有没有达到这一要求，则留待读者评判。

"钱学"，在当前无疑是一门"显学"，相关著作可谓汗牛充栋。这本书的出版，希望能为杨绛、钱锺书研究提供新的史料和视角。每一个人都是社会关系的微妙多面复合体，本书在写作中以史料为基准记人叙事，在活画人物形象的同时也致力描绘时代氛围，希望读者能从中细细体味那一时代的丰富与驳杂。

文史写作热，已经持续多年，且未见有退潮的明显迹象。就写作路径而言，有着"印象派"和"史料派"两大分野。"印象派"追求的是"形象生动"，用极度铺陈的笔法，演绎和想象过去的人、物和事。其最后则向文学传统靠拢，小说、影视剧本是其高级形式。而"史料派"追求的是"去伪存真"，所用材料均自旧书旧报纸中挖掘，有资料之独特性，而观史之角度焕然一新，见他人之不能见，言他人之不能言。"史料派"的写作，最终会向朴学传统靠拢，注重原始史料的整理与校订，从而为后来的研究者提供"新史料"或"新文献"。

无可否认，文史的写作正向着这两个维度各自发展，两者没有优劣、高低之分。回顾自己以往的文史写作，力求在史料的整理和发掘方面有所发展。从《无锡国专》到《唐文治年谱》，从《薛明剑传》到《胡氏三杰》，从《情爱民国》到《激荡岁月：锡商 1895—1956》，都是在这方面努力的结果，这本《杨家旧事》则是新的探索。

在过去大半年时间,这样的写作,无不可以用"枯燥"两字形容。在故纸堆中搜罗点滴,是枯燥的;对琐碎的资料进行"抽丝剥茧"式的整理,是枯燥的;将先生的回忆与当时的记录两相对照,从中发现问题、剖析真相,是枯燥的。但同时,这样的写作,又是温馨的。杨绛先生父亲、母亲、姑母的一生,先生自身成长、求学、成名的历程,以及她同钱锺书的相遇、相爱和相守……一位博学、睿智、宽容、淡定、从容、坚韧的奇女子,时常浮现在眼前。

面对杨家深厚的家族文化时,我越是写,越是觉得自己才疏学浅,但更坚定了写下去的决心,这是一种矛盾,担心做不好,却又要全力以赴。这是一次充满惊喜的写作,更是一次受益匪浅的学习过程。

苏州的黄恽和无锡的刘桂秋两位先生,长年关注对钱、杨两氏的研究,屡有著作面世。在本书写作中,就参考了两位先生著作中的观点。黄恽先生是一位善于"讲故事"的掌故大家,他通过搜罗、发掘旧时报刊、随笔、札记来记录掌故、品评人事,许多作品已经成为经典。此次,我特意去函,请教杨氏父女的轶事,黄恽先生随即回电,逐一释疑解惑。刘桂秋先生诲人不倦,多年来对我的写作多有指教,此次提供了他撰写的多篇有关钱、杨的考证文章。苏州施晓平先生对地方文史颇有研究,我与他有过通话,厘清了杨荫杭兄妹在苏州居所的情况。此外,还参考了董彦斌、杨成堉、杨昊成、陈雁以及诸多师友的观点,在此一并感谢。

南京师范大学出版社的张元卿先生,热心促成了此书的诞生。从课题酝酿到书稿出版的全过程,他都给予了悉心的指导。这是我与他的第二次合作,也要献上谢意。

2017年5月25日,正值杨绛先生逝世一周年。也正好在这一天,《杨家旧事》正式杀青,交付出版社。

最后,向杨绛先生致敬。

目　录

前言 / 001

第一章　父亲杨荫杭 / 001

世系 / 001

早年岁月 / 004

从"北洋"到"南洋" / 004

留学日本 / 009

鼓吹革命 / 015

在南洋公学译书院 / 020

学生胡适 / 025

远赴美国 / 028

《留芳记》里的杨荫杭 / 031

早期的报人生涯 / 033

跷"二郎腿"的杨律师 / 038

步入政坛 / 041

在上海，适逢"刺宋案" / 041

在浙江，秉公处理"恶霸杀人案" / 051

在京师，拘传许世英 / 054

律师和报人 / 075

病中恩人 / 075

执笔《申报》 / 079

重操律师旧业 / 087

逝世 / 094

附：母亲 / 096

第二章　姑母杨荫榆 / 103

"女师大风潮" / 104

风潮乍起 / 104

"局外人"登台 / 108

杨荫榆辞职后的"烂摊子" / 119

"不合时宜"的教育理念 / 124

早年的杨荫榆 / 129

离婚创举 / 129

东京的莘莘学子 / 135

学监 / 138

太平洋彼岸 / 141

沉隐中的坚守 / 150

重拾教鞭 / 150

"大战"王骏声 / 163

创办"二乐" / 168

杨荫榆之死 / 173

附：伯父、叔父与其他姑母 / 178

第三章　杨绛：读书时光 / 184

幼年季康 / 184

在启明女校 / 185

　　杨绛在启明的成绩 / 185

　　"酒丐"与劳神父 / 187

　　"小鬼"好友 / 191

在振华女校 / 192

　　记章太炎谈掌故 / 195

　　当伴娘 / 199

　　特殊的"女同学" / 201

　　《振华校友》卅周年纪念特刊中的杨绛 / 206

　　陆家兄弟 / 209

在东吴大学 / 211

　　《东吴年刊》上的杨绛 / 211

　　《申报》中的杨绛 / 217

　　东吴学潮中的杨绛 / 221

　　杨绛与周芬 / 227

　　老师苏雪林 / 229

与钱锺书在一起 / 235

　　初次见面 / 235

　　"情敌"叶崇范 / 239

　　去英国留学 / 247

　　参加第一届世界青年大会 / 257

　　钱锺书为何没有申请牛津学位 / 262

　　"史博定"教席之争 / 265

　　在巴黎 / 268

第四章　杨绛：抗战岁月 / 275
　　初抵"孤岛" / 275
　　苦难中的笑声 / 283
　　对日本士兵的记忆 / 290
　　甘当"灶下婢" / 293
　　"香粉铺"和"活春宫" / 295
　　小妹杨必 / 299

插图目录

图 1　《杨氏宗谱》/004

图 2　北洋学堂校门 /006

图 3　南洋公学大门 /007

图 4　杨荫杭在南洋公学时的学生成绩榜 /009

图 5　1909 年早稻田大学运动会 /010

图 6　《译书汇编》书影 /012

图 7　中年杨荫杭 /034

图 8　许世英 /064

图 9　任京师高等检察厅厅长时的杨荫杭 /067

图 10　《申报》"常识"副刊题头 /079

图 11　"安徐堂"——庙堂巷 16 号 /089

图 12　老年杨荫杭 /095

图 13　务本女塾 /098

图 14　母亲唐须嫈 /099

图 15　北京女子师范大学校舍 /106

图 16　章士钊 /107

图 17　1925 年在教育部任职时的鲁迅 /108

图 18　青年许广平 /109

图 19　女师大教师合影 /117

图 20　青年杨荫榆 /133

图 21　务本女塾上课时的情景 /135

图 22　1911 年,东京女子师范学校学生在做操 /137

图 23　杨荫榆留美前留影 /141

图 24　1918 年教育部选派留美学生合影 /142

图 25　1920 年杨荫榆的毕业照 /149

图 26　中年杨荫榆 /151

图 27　苏州中学校门 /161

图 28　王骏声 /165

图 29　田野中的杨荫榆住宅 /170

图 30　苏州吴门桥,杨荫榆遇难处 /177

图 31　留学美国时的杨保康 /180

图 32　启明女校校园 /186

图 33　启明女校校舍 /190

图 34　劳神父 /190

图 35　1927 年在苏州老宅内拍的全家福 /193

图 36　振华女校校门 /194

图 37　何德奎、杨闰康订婚仪式上家人、宾客合影 /201

图 38　杨绛在振华女校毕业时与同学合影 /205

插图目录

图 39　杨绛用英文撰写的《1932 年级文理学院》/212

图 40　东吴大学文理学院全体女教师、女学生合影 /213

图 41　女生排球队员合影 /215

图 42　女子篮球队员合影 /216

图 43　1929 年《东吴年刊》,杨绛头像和洋囡囡拼在一起 /216

图 44　东吴大学无锡同乡会会员合影 /217

图 45　1932 级东吴大学文理学院全体同学合影 /220

图 46　东吴大学校园 /221

图 47　杨绛曾在《东吴校刊》上发表作品 /228

图 48　在东吴大学执教时的苏雪林 /229

图 49　杨绛与好友蒋恩钿在清华大学大礼堂前草坪上合影 /237

图 50　杨绛与钱锺书订婚后在苏州庙堂巷花园同全家合影 /246

图 51　钱锺书在牛津大学的注册登记表 /247

图 52　钱锺书清华大学毕业证书 /249

图 53　钱锺书与杨绛在去往英国的邮轮上 /256

图 54　钱锺书与杨绛在牛津大学公园合影 /263

图 55　钱锺书当年的毕业论文原稿 /264

图 56　毕业论文中的笔迹 /265

图 57　杨绛、钱锺书和女儿圆圆合影 /276

图 58　王季玉 /278

图 59　《称心如意》书影 /285

图 60　《围城》书影 /298

图 61　杨必 /299

第一章　父亲杨荫杭

　　杨绛的父亲，名叫杨荫杭，字补塘、补堂，又名虎头，笔名老圃，别署补孙。关于杨荫杭的生平资料，杨绛《回忆我的父亲》一文可能是最详尽的来自至亲骨肉的回忆。该文是她1979年冬为中国社科院近代史研究所调查清末中国同盟会会员情况而作，分上下两部分发表在《当代》1983年第5期、第6期，初名《回忆我的父亲（一份资料）》。后来，此文被杨绛收录进不同的文集。1993年，杨绛整理出版《老圃遗文辑》，也收录该文。2004年，人民文学出版社推出八卷本《杨绛文集》，该文被收入散文卷上（第2卷）。到了2014年，人民文学出版社又推出九卷本《杨绛全集》，该文被收入散文卷（第2卷）。在各种版本的《回忆我的父亲》中，杨绛对不确、有误的信息屡有修正。但或许是年代久远、记忆模糊或为尊者讳的缘故，仍有一些方面语焉不详。本文根据史实，对杨荫杭先生经历略作补正，以求教于方家。

世　系

　　1878年，杨荫杭出生。依《鸿山杨氏宗谱》，他是无锡鸿山杨氏第二十八世孙。

鸿山杨氏，出自吉州吉水县杨家庄（今江西省吉安市吉水县黄桥镇云庄村），后迁浙江临安，至南宋嘉定年间移居无锡鸿山，杨氏由此在无锡立支。至八世杨子震定居无锡北乡寺头镇后，杨氏在寺头立支。明末，鸿山杨氏十九世杨英（字文叔）迁居无锡城内。由此，杨英成为鸿山杨氏迁城分支的始祖。其后，生息繁衍，开枝散叶，在城内逐渐形成了众多的杨氏支脉，其中以"旗杆下杨""学前街杨"和"留芳声巷杨"这三个支脉的声势最大，英才辈出。

那么，杨荫杭属于哪个支脉呢？目前比较普遍的说法是出自"留芳声巷杨"。但仔细探究相关资料，可见这一说法并不确切。《鸿山杨氏宗谱》少有杨氏在城里播迁的讯息，但印行于1931年的《锡金游庠同人自述汇编》，却提供了可资参考的资料。这本《自述汇编》汇编了晚清时期无锡地区科举人物的自述文章，其中就有数名鸿山杨氏人士。其中杨昌源自述："八世祖文叔公由寺头镇迁城，卜居流芳声巷。"杨鼎复自述："无锡九世祖海旸公卜宅北塘。"杨志濂自述："清初由寺头迁城，高祖荻浦公始分居北门外长安桥。"

据查《鸿山杨氏宗谱》，杨志濂的高祖荻浦公，谱名杨廷业，同样是杨荫杭父亲杨志泳的高祖。

这样，杨氏在城里的播迁情况有了一个大致的脉络：杨英从寺头迁居城内，首迁地是留芳声巷。其子一代就开始迁至北门下塘（北塘），子孙累世官宦，屋前多树立旗杆，悬挂"博学鸿词"旗帜，以示殊荣。乡邻们就把北门下塘杨氏居住的地方称为"旗杆下"。过了几代，又有杨氏子弟分居北门外长安桥。长安桥与下塘之间，只有城墙与护城河相隔，距离甚近，所以长安桥这批杨氏子弟可归入"旗杆下杨"一脉。

由此言之，杨荫杭与留芳声巷杨氏支脉已远，而是属于"旗杆下杨"。

第一章　父亲杨荫杭

根据鸿山杨氏宗谱，笔者编了简单的《杨家世系图》：

杨英(1617—1682)
　｜
　长子杨绍雍(1637—1727)
　　｜
　　四子杨铭朱(1681—1740)
　　　｜
　　　次子杨德冲(1724—?，太学生，候选州同)
　　　　｜
　　　　六子杨廷业(1756—1825，太学生)
　　　　　｜
　　　　　次子杨嗣烈(1782—1842，太学生)
　　　　　　｜
　　　　　　次子杨云璈(1803—1849，附监生)
　　　　　　　｜
　　　　　　　长子杨鑑(1826—1892)
　　　　　　　　｜
　　　　　　　　子杨志泳(1850—1903)
　　　　　　　　　｜
　　　　　　　　　次子杨荫杭(1878—1945)

据杨绛回忆："那时候，他(杨荫杭)的祖父在杭州做一个很小的小官。我的祖父也在浙江做过一个小地方的小官。两代都是穷书生，都是小穷官。我祖父病重还乡，下船后不及到家便咽了气。家里有上代传下的住宅，但没有田产；我父亲上学全靠考试选拔而得的公费。"①查《鸿山杨氏宗谱》，杨荫杭的祖父名叫杨鑑，原名锡蕃，字晋甫，附贡生，蓝翎五品衔，曾任浙江鲍郎清泉场盐大使。杨荫杭的父亲，也即杨绛的祖父名叫杨志泳，字翰敷、涵修，太学生，浙江候补府经历，署理浙江武康县县丞。杨荫杭，以"杭"为名，以"补塘"为号，可能是在其父浙江任上出生的。

---

① 杨绛：《回忆我的父亲》，《杨绛全集》(2)，人民文学出版社 2014 年版，第 95 页。

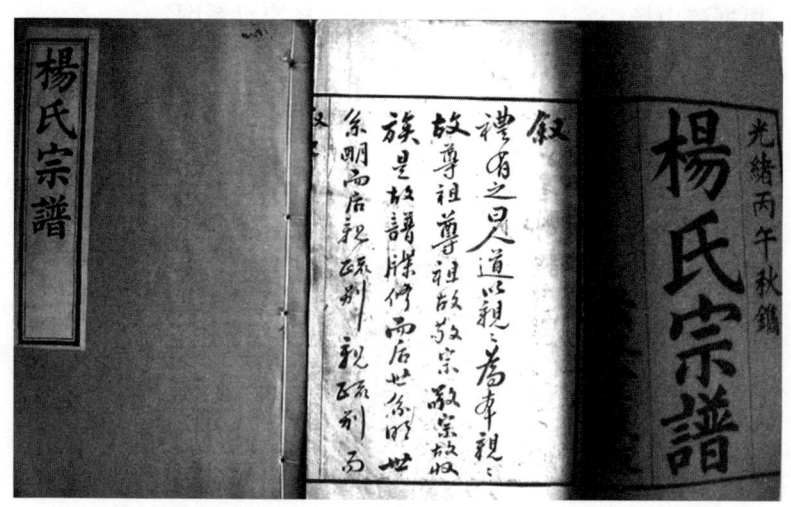

图 1 《杨氏宗谱》

顺便提一句,留芳声巷杨氏出过一对杨荫溥、杨荫浏兄弟名人。杨荫溥日后成为经济学家;杨荫浏则成为音乐家,因抢救无锡民间音乐家华彦钧(阿炳)那首传世乐曲《二泉映月》而声名赫赫。尽管名字皆有"荫"字,但从家谱而论,杨荫杭在辈分上要小一辈。

早年岁月

从"北洋"到"南洋"

1895年,17岁的杨荫杭考入创办伊始的天津中西学堂。这所学堂是由津海关道盛宣怀呈请北洋大臣王文韶转奏开办的大学堂,是中国近代史上第一所官办大学。第二年即改名为北洋大学堂。学堂创办初期由盛宣怀任督办,王修植任总办,委任伍廷芳和蔡绍基分别总理头等学堂和二等学堂,聘请美国传教士丁家立(C. D. Tenney)为总教习。丁家立以美国哈佛、耶鲁等大学的学制为蓝本设计该校的学制和修业年限,内分头等学堂和二等学堂,时间各为四年。头等学堂为大学本科,二等学堂为大学预科。二等学堂学生毕业,即升入头等学堂,其他各班,依次递升。头等学堂第二年以前课程不分科,第二年后各就性质所近,可习专门学一种,专门学分工程学、电学、矿务学、机器学及律例学五科。学生毕业后,或派赴外洋,分途历练,或酌量委派洋务职事。杨荫杭所学的正是律例学专科,也即所谓法律专科。

学堂开办的第三年,也就是1897年,该学堂因伙食问题爆发学潮,校方决定将带头闹事者一律开除。据杨绛回忆,当时他的父亲并未参与其事,但是在学校当局追查时,他因为看不惯那些事前慷慨激昂、事后畏葸不前的人,便挺身而出主动承担了责任。结果他被开除学籍。

随后,杨荫杭又考入刚刚在上海成立的南洋公学(交通大学前身)。南洋公学也是由盛宣怀奏设创办,晚于天津中西学堂一年。南洋公学办学经费因来自招商、电报两局捐款,故名"公学";"南洋"则是表明办学地点,以示与"北洋(天津)"相对应。学制课程参照中西学堂损益而定,组建四院:一是师范院;二是外院,即附属小学,兼作师范生练习(教学实践)之所;三是中院,相当二等学堂或中学;四是上院,相当头等学堂或大学。外院、中院、上院各习四年,三级衔接,依次递升。课程分为"中课""西课"两部分而注重法学、政治、经济,毕业生择学习优异者,咨送出洋就学于各国大学。《清史稿·学校》称:"中国教育有系统之组织,此其见端焉。"

关于天津中西学堂那次学潮,由于当时资料和档案的缺少,目前已经难以考证其间的具体细节。但杨荫杭离开北洋大学堂而进入南洋公学,其间的原因似乎并不如杨绛所叙述得那么简单。

图 2　北洋学堂校门

这里，就必须提到一个人——吴稚晖。

吴稚晖，名朓，又名敬恒，字稚晖，1865 年 3 月出生于江苏武进雪堰桥，六岁时母亲病故，遂寄养于无锡江尖上外祖母邹家。以后，他常自称为"无锡人"。先后就读于江阴南菁书院和苏州紫阳书院，曾为清朝举人。天津中西学堂创办伊始，他即担任国文教习一职。尽管他任教时日短暂，"迄至二次大战爆发以前，日内瓦国际文化合作委员会尚恭称吴先生为北洋大学教授"①。

吴稚晖在北洋大学堂的任教时间不长，很快即挂冠而去。

其间的原因，据学者汤可可先生分析，主要有三：一是与同仁相处不睦。吴稚晖上课采用讲解的办法，而之前教师不讲课，只是坐在课堂

---

① 《国立北洋大学卅七年班毕业纪念刊》，转引自《北洋大学—天津大学校史资料选编》(一)，天津大学出版社 1991 年版，第 403 页。

看书喝茶,学生提出问题才作解答。吴的做法得到总办王修植的肯定,要求其他教师仿效。吴在无意中得罪了学校同仁。二是当时吴稚晖思想保守,遭到学生批评。一次吴出作文题《率土王臣论》,学生认为思想陈旧,纷纷加以反驳。王修植知道了此事,对吴提出批评。吴颇为自责,决意辞职南下。他后来在《苏报案之前后》一文中这样说:"余见之(按:指王的批注),无颜再上堂。推说是家父无人照料,他再三留我,我决计辞去。"三是吴想自己创办学校。当时北洋大学先于近代化的中学开办,相应缺乏足够的生源。所以有识之士都在呼吁兴办新式小学和中学,吴也有此想法。他回到南方不久,就利用暑假,到无锡与友人一起在崇安寺创办三等小学堂。

1898年6月,吴稚晖进入南洋公学师范院就读,是师范院第二届学生。同时由于他在天津中西学堂当教习的经历,被委任为外院的代理学长,月薪达四十两白银,比在北洋大学堂多十两。

图3 南洋公学大门

同时离开北洋大学堂而进入南洋公学，杨荫杭与吴稚晖之间是否有某种关联呢？目前并无直接的资料可作佐证，但薛明剑的一篇文章为此提供了想象的空间。

薛明剑，无锡人氏，民国时期实业家，曾任荣家申新三厂总管多年，解放后担任上海市文史馆馆员，专司著述。他的《南洋公学创办史事纪略》一文，重点叙述了吴稚晖在南洋公学创办初期的行状。其中有言曰：(吴稚晖)"原任北洋大学教习，因杨荫杭闹学案南归，即谒何嗣焜。"①寥寥数语，内涵比较丰富。由于目前并无其他材料可供佐证，但杨荫杭参加那次学潮甚至离开北洋大学堂，是受了吴稚晖思想的"蛊惑"呢？抑或是杨荫杭愤而离校，吴稚晖为示同情或支持而辞职呢？其间具有想象空间。

从随后一段时间两人的行为来看，吴、杨两氏的思想是相近相通的，这里有一个细节可供参考。鲁迅在《因太炎先生而想起的二三事》一文中有这样的记载："凡留学生一到日本，急于寻求的大抵是新知识。除学习日文，准备进专门的学校之外，就赴会馆，跑书店，往集会，听讲演。我第一次所经历的是在一个忘了名目的会场上，看见一位头包白纱布，用无锡腔讲演排满的英勇的青年，不觉肃然起敬。但听下去，到得他说'我在这里骂老太婆，老太婆一定也在那里骂吴稚晖'，听讲者一阵大笑的时候，就感到没趣，觉得留学生好像也不外乎嬉皮笑脸。'老太婆'者，指清朝的西太后。吴稚晖在东京开会骂西太后，是眼前的事实无疑，但要说这时西太后也正在北京开会骂吴稚晖，我可不相信。"而据杨绛回忆，杨荫杭也喜欢"称慈禧为祸国殃民的无识'老太婆'。我也从未听他提到光绪有任何可取"②。两个人都把慈禧太后称作"老太婆"。

---

① 薛明剑：《南洋公学创办史事纪略》，《薛明剑文集》(上)，凤凰出版社2005年版，第587页。
② 杨绛：《回忆我的父亲》，《杨绛全集》(2)，第101页。

1898年暑假,正值"百日维新",吴稚晖、杨荫杭回到无锡发起集会,参加者包括最早主张白话文的裘廷梁、医生兼学者丁福保、实业家孙鹤卿和俞复等新式人物。他们有心模仿东林党人,评议国家发展趋势、地方政令、公益事业计划等,因常在春园茶馆聚会,被称为"春园党"人。其中最为热情的人物,正是年龄最小的杨荫杭。

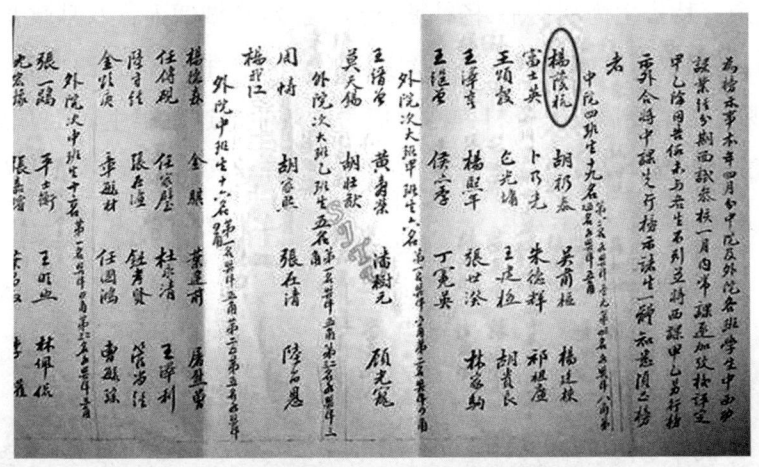

图4　杨荫杭在南洋公学时的学生成绩榜

留学日本

来到南洋公学的杨荫杭依然桀骜不驯,火力十足。据章宗祥回忆:(当时南洋公学)"总办为何梅生先生,张敬甫先生任总教习,福开森先生任监院。……张前任梅溪书院山长,……数月后,特班中胡伯平、杨补塘诸人,建议校务,对于现行章制示不满,张即辞事归梅溪。何初以学事全权委张,至是乃自理。"①何梅生,即前述薛明剑文章中提到的何

---

① 章宗祥:《任阙斋主人自述》,《文史资料存稿选编·教育》第24辑,中国文史出版社2002年版,第922—923页。

嗣焜,时任南洋公学总理(校长)。

不过,杨荫杭在南洋公学就读的时间并不长。到了1898年的11月,身为中院生的杨荫杭与同学杨廷栋、富士英、胡礽泰以及师范生章宗祥、雷奋,被南洋公学选派留学日本。对此,章宗祥回忆:"戊戌,南洋、湖北有派学生至日本留学之举。公学派六人,师范生二人,为雷继兴及余。特班生为胡伯平、杨补塘、杨翼之、富意城四人。八月政变作,当局又迟疑,至冬始成行。"①在章宗祥的回忆中,杨荫杭等四人为特班生,现有交通大学校史资料皆称他们为中院生。这批学生,《上海交通大学志》称是学校最早选派的留学生。② 学者桑兵则认为,这批学生是中国最早的官费留日学生。③

图5　1909年早稻田大学运动会

这批学生来到东京以后,先进日华学校,补习日语及基础学科知识,然后进入不同的大学学习。杨荫杭、杨廷栋、富士英、雷奋进入东京

---

① 章宗祥:《任阙斋主人自述》,《文史资料存稿选编·教育》第24辑,第924页。
② 《上海交通大学志》,上海交通大学出版社1996年版,第19页。
③ 桑兵:《留日学生的发端与甲午战后中日关系》,《华中师范大学学报》1986年第4期。舒新城、黄福庆先生和日本的实藤惠秀则认为中国学生留学日本发端于两年前的1896年,当时有13名学生在东京高等师范学校的"附读班"学习。

专门学校就读,章宗祥则进入帝国法政大学,胡礽泰在 1900 年冬改赴美国留学。东京专门学校创办于 1881 年,就在他们入学后不久的 1902 年,改名为早稻田大学。早稻田大学当时分为三部一科:大学部、专门部、高等师范部和高等预科。杨荫杭进入专门部法律科学习。

同年,一个名为"励志会"的中国留学生组织很快在日本东京成立了。"励志会"共有会员 30 余人。从南洋公学来的雷奋、杨荫杭、杨廷栋、章宗祥以及沈云翔、戢翼翚等是其中的活跃分子。章宗祥回忆:"在日华时,同人聚谈国政,革命之思想,发达甚速。每星期日,与成城同人之维新派会合(自湖北来者,有思想极旧之人,当时目之为顽固派,不相往还)组织励志会,假日本茶室为会所,上野三宜亭、牛边清风亭时往聚集,清茶煎饼,议论自由。励志会之组织,会员全体平等,不设会长;会中干事,由会员轮值。会时演说,或讲学,或论政,随各人意,绝无形式上之规制。"①

这些留日学生"留学斯邦,眷念故国",深深懂得要使国家富强,不仅要"取法欧美日本之制度",而且要进一步探寻欧美日本富强之"本"的学理。否则,"仅知其当然,仍不知其所以然",仍然难达到国家富强之目的,他们"负笈他邦,输入文明,义不容辞","将欧美日本'学理'最新之书,汇辑成编,饷遗海内",②决定在日本东京发起成立译书汇编社。12 月 6 日,《译书汇编》创刊,每月出版一期,由杨廷栋、杨荫杭负责,戢翼翚任社长。

译书汇编社是中国留学生创办的第一个译书机构,社中译员多为留日学生,以学习政法专业的为多,所译书籍也多为政法方面的重要著作。1900 年 12 月至 1901 年 5 月的第 1 至 4 期就刊载了卢梭《民约

---

① 章宗祥:《任阙斋主人自述》,《文史资料存稿选编·教育》第 24 辑,第 927 页。
② 《译书汇编发行之旨趣》,《译书汇编》第二年第一期,1902 年 4 月 3 日。

论》、孟德斯鸠《万法公理》、斯宾塞《代议政治论》、约翰·穆勒《自由原论》等倡导天赋人权、宣扬自由民权思想的经典论著。该刊还连续译载了美国伯盖司的《政治学》、德国伊耶陵的《权利竞争论》和伯伦知理的《国法泛论》等。此外该刊还通过译载日本人的著作来介绍欧美各国的政治史。如日本人写的《近代政治史》《近时外交史》《19世纪欧洲政治史》《欧美日本政体通览》《最近俄罗斯政治史》等。有些重要著作,先在《译书汇编》逐期刊载,后汇集成册以单书出版。

图6 《译书汇编》书影

《译书汇编》月刊,从用纸,到印刷、装订,一律仿效西洋。因此,《译书汇编》成为中国杂志中采用洋纸、两面印刷和洋式装订的鼻祖。同时该刊以编译欧美政法名著,介绍西方资产阶级社会政治学说为主要内容,是中国留日学生创办最早的进步刊物,被称为留学界杂志之先祖,对传播西方进步文化思想有很大贡献。梁启超在《清议报第一百册祝辞并论报馆之责任及本馆之经历》中说:"《译书汇编》至今尚存,能输入文明思想,为吾国放一大光明,良好珍诵。"①《新民丛报》也曾评价:"诸报中,除《江苏》一报未出版外,其余数种,语其程度则《译书汇编》为最。"②冯自由在《开国前海内外革命书报一览》中就指出:"留学界出版之月刊,以此为最早。所

---

① 梁启超:《饮冰室文集类编》,商务印书馆1916年版,第794页。
② 转引自吕顺长《清末中日教育文化交流之研究》,商务印书馆2012年版,第204页。

译卢骚《民约论》、孟德诗鸠《万法精理》、斯宾塞《代议政治论》等名著，促进吾国青年之民权思想，厥功甚伟。"①冯自由还说："译笔流丽典雅，风行一时。时人咸推为留学界杂志之元祖。自后各省学生次第倡办月刊，吾国青年思想之进步，收效至巨，不得不谓《译书汇编》实为之倡也。"②

据《译书汇编》第二年第三期的社告，主要译员共14人，南洋公学出身的雷奋、杨荫杭、杨廷栋、富士英、章宗祥名列其中，不过他们的身份标为"东京高等商业学校学生"，14人只有戢翼翚一人的身份被标为"东京专门学校毕业生"。不知原因何在。

初创时期的《译书汇编》月刊，由于知道人少，销路不广，但由于该刊内容与社会思潮相符，加之翻译相当优雅，发行量大增，每期逾千份，所出各类译书也广为行销，上海设有总发行所，在全国许多省市设有代售所，其中尤以江浙一带为多，这更激发出译员非凡的译书热情。据不完全统计，自1900年底创刊至第二年第9期，共刊载翻译书籍20余种。遗憾的是，这些已刊登和已译待刊的书均只标书名和原著者，而未注明译者，除少数在后来印成单行本后标出译者外，大多均已无法究明其译者，因而只能将它看作是译书汇编社的共同成果。

从1902年第9期起，《译书汇编》改名为《政治学报》，主要刊登著述文章，很少再刊登译著，"以著述为主，编译为副"。到1903年4月，又更名为《政法学报》，办刊宗旨相应地也调整为"取他人之思想，而以我之思想融合贯通之，……以同仁数年之研究心得，借以本编发表

---

① 冯自由:《革命逸史》(中)，金城出版社2014年版，第427页。
② 冯自由:《革命逸史》(上)，第74页。

之"①,继续出版至当年第 8 期停刊。

在苏州,年轻的包天笑在读到《译书汇编》之后,大感兴趣,与几位志同道合的朋友依样画葫芦组织了励学会,创办《励学译编》月刊。他们同留日学生杨廷栋、杨荫杭、雷奋等通信联络,声称:"日本之盛也,其书足以资我,其学足以师我","将采东西政治格致诸学,创译本以饷天下"②。"此外还征求留学日本的朋友,给我们译几篇,是一种帮忙性质,我记得杨廷栋(翼之)、杨荫杭(号补堂,又号老圃,无锡人)都帮过忙,他们都是日本早稻田大学的学生,那些译文,都是属于政治、法律的。至于稿费一层是谈不到,大家都是义务性质,而青年时代,发表欲也颇为强盛。"③因为苏州当时没有铅字印刷所,无法印刷出版报刊书籍,《励学译编》是用木刻的办法印刷的,条件虽然十分艰苦,但仍坚持出版了十二期。

留学日本的生活,不只是严肃的革命,还有轻松的笑话和趣闻。据杨绛回忆,杨荫杭曾经跟她讲起当年留学日本时的"偷皮蛋舍监尝异味,搽牙粉丑婢卖风流"笑话。说:"那时有某日本舍监偷吃中国留学生的皮蛋,又有个日本下女偷留学生的牙粉搽脸。"④冯自由回忆录《革命逸史》中,专门有"日教员窃皮蛋之笑话"一节记叙此事:

中国派学生至日本留学,自己亥始。是年上海南洋公学派留东学生章宗祥、雷奋、杨廷栋、杨荫杭、胡礽泰、富士英等六人,鄂督张之洞派三十余人,其他各省亦有之。既至东京,以言语不通,普

---

① 《改正体力告白》,《译书汇编》第二年第九期。转引自冯志杰著《中国近代翻译史(晚清卷)》,九州出版社 2011 年版,第 163 页。
② 《励学译社缘起》,《励学译编》第一册,光绪二十七年(1901)二月十五日。
③ 包天笑著,刘幼生点校:《钏影楼回忆录 钏影楼回忆录续编》,三晋出版社 2014 年版,第 122 页。
④ 杨绛:《回忆我的父亲》,《杨绛全集》(2),第 97 页。

通科学不完,无从入学,日本文部省乃特创设日华学校,专为中国学生教读语言及补习科学。惟设备简陋,所延教习皆下驷,卑鄙不堪,常就留学生乞食品果腹。有某生自中国带去皮蛋数十枚,日人不识为何物,再三探询,告之可食,犹不信,及见中国人用以佐餐,乞少许尝之,大赞不止。一日骤去其半,后乃知为教员兼舍监某所窃。又该校宿舍所佣日本下女常偷留学生牙粉涂面,浓淡不匀,有同丑鬼,为诸生所见,笑话百出。其时雷奋、杨荫杭、杨廷栋三人税居牛込区早稻田附近土首三番町,即当日雷等为《译书汇编》及《国民报》撰文之所,留学生恒假其地作聚会集中点,尤以日华学生为多。时有人戏为小说回目曰:"偷皮蛋舍监尝异味;搽牙粉丑婢卖风流。"亦趣闻也。①

鼓吹革命

励志会在日本初创之时,国内政局又生动荡。

1898年,维新运动失败后,维新派谭嗣同挚友唐才常誓继谭未竟之志,东渡日本,先后会晤梁启超、康有为和孙中山,从两方面获得支持。他于1899年冬回国密谋武装起事。次年在上海成立"正气会",旋即易名为"自立会",联络长江中下游会党,设富有山堂,发富有票,入会者达十余万人。又邀结社会名流和会党首领开"国会"(亦名"中国议会")于上海张园,以唐才常为总干事。同时,唐才常遣人在汉口设立机关,组织自立军。自立军由新军士兵和会党群众组成,两万人。

1900年夏,北方义和团运动高涨,八国联军侵入北京,慈禧太后携

---

① 冯自由:《革命逸史》(上),第93—94页。

光绪帝西逃。自立军见有机可乘,计划8月9日(农历七月十五)在鄂、湘、皖等地同时举事,但由于康有为承诺的海外筹款迟迟不到,起事被迫一再展期。其中吴禄贞、秦力山在安徽的一军未得通知,如期发难,激战七昼夜而败退。唐才常见事已泄露,箭在弦上,不得不发,于8月22日在汉口起事。时任湖广总督张之洞,以迅雷不及掩耳之势,先发制人,将唐才常等自立军首领一网打尽,旋即处决。自立军起事就此失败。

自立军发难之时,正值学校暑假,在日本留学的部分励志会成员回国直接参与了自立军起事,里面就包括杨荫杭。据朱邦华《无锡民国史话》记载:1900年,志士唐才常发起"自立会",在大江南北发放"富有票"作为入会凭证,准备在武汉起兵,武装勤王,杨荫杭参与其事。后唐氏失败,清廷以"富有票"案兴大狱,杨荫杭被迫东渡赴日,对于朝廷维新中兴的希望从此断绝。①

不过,杨荫杭参与自立军的细节,目前已经难以考证。

自立军起事失败后,骨干成员秦力山匿往上海,进入南洋公学暂避风头,后于1900年冬逃亡日本。他的到来,却导致了励志会的分化。励志会正式成立后,会员由于政治理想的不同,逐渐分成激烈派、稳健派两派,杨荫杭正是激烈派的代表人物之一。秦力山一到东京,马上与励志会的激烈派联在一起,"初则数日一会,近则或每日一会,每会必有演说,议论悖谬,大约皆欲效唐才常所为,实堪骇异"②。

温和派的章宗祥晚年这样为自己在励志会的行为辩解:"励志会本身初未有实行革命之谋划,然汉口唐才常之役,及第一次第二次革命,

---

① 朱邦华:《无锡民国史话》,江苏文史资料编辑部2000年版,第7页。
② 《张之洞致东京李钦差》(光绪二十六年闰八月初八日),《张文襄公文集》卷一六〇。

皆有会员为之牺牲。励志会会员个人以义合,而不以会自相标榜,可称最纯洁之团体。其后留东者人数渐增,各会纷立,遂生党派。余素持不党主义,尤不以因人分党为然。孙中山、梁任公寄寓横滨,时或晤谈,但为道义之交,未闻其党事也。"①

1901年5月,又一份新的月刊《国民报》在东京创刊,总编辑正是秦力山,而杨廷栋、杨荫杭、雷奋等为撰稿人。该刊"大倡革命仇满学说,措辞激昂,开留学界革命新闻之先河"②。同时列举康有为、梁启超的保皇行状,掀起了革命派与保皇派之间的一场论战。"留学界公然倡导急激言论者,此为嚆矢。""是报每期输入上海逾二千份,影响于东南各省青年,为力至巨。"③孙中山特意资助1 000英镑。该月刊出版四期,至同年8月因经费匮乏而停刊。据冯自由回忆,正是在《国民报》时期的1901年,杨荫杭与雷奋、杨廷栋一同加入兴中会。④

1902年12月,戢翼翚、秦力山等人又在上海创设《大陆报》(前二卷为月刊,从第三卷起改为半月刊)。"仍延秦、杨、雷诸人担任笔政,鼓吹改革,排斥保皇,尤不遗余力,实为《国民报》之变相。"⑤"是报主张改革,虽不如《国民报》之激烈,而排斥康梁之保皇邪说,尤有过之。""是时沪上日报杂志之言激烈论者,只一《大陆报》而已。是报亦仅出至十数期而止。"⑥

受到革命党人批判的梁启超,逐渐淡化保皇立场,开始宣传西方新思想、新观念。1902年2月,他在日本横滨创办《新民丛报》,刊登严复、

---

① 章宗祥:《任阙斋主人自述》,《文史资料存稿选编·教育》第24辑,中国文史出版社2002年版,第927页。
② 冯自由:《革命逸史》(上),第72页。
③ 冯自由:《革命逸史》(上),第209页。
④ 冯自由:《革命逸史》(中),第386页。
⑤ 冯自由:《革命逸史》(上),第72页。
⑥ 冯自由:《革命逸史》(上),第209页。

杨廷栋、杨荫杭、雷奋等人主张的民主自由新思想的文章。施原在《苏报案与辛亥风云》中如此评论："《新民丛报》流入国内,对启发民智,改变民风也起了很好的作用。特别是广泛介绍西方的思想文化学说,鼓吹西学,对于开通风气,启迪民智,大有裨益。在这方面,《新民丛报》接过了《译书汇编》的接力棒,长期对国民宣传西方先进思想。由于它持续时间长,在启迪民智方面起的作用更持久深入。"①

激进的杨荫杭,除了积极撰文鼓吹革命以外,还在家乡创设革命组织。1901年暑假,杨荫杭自日本回乡,邀集开明人士发起组织地方革命最早的小团体"励志学会",以竢实学堂为社址,集合地方先进知识分子40余人,推裘廷梁为会长,秦鼎臣、俞复为副会长。每星期日下午举行例会,主要由杨荫杭演讲,介绍在日本的所见所闻,号召破除忠君思想,实行民族主义,是为无锡最早的革命舆论宣传。"励志学会"与1898年夏的"春园党"颇有渊源,杨荫杭、裘廷梁、俞复都是当年"春园党"中的活跃分子。"励志学会"活动月余,为锡金两县官府禁止。

杨绛在回忆中转述了《中华民国史》(中华书局1981年版)的一段话:"江苏地方革命小团体发生最早,一九〇一年夏留学生杨荫杭回到家乡无锡,聚集同志,创设了励志学会。他们借讲授新智识之机,宣传排满革命……据说这段历史没有错。"

杨荫杭最后退出维新变法运动,却又最早加入民主革命运动。上世纪三十年代的国民党无锡县党部党史编委会确认他是"无锡地方第一个革命党人"。②

1903年前后,杨荫杭从日本回到国内,与留日同学蔡文森、华裳吉

---

① 施原:《苏报案与辛亥风云》,语文出版社2012年版,第43页。
② 朱邦华:《无锡民国史话》,第7页。

等在无锡北门外贝巷组织理化学会（又称理化研究所），一面研究自然科学，一面宣传民主革命思想。聘日本教师藤田幼彦来锡讲授自然科学，蔡文森、华裳吉担任口译。这是无锡第一所进行自然科学教育的专门学校（补习学校性质）。杨荫杭不仅自己"开夜车学理化"，而且还把两个妹妹荫玢、荫榆也带进了理化会。① 这开了男女同窗之先河。

参加学习的还有两个重要学生钱鼎奎（湘伯）、吴锦如（廷枚）。钱、吴等人后来都成为同盟会会员，并参加了光复无锡的革命。

在此，有必要交待日本留学生组织"励志会"的结局去向。由于自立军败后清廷视留日学生为乱源，双方对抗情绪日益加剧，但会员"志趣虽歧，尚能谨守小节，绝无辱及国体者"②。1901年1月，清廷发布变法上谕。9月17日，谕令奖励游学，留洋学生学成归国后，经考试合格，可分别赏给进士举人出身，正式纳入仕进之途。这一连串的求新姿态和实利诱惑，使"留学生之热中利禄者多认为仕途捷径，励志会会员乃亦渐次解体"③。稳健派会员章宗祥、曹汝霖等，"凡遇政府派员到日考察，章等辄为之翻译引导，图是渐与官场接近，而以稳健自命。激烈派渐鄙其行，诋为官场走狗，两派积不相能，遂成水火"④。1903年后，随着主要成员的先后回国，励志会逐渐消亡。

据包天笑回忆，在日本留学期间的杨荫杭为人严正，同学们戏呼他为"无锡孔圣人"⑤。

---

① 杨绛：《回忆我的姑母》，《杨绛全集》（2），第152页。关于理化会成立的年份，杨绛在《回忆我的父亲》中记为1903年，而在《回忆我的姑母》中又记为1902年。依据史实，前者为准。
② 《秦力山集》，中华书局1987年版，第159页。
③ 冯自由：《革命逸史》（上），第74页。
④ 冯自由：《革命逸史》（上），第76页。
⑤ 参见包天笑著、刘幼生点校：《钏影楼回忆录　钏影楼回忆录续编》，第392页。

在南洋公学译书院

1902年,杨荫杭和雷奋、杨廷栋尚未毕业就返回中国,进入母校南洋公学译书院充任译员。①

南洋公学译书院成立于1898年5月,聘张元济为主任。也就是那一年底,杨荫杭等人东渡日本留学。

译书院成立后,广购日本及西方各国新出之书,聘请日本人细田谦藏为日语翻译,并由部分优秀师范生参与其间,择要翻译作为教材。随着翻译量的增加,翻译人才缺乏,于是提前召回杨荫杭他们,以解燃眉之急。

对于这件事,杨绛在《回忆我的父亲》中是这样说的:"我父亲一九〇二年在日本早稻田大学(当时称'东京专门学校')本科卒业,回国后和雷奋、杨廷栋同被派往译书馆译书。"该文被收入《老圃遗文辑》时,有这样的注释:"译学馆前身是'北京同文馆'。庚子后,京馆改称译书馆。"这一说法明显有讹误。所以当此文在收入《杨绛文集》(人民文学出版社2004年版)时对注释改订为:"见西南交通大学出版社《交通大学校史资料选编》(一)第72页。据邹振环先生提供的资料,译书院属交通大学,主持者是张元济,派送雷奋等去译书院的是盛宣怀。"

译书院到1903年因经费问题而停办,在其存世的六年左右的时间里,共计翻译出版了多少书籍,因无该院书目可查,只能从其他书目钩沉,当然这种统计是难以保证完整的。有资料记载,其译书正式出版者

---

① 《派雷奋、杨荫杭、杨廷栋去译书院译书》光绪二十八年(1902)七月十六日,载交通大学校史撰写组《交通大学校校史资料选编(1896—1927)》(一),西安交通大学出版社1986年版,第72页。

至少有36种,未见出版但已译成者31种。① 那么,杨荫杭究竟在南洋公学译书院译过什么书呢？据邹振环先生查阅,在统计到的南洋公学译书院所译的60余种译书中,并无译员杨荫杭的署名。1902年译书院从事编译《日本法规大全》一书,后于1907年由商务印书馆印行推出,共分25类80册,达400万字。该书《译例》说明:"本书十分之六系南洋公学译书院"②,可见译书院译出的分量不少,约有240万字,估计参与者很多。杨荫杭、雷奋、杨廷栋均为日本法政科留学生,翻译日本《法规大全》堪称"专业对口"。据此推测,杨荫杭在译书院的主要工作可能是翻译此书。他后来留美入宾夕法尼亚大学所作的硕士论文为《日本商法》(编入宾夕法尼亚大学"法学丛书"第一辑,英文题为 Commercial Code of Japan),"把日本商法和它所依据的德国商法以及它所采用的欧洲大陆系统的商法作比较,指出特殊的地方是为了适合日本的国情,由比较中阐明一般商法的精神"。③ 这一论文的资料基础很可能在译书院翻译《日本法规大全》时就打下了。

据邹振环先生查阅并考证,目前能找到的有两部译作是署杨荫杭名字的。

第一部是日本加藤弘之著作《强者的权利的竞争》的中译本《物竞论》。

加藤弘之(1836—1916),是日本明治时期的政治家、教育家和启蒙思想家。杨荫杭在该译本《凡例》中称他是"日本维新以来讲求德学者之山斗"。加藤弘之的早期思想一度强烈倾向于基于天赋人权说的启蒙思想,但后来倒向社会进化论的立场,反过来否定和批判民权思想,并终生攻击自由民权。进化论进入东亚,首先出现在明治维新之后的

---

① 黎难秋:《中国科学翻译史》,中国科学技术大学出版社2006年版,第318页。
② 《新译日本法规大全》,商务印书馆1907年版。
③ 杨绛:《回忆我的父亲》,《杨绛全集》(2),第101页。

日本。日本在维新以后，竞争社会逐步形成，为进化论的思想提供了土壤。加藤弘之的转向，促进了进化论在日本的传播，对当时日本的思想界产生了深远的影响。他的社会进化论思想，集中体现于他的《人权新说》与《强者的权利的竞争》两部著作之中。

《物竞论》是加藤弘之《强者的权利的竞争》的中译本。全书共分十章，主要阐述生存竞争、优胜劣败之理。该书由杨荫杭译出后，首刊于1901年5月27日《译书汇编》第4期，以后在7月14日第5期、10月13日第8期上连载。在连载的同时，译书汇编社在1901年8月出版了单行本，销路颇好，1902年7月由上海作新译书局再版，1903年1月又由作新社图书局出版第三版。

当时，中国思想界正受到严译《天演论》带来的社会进化论的震荡，杨荫杭首先注意到加藤弘之以社会达尔文主义观点批判自由民权派的著作，并率先将之译成了中文，顺应了当时思潮的变化。《物竞论》译刊后，颇受当时学人的重视。1902年公奴《金陵卖书记》称：加藤弘之的《物竞论》"深切明著，锲人肺肝，要惟译笔之明锐，有以大助其力"[①]。光绪二十七年(1901)五月二十六日，孙宝瑄在读后写道："《物竞论》之意，谓民之所以屈于君，而听君之号令者，以君之权强，不得已而许之也。君之所以屈于民，而俯取民之公议者，亦以民权之强，不得已而许之也。故天下无公理，惟有强权。""《物竞论》云：喜专主之君主，与倡自由之人民，其心皆欲自由者也。余谓君之意，盖谓禁民自由，一人乃得自由，民之意，盖谓夺君自由，万人乃得自由。不知君民皆不可自由者也，君民之权平，而国治矣。"由此他得出这样的结论："我谓国家之进步也，以人人自由为归。然则欲世臻极治，必先去兵刑而后可。何也？兵刑二者，

---

① 张静庐辑注：《中国现代出版史料》甲编，中华书局1954年版，第388页。

皆以权力压制人，使不得自由也。曰：不然，兵刑正所以保人人之自由也。盖自由之性，人人所固有，不教而能者也。苟无以限制之，则必有自由过其量，而害人之自由者。所谓强凌弱，众暴寡，欲求人人之自由难矣。兵刑之设也，盖欲使人毋侵人之自由，乃足保己之自由。苟侵人自由，则不能保己之自由，如斯而已。然则被兵刑而不获自由者，皆欲害人自由之人。害人自由之人，乌可听其自由耶！"①

鲁迅在《琐记》一文中提及他在留学日本之前，在路矿学堂时开始"看新书"，如《天演论》《译书汇编》等。他写道："学堂里又设立了一个阅报处，《时务报》不待言，还有《译学汇编》，那书面上的张廉卿一流的四个字，就蓝得很可爱。"②在这里，鲁迅将《译书汇编》误写为《译学汇编》。1902年3月，鲁迅在往日本出发前，把一些新书送给周作人，其中就包括"大日本加藤弘之《物竞论》"。③ 周作人得到的《物竞论》，应该是由译书汇编社出版的单行本。周作人得到《物竞论》后，反复研读，"虽不甚解，而尚微知其意理，以意揣之，解者三四，颇增兴会"。④

另一部译作《名学》，是杨荫杭在读书之余，花了十几天时间据日文西方逻辑学著作，参以中国古代典籍中的典故编译而成的。杨荫杭给"名学"下的定义是"推理之学及推理之术"，并在该书《凡例》中特别指出："无论讲求何种学问均不可不知名学"，因为"名学之理，语其精则虽地球上通人学士，亦有所不及知；而语其粗则虽妇人孺子苟能言语者，即能知之"⑤。

---

① 孙宝瑄：《忘山庐日记》（上），上海古籍出版社1983年版，第365页。
② 鲁迅：《朝花夕拾·琐记》，《鲁迅全集》第2卷，天津人民出版社2005年版，第306页。
③ 《周作人日记》（影印本）上册，大象出版社1996年版，第317页。
④ 同③。
⑤ 《名学》，东京日新丛编社1902年版。

20世纪初,中国出现过一个译述西方逻辑学的高潮。在这批早期逻辑学译著中,以杨荫杭译述的这本《名学》面世为最早。该书明治三十五年五月十八日(1902年5月18日)由东京日新丛编社出版,编入"日新丛书"第一编,同年又以《名学教科书》为名由上海文明书局再版。

由于编译《名学》采用的宗旨是"供教科书之用",企图使"寻常中学功课卒业者,即可以此书授之"①,因此该书颇受欢迎,流传甚广。顾燮光《译书经眼录》著录了此书,他这样介绍道:"欧洲人以名学为各种学问之本源,学校必以教科之用。其旨极隽永,其意极明显,而其学有东西洋之分。是书以名辞命题,推度法为三大部,而三部之中派别极广,盖神妙存乎人,其理固不易也。"②光绪二十八年(1902)八月二十八日,孙宝瑄就购到了此书,他后来在日记中写道:"余初不解东文哲学书中'内容''外延'之理,读了《名学》后始知之,指出"名学之书与算学之书对峙,盖一为探颐之法门,一为探理之法门",并由此书所划分的政体的三类别,提出"天下政体,至众人所统治而极矣",即肯定民主政治是政体的最高境界。③

杨绛在回忆文章中专门提到了此书,写道:"最近我有一位朋友在北京图书馆找到一本我父亲编译的《名学教科书》(一九○三年再版)。想就是那个时期编译的。孙宝恂光绪二十八年十二月二十九日(一九○三年)日记里曾提到这部书:观《名学》,无锡杨荫杭述。余初不解东文哲学书中'内容''外延'之理,今始知之。"④在这里,杨绛将"孙宝瑄"写成"孙宝恂"。

---

① 《名学》,东京日新丛编社1902年版。
② 顾燮光:《译书经眼录·哲理》,1927年刊本。
③ 孙宝瑄:《忘山庐日记》(上),第574、629、632页。
④ 杨绛:《回忆我的父亲》,《杨绛全集》(2),第98页。

学生胡适

1903年译书院停办以后,杨荫杭在上海多所学校担任教职。据杨绛回忆:(杨荫杭)"曾在澄衷学校、务本女校、中国公学教课;不知在哪个学校教过胡适。"①

1905年春,刚从安徽山村走出的胡适,就读于上海澄衷学校。第二年,也就是1906年暑间,胡适又考取刚刚成立的中国公学,而此时的杨荫杭已经东渡日本,所以杨荫杭只有可能在澄衷学校教过胡适。但在早版本《回忆我的父亲》中,有这样一段话:"据说他(胡适)那时在中国公学读书。锺书对我说,胡适决不肯乱认老师,他也不会记错。"②杨绛把杨荫杭教授胡适的时间,显然搞错了。

不过,胡适在日后的对上海求学的回忆中未提及杨荫杭。

杨荫杭与胡适,在日后的岁月中似乎没有什么交集。1922年夏,胡适短暂去往上海。6月25日,丁文江和胡敦复同去胡适家。胡适在日记中特别写道:"敦复十年不到京了,今日谈的很好,他竟很赞成我们最近的举动,我们劝他在上海聚集一班好人,如杨补塘、徐振飞……养成一个中心。他也很赞成。"③这里的"好人"出自胡适、丁文江等16名知识分子刚刚在《努力周报》发表的宣言《我们的政治主张》。该宣言提出当时改革中国政治的最低限度的要求是"好政府",从而引发了一场"好政府主义"的论争。胡适日记中的杨补塘,就是杨荫杭。胡敦复,无锡人,早年留学美国康奈尔大学,回国后在游美学务处负责选送第二批

---

① 杨绛:《回忆我的父亲》,《杨绛全集》(2),第99页。
② 杨绛:《回忆我的父亲》,《回忆两篇》,湖南人民出版社1986年版,第11页。
③ 胡适著、曹伯言整理:《胡适日记全编》第3册,安徽教育出版社2001年版,第707—708页。

庚款留学生赴美,这批学生中就有胡适,因而胡敦复与胡适也有师生之谊。

杨绛后来认识了胡适。抗战胜利后,杨绛在上海,陈衡哲请杨绛喝茶,会见胡适。胡适用半上海话对杨绛说:"我认识你的姑母,认识你的叔叔,你老娘家(苏沪土语'尊大人'的意思)是我的先生。"①杨绛有三位姑母,但胡适所指当为杨荫榆。杨绛还有伯父和叔叔各一位,均因事故或疾病而早逝,可见胡适"认识你的叔叔"所指非其亲叔叔,而是杨荫杭叔父兼好友杨志洵。在这里,胡适搞错了,杨志洵不是杨绛的叔父,而是叔祖父(杨绛称为"叔公")。"你老娘家是我的先生",胡适说这句话,当然承认杨荫杭当过他的老师。

杨志洵,号景苏,先于杨荫杭进南洋公学,就读师范院。此后,长期在商务印书馆任职,并在中国公学兼教授。胡适在《四十自述》中回忆中国公学求学情景时,并未提到杨志洵。但是,1910年,胡适北上参加考选第二批庚款留学生,杨志洵出了大力,而且对胡适的学业提供了有益的建议。胡适写道:"我闭户读了两个月的书,就和二哥绍之一同北上。到了北京。蒙二哥的好朋友杨景苏先生(志洵)的厚待,介绍我住在新在建筑中的女子师范学校(后来的女师大)校舍里,所以费用极省。""杨先生指点我读旧书,要我从《十三经注疏》用功起。我读汉儒的经学,是从这个时候起的。"②考选结束,胡适回到上海,"南下的旅费是杨景苏先生借的。……没有这些好人的帮助,我是不能北去,也不能放心出国的"③。对于杨志洵指导胡适读书之事,时隔数十年后的2013年,102岁的杨绛在《忆孩时(五则)》有这样的描写:"我记得客厅里还坐

---

① 杨绛:《回忆我的父亲》,《杨绛全集》(2),第99页。
② 胡适:《胡适四十自述》,武汉出版社2015年版,第93页。
③ 同②。

着个人,现在想来,这人准是爸爸的族叔(我称叔公)杨景苏,号志洵,是胡适的老师。胡适说:'自从认了这位老师,才开始用功读书。'"①

　　此时的杨荫杭,鼓吹革命的热情依然不减。据杨绛说:"听说他暑假回无锡,在竢实中学公开鼓吹革命,又拒绝对祠堂里的祖先叩头,同族某某等曾要驱逐他出族。"在 2004 年出版的《杨绛文集》和 2014 年出版的《杨绛全集》中,都将"竢实"录为"俟实",这是一个不应该犯的错误。乡绅许珏曾愤然说:"此人该枪毙。"杨荫杭因"革命邪说"招致清廷的通缉,于是他筹借了一笔款子,于 1906 年初再度东渡日本,次年由日赴美,在宾夕法尼亚大学就读法律。

　　同族某某,杨绛没有点名,而据钱锺书堂弟钱锺汉回忆文章,是为杨章甫。"他(杨荫杭)又因带头反对跪拜祭祖,为同族杨章甫等开祠堂驱逐出族,当时被称为'叛逆之徒'。"②这从一个侧面说明当年杨荫杭之举的确惊世骇俗,造成了一定的社会影响。

　　杨章甫(1869—?),即杨锺钰,是杨荫杭同族叔祖,拔贡生,信奉佛教,从事慈善,著有《寰球名人德育宝鉴》《觉世宝经中西汇证》《观音经咒灵感录要》《圣哲嘉言类纂续编》《济公活佛真传》《治平统鉴》(十二卷)等。但他思想保守,到了 1926 年时还与别人一同呈请"禁止男女同校,特重读经与国文,禁用白话,并多设宣讲所",被斥为"僵尸的出祟"。③

　　许珏(1843—1916),字静山,晚号复庵。1882 年中举,入山东巡抚丁宝桢幕。1885 年,随出使美、西、秘大臣张荫桓前往欧美。1890 年,

---

① 杨绛:《忆孩时(五则)》,《杨绛全集》(3),第 303 页。
② 钱锺汉:《无锡光复志拾遗》,《无锡文史资料》第 3 辑,无锡市政协文史资料委员会 1981 年版,第 15 页。
③ 周予同著、朱维铮编校:《经学和经学史》,上海人民出版社 2012 年版,第 44 页。

调充出使英、法、意、比大臣薛福成参赞。1892年,丁母忧回国。1894年任出使美、西、秘大臣杨儒的参赞,力主签订保护在美华工的新约。中日甲午战争时,因抨击朝政,被迫辞职。回国后一度任张之洞的幕僚。因禁鸦片的主张未为清廷采纳,遂回无锡设戒烟局,提倡戒烟。1902年,以候选道、赏四品卿衔任出使意大利大臣。1906年回国,仍以道员在广东候补,逾年告归。辛亥革命后,隐居不出。著有《复庵先生集》。

许珏,正是杨锺钰的岳丈,两人是翁婿关系。

远赴美国

关于杨荫杭在美国的留学生活,杨绛有这样的文学记载:"我猜想,父亲留美四年多,脱离了革命,埋头书本,很可能对西方的'民主法治'产生了幻想,他原先的'激烈'渐渐冷静下来。"[①]

杨绛的判断是正确的,这可从杨荫杭当时的译著文字中看出端倪。在1906年4月至1909年10月期间,杨荫杭一直是北京《商务官报》的主要撰稿人,从他发表的长短60余篇著译中,已闻不出什么火药味了。

《商务官报》,是1906年4月28日(光绪三十二年四月初五)在北京创刊的旬刊,为商部的公报。从创刊号起,杨荫杭即有文章发表。杨荫杭在《商务官报》上发表的大部分是来自日本、英国和德国杂志的译文。其中最多的是介绍美国,如《北美铁路》《北美农业》《美国糖业》《旧金山之人造丝》;其次较多介绍的是各国的商业、经济情况,如《各国物产大略》《坎拿大之繁盛》《日本东京劝业博览会近状》《德国纺织业之现状》《英国林业》《印度及锡兰之红茶末》;还有就是日本杂志上有关中国

---

① 杨绛:《回忆我的父亲》,《杨绛全集》(2),第101页。

经济的文章,如《中国去年贸易情形》《中国之金融机关》。当然,也有部分著述的文章,其中较重要的有《振兴实业策》《历代财政论》《商业一斑》《厌世主义》《论物价》《羊毛谈》《商业补助机关之不备》《上海商帮贸易之大势》《论经济界恐慌之理》《汉口商帮之大势》《论各国对于中国之贸易政策》等。他还围绕自己撰写《日本商法》硕士论文所收集的材料,将之节译成中文,如《美国商法大意》《纽约州商会章程》《世界金融市场之中心点》《各国银行利息》《英国商务一斑》《欧美各地商会章程辑译》《欧美各国取引所之组织》《谷价与犯罪之关系》等。

正由于对西方的"民主法治"产生了"幻想",杨荫杭的政治思想发生了根本性的转变,由激进转向温和。当年在日本成立的励志会成员原本就有激烈、稳健两派之分,后来稳健派倒向官场,寻求进身捷径,激烈派也为之动摇。杨荫杭受西方法律思想的影响,从此时开始倾向于立宪。据张玉法《清季的革命团体》统计,励志会员共42人,除汉口自立军死难四人不应计入外,其余38人中,确有革命倾向者有11人,政府派14人,立宪派4人,其余态度不详。杨荫杭和雷奋、杨廷栋被归入"立宪派"。①

杨绛在回忆文章中还提到了杨荫杭在美的一件轶闻:

> 我现在还存着一幅一九〇八年八月中国留美学生在美国马萨诸塞州开代表大会的合影。正中坐的是伍廷芳。前排学生展着一面龙旗。后排正中两个学生扯着一面旗子,大书"北洋"二字。我父亲就站在这一排。他曾指着扯旗的一人说"这是刘麻子",又指

---

① 张玉法:《清季的革命团体》,台北"中央研究院"近代史研究所1975年版,第253—255页。

点这人那人是谁,好像都很熟。①

伍廷芳,在北洋大学堂初创之时曾担任头等学堂总理,此时正担任清廷驻美国、墨西哥、秘鲁、古巴公使。他属于老师辈,自然端坐正中。那么,那个"刘麻子"是谁呢?他的大名叫刘景山,字竹君,河北沧县人,1885年生于天津,回族。1906年入宾夕法尼亚大学攻习铁路管理。1909年获经济学硕士学位。归国后曾在交通部任职18年,任期最长的职位为路政司司长,达九年之久。一生对我国早期铁路交通贡献颇大,曾主持建设成渝铁路。1976年病逝于台北。

这里有必要交代一下北洋大学堂学生留美的背景。1899年,北洋大学堂第一届学生毕业,原拟派赴美国留学,后因八国联军攻占天津,未能成行。两年后,北洋大臣袁世凯从该校选派王宠惠等八人赴美留学。1903年,北洋大学堂在西沽新址复校。复校后的第一班刘景山等34名学生未待毕业,便于1906年全部送出留学。除三人赴法国外,其余均入美国哈佛、耶鲁、麻省理工等著名大学。1907年,又有第二班的马寅初等13名同学,也未待毕业即送往美国深造。

有资料表明:1901至1907年间,全国官费留美学生总计约有一百余人,其中北洋大学堂就占有半数以上。② 而且这些学生大多送往美国留学,这样就形成了一个声势浩大的北洋帮。杨荫杭虽然被北洋大学堂开除学籍,但在留美期间仍然被视为北洋毕业生,与那些北洋大留美学生交往颇多。

---

① 杨绛:《回忆我的父亲》,《杨绛全集》(2),第95页。
② 金以林:《近代中国大学研究:1895—1949》,中央文献出版社2000年版,第17页。

《留芳记》里的杨荫杭

1910年,杨荫杭在宾夕法尼亚大学获得法学硕士学位,随即返回国内。

回国后的杨荫杭,"由张謇推荐,在北京一个法政学校教课。那时候,为宣统'辅政'的肃亲王善耆听到我父亲是东西方法律的行家,请他晚上到王府讲授法律课。我父亲的朋友包天笑在一部以清末民初为背景的小说里曾提起这事,锺书看到过,但是记不起书名,可能是《留芳记》。"①

《留芳记》是包天笑在二十世纪二十年代初创作的一部章回体小说,串合诸色人物描写清末到民国初年历史。杨荫杭出现在《留芳记》第一集第六回"都下辇金老臣满志 御前借箸太后吞声"。其文曰:"民政大臣肃善的府邸中,又延请了一位江苏人杨荫圃,每日请他讲一两点钟宪法。大家很有主张速颁宪法的。"②所谓肃善,乃是肃亲王善耆,江苏人杨荫圃,自然就是杨荫杭了。一部小说的一句话,钱锺书几十年后还能记得,记忆力可谓惊人。

这位善耆亲王,正是川岛芳子的生父,清亡后宗社党的首要分子。但他在清末皇族中还是锐意改革的,引进了警察制度,修整了王府井一带的路面和大大小小的店铺,还建成了东安市场和文明戏院,为北京成为首善之区做出不小的贡献。此外,他还因为同情革命,主动释放了刺杀载沣的汪精卫。

此时的杨荫杭,还有一件事杨绛在回忆文章中未提及。1910年11

---

① 杨绛:《回忆我的父亲》,《杨绛全集》(2),第101—102页。
② 包天笑:《留芳记》,《包天笑文集》,华夏出版社2000年版,第191页。

月,在京师法律学堂和修订法律馆任职的汪有龄、江庸、汪乐园等联络立法、司法界人士成立中国第一个全国性的法学会——北京法学会。北京法学会成立后,于 1911 年 6 月创办会刊《法学会杂志》。"发刊辞"正是由杨荫杭所作。该刊按月连出五期,到武昌起义暂停。杨荫杭发表《民彝说》《英美契约法》《和奸罪》等文。

在此,可推测杨荫杭任教的那所法政学校,极有可能就是发起成立北京法学会的京师法律学堂。想来,如果是其他私立性质的法政学校,是用不着张謇推荐的。

张謇(1853—1926),字季直,号啬庵,江苏南通人,1894 年以状元的身份登上进士榜首,成为享誉一时的"江南才子"。自 1899 年起,先后创办了通州大生纱厂、通海垦牧公司、广生油厂、上海大达外江轮步公司、资生铁冶厂等企业,并参与或创办了通州师范学校、通州博物苑、南通图书馆、上海复旦公学、吴淞中国公学等文化教育事业。清朝末年,积极参与预备立宪工作,一度成为国内立宪派的领袖。武昌起义后宣布拥护共和,任南京临时政府实业总长,继而又被北洋政府任为农林、工商总长,兼全国水利局总裁。其间,倾心袁世凯,曾组织统一党与国民党对抗。袁世凯复辟帝制失败后辞去所有职务,重操其实业与教育旧业。他所经营的事业,涵盖了纺织、食油、面粉、肥皂、水利、电灯、铁路、银行等十分广泛的领域,规模之宏大,资本之雄厚在中华全国首屈一指。张謇是中国近代实业界和教育界的先驱人物,著有《张季子九录》《张謇日记》《啬翁自订年谱》等。

京师法律学堂是中国近代官办第一所法律专门学校,1905 年创设于北京。学堂招收各部已仕人员,研读中外法律,三年毕业。1912 年 5 月并入北京法政专门学校。

早期的报人生涯

辛亥革命前夕,我父亲辞职回南,肃亲王临别和他拉手说:"祝你们成功。"拉手祝贺,只表示他有礼貌,而"你们"两字却很有意思,明白点出东家和西席之间的不同立场。"祝你们成功"这句话是我父亲着重和我讲的。①

这是杨绛回忆的一段文字。目前,没有证据可以证明南回的杨荫杭直接参加了光复行动。1912年元旦,中华民国成立。1月15日,法制院成立,宋教仁被任命为总裁。宋教仁倾向于通过立宪、议会等手段加强民国法治建设,在《民立报》上发表公开信,邀请雷奋、杨荫杭、孟森来法制院工作。② 此时的杨荫杭,受到美国法制思想的影响,同样对法治产生了深厚的信仰。宋教仁向三人发出邀请,可能又是立宪派领袖张謇所推荐。

同时有一则消息,说老同学章宗祥邀请杨荫杭担任新政府法制局职员。"国务院成立,劈头第一问题即为财政。而财政总长既未北来,此纷如乱丝之财政何从说起?……法制局局长,业已发表委任章宗祥充当。章君以民国初立、法制关系重要,极思认真办理,一洗从前腐败之习。其所调用人员均系东西洋留学生。兹将员名列左:朱献文、汪有龄、余荣昌、恩华、徐秀钧、汪燨芝、胡礽泰、林行规、杨荫杭、胡贻谷、陈介。"③

---

① 杨绛:《回忆我的父亲》,《杨绛全集》(2),第102页。
② 《民立报》,1912年1月23日。
③ 《新政府组织种种》,《申报》,1912年5月1日。

图 7　中年杨荫杭

显然，从后来的事实看，杨荫杭没有去往南京或北京，而是到了上海，"在申报馆任编辑，同时也是上海律师公会的创始人之一"①。

这里，杨绛的回忆有舛误。杨荫杭在申报馆任编辑，应该是在 1920 年后的事。那是他第二次从北京辞职南回，是北洋政府时期。

那么，他是不是上海律师公会的创始人之一呢？

中华民国成立后的一段时间内，上海先后有几个律师组织出现。1912 年 1 月 28 日，中华民国律师总公会成立。"拟在上海地方组织中华民国辩护士会，为保护人民权利起见，即为国家扩张法治之精神，故敢联合同志组织是会"，并发布章程。② 4 月，由 20 名法政大学毕业生

---

① 杨绛：《回忆我的父亲》，《杨绛全集》（2），第 102 页。
② 《辩护士公会发现》，《民立报》，1912 年 1 月 7 日。转引自《近代社会变迁中的上海律师》，上海辞书出版社 2008 年版，第 169 页。

发起成立中华律师联合会。到了9月,又有法律界人士发起成立法律协会。在这些律师组织中,中华民国律师总公会参加人员最多,声势最为浩大。

这些律师组织在成立之初并无严格的组织体系,加之受到政局影响,一直处于重组和变化的状态。7月,中华民国律师总公会就发出紧要广告,认为律师总公会应在中央所在地另行组织,并将上海所在的组织更名为律师总公会驻沪事务所。到了12月8日,中华民国律师总公会更名为上海律师公会,并发布成立通告。杨绛在回忆中所提及的正是这一组织。该公会在通告中说:"凡领有律师证书,已向高等审判厅登录,在上海设有事务所者,皆得按照本会章程入会。"随后,1913年5月20日的《时报》报道了上海律师公会当时的状况,文中概括地说明了上海律师公会成立的过程:"律师公会为前年光复后所创立,名曰中华民国律师总公会,……自司法部颁行律师暂行章程,……严行改革,大加整顿,现定名曰上海律师公会,业经开会十余次,逐渐进行。"5月25日,上海律师公会召开大会,会上通过了修改公会章程各条款的决议,并规定加入公会的具体手续。

但是,《上海律师公会报告书》所载"会员录",以及《时报》1913年5月20日所登的会员名录,皆无杨荫杭名字。不过在上一年的《法政杂志》第10期有这样的记载:"中华民国总公会系沪军都督核准咨请司法部伍秩庸总长认可,如杨荫杭、杨廷栋、狄梁孙、章宗祥、林行规、金泯澜、雷奋、蔡寅、孟森、杨恺等诸律师,皆知名法界,必能尽保障人权之责任。"①从这则简单的消息可见,杨荫杭与他的留日同学杨廷栋、章宗祥、

---

① 转引自陈同:《近代社会变迁中的上海律师》,上海辞书出版社2008年版,第231页。

雷奋等，一起参加了中华民国律师总公会，但是当这一律师组织演变为上海律师公会以后，却不见其名，是他们没有加入？还是名单有所遗漏？内中的缘由不得而知。

但不管情况如何，说杨荫杭是上海律师公会的创始人之一，并不为过。

从1912年3月起，"大律师杨荫杭开始执业"的广告在《申报》密集刊出。从这些广告可见，杨荫杭的事务所并不设在上海，而是设在苏州。广告同时指出，一切讼费的收取方式完全按照江苏省政府所颁布的《江苏律师章程》办理。由此可见，杨荫杭等人同时也是江苏律师总会的会员。①

在这一阶段，杨荫杭仍然没有放下手中的笔，继续着自己的著述生涯，为《民报》和《时事新报》等撰稿。

《民报》是《时报》的一份子报，创刊于1911年11月21日，专以"鼓我民气，一我民心，增我民力，全我民德，补我民缺"为宗旨。《时报》与立宪派重要人物张謇关系密切。② 据包天笑记载：《民报》"延杨荫杭（老圃）为主笔，则纯粹为民主作风。卒以经济不继，支持至两年停刊"③。

《时事新报》，原名《时事报》，创刊于1907年底。1911年5月18日更改为《时事新报》，其办报宗旨是为政党宣传，"盼为发生政党之先声"，其观点与共和党接近。翻阅《时事新报》，从1912年7月开始，时评社论中开始出现署名"老圃"的评论，直至1913年2月，大约半年多时间。由此可以推断，杨荫杭担任《时事新报》编辑，大致也就是在这一

---

① 孙慧敏：《制度移植：民初上海的中国律师1912—1937》，台北"中央研究院"近代史研究所2012年版，第137页。
② 方汉奇：《中国近代报刊史》，山西教育出版社1991年版，第628页。
③ 包天笑：《辛亥革命前后的上海新闻界》，《中国近代报刊史参考资料》（下册），中国人民大学新闻系1980年版，第592页。

个时段。杨荫杭的评论文章,站在共和党的角度,不遗余力地介绍欧美的各种政治制度,并且与国民党一派的报纸展开辩论。此时的杨荫杭关注最多的是宪法问题,就《中华民国临时约法》的问题,写了《临时约法第三十四条之研究》《参议院不能解决之问题》《记华盛顿第一次内阁》《论大总统应有解散议会之权》《省议会解散问题》《总统责任问题》《民权之伸缩与总统内阁无关》《国会果代表全体人民乎》《内阁制果能实行于中国否》《内阁制与共和制之精神》等评论。从这些评论可以看出,年轻的杨荫杭对共和充满了热情,对袁世凯政府也抱有很大的希望。

时人如此评论《时事新报》的杨荫杭:"民初上海各报主编之著名者,如《民立报》之苔延,《时报》之惜师,《时事新报》之老圃,《神州日报》之鹤望,皆著论立说,文采斐然。而杨老圃,每发一言,援据法律,如老吏断狱,尤足令读者神气清朗,惜其复去为法官,未能久主笔政。"①

关于杨荫杭为《时事新报》撰稿之事,杨绛在早版本的回忆文章中有所提及,但她把时间搞错了。她写道:"我想,大概我父亲回国后在上海工作。我知道他在时事新报馆任编辑,并在澄衷学校、务本女校、也在中国公学教课。"②她把杨荫杭在时事新报的时间,归入他从日本回国后的一段时间,这是不确的。当然,在后来的版本中,她作了修订。

这一时期,时任商务印书馆编译所所长的张元济,曾计划邀请杨荫杭编撰《国法学》,只是后来由于诸多原因的影响未能实现。张元济1912年10月4日的日记这样记载:托蔡松如往恳杨补塘编《国法学》。可允。云无书。惟报酬终不肯说。今日先请开单购书。③

---

① 晚翠:《二十年前之上海报界人物》,《浙瓯日报》,1935年12月4日。
② 杨绛:《回忆我的父亲》,《回忆两篇》,第11页。
③ 张元济:《张元济全集》第6卷,商务印书馆2008年版,第7页。

跷"二郎腿"的杨律师

《回忆我的父亲》之三一开头,杨绛转述了其大姐的一个回忆:

> 据我大姐讲,我父亲当律师,一次和会审公堂的法官争辩。法官训斥他不规规矩矩坐着,却跷起了一条腿。我父亲故意把腿跷得高高的,侃侃而辩。第二天上海各报都把这事当作头条新闻报道,有的报上还画一个律师,跷着一条腿。从此我父亲成了"名"律师。①

这件事,杨绛说上海各报都在头条新闻报道,未知究竟,不过《申报》上是有报道的。1912年6月7日的《申报》有《吴县法界怪现象》一篇报道——

> 吴县地方厅推事杨光宪在民庭问案时,有杨荫杭律师在旁听席旁听。杨光宪见其交股而坐,大肆辱骂,以为扰乱法庭。当时,杨荫杭唯唯听命,始终不与理论。待闭庭后,乃独访杨光宪,责其滥用职权,妨害人行使权利,并使人行无义务之事,犯刑法上专条。杨光宪大窘,然犹色厉内荏,口角移时,竟斥杨荫杭为无律师资格。杨律师言:"我在东洋、西洋皆有专门法律学位,既非速成、剽窃,亦不仗情面、运动,安得谓之无资格?"杨光宪羞忿交集,竟结合同庭推事六人,相约停止办公,必欲达其处罚杨荫杭之目的而后止。地方厅长不得已,乃向检察厅告杨荫杭以扰乱法庭、辱骂法官等罪,

---

① 杨绛:《回忆我的父亲》,《杨绛全集》(2),第102—103页。

而杨荫杭亦在检察厅告杨光宪渎职之罪。现地方厅各推事方纷纷集议,以为法官全体必能攻倒一律师,今正布置一切,必欲陷害杨荫杭而后快,究未知其结果如何也。

事情发生在吴县。当时的杨荫杭三十出头,出现在庭上,并不是为别人辩护,而是在旁听席上旁听。孰料,杨荫杭此举引起了推事(相当于如今的法官)杨光宪的不满。杨光宪借此发难,"大肆辱骂"。而杨荫杭显得成竹在胸,在庭上不与理论,闭庭之后才面对面交涉。结果,杨光宪纠合同事以罢庭为要挟,"必欲达其处罚杨荫杭之目的"。地方审判厅长偏袒法官,向检察厅告杨荫杭以扰乱法庭、辱骂法官等罪。

在此事件过程中,又牵涉杨荫杭控告整个苏州推事团一案。《申报》有载:"苏州地方厅推事史棠、苏宗轼,倡议组织推事团,其宗旨在结合各级审判厅推事,增进公益,抵抗公敌。当时赞成者有曹祖蕃、薛雪、夏敬履、黄炎武、杨光宪五人,现又运动高等厅丞江绍杰,拟举为推事团团长,史棠更提议推举郑提法司为名誉赞成员。""正在兴高采烈之际,讵忽为律师杨荫杭所闻,大不谓然,谓法官上下勾结,则司法制度从此破坏,凡诉讼法所定避忌,上诉分职分级诸法皆扫地以尽,尚复成何事体?"[①]杨荫杭向时任南京都督程德全控告,痛论苏州推事团有结党之弊。

这场斗争,看似杨荫杭必输无疑,但最终的结果堪称"逆袭"。吴县地方审判厅的一众推事控诉杨律师违法,杨荫杭则向江苏省临时议会议长张謇反映实情,结果吴县地方厅法官遭训斥,被指责过于小题大做。此事件在当时造成了一定影响,甚至"袁大总统亦有电至都督府,

---

① 《苏州推事团被控》,《申报》,1912年6月24日。

其中有责备郑提法司,不能善为处置之语"①。最终该事件以杨光宪被撤任了结。

事情的结果出人意料,杨荫杭由此成了"名"律师。原来杨荫杭是有奥援的,而且这个奥援来头不小,是江苏省临时议会议长张謇。

张謇与杨荫杭的关系,杨绛在《回忆我的父亲》中说:

> 我不知道父亲和张謇是什么关系,只记得二姑母说,张謇说我父亲是"江南才子"。锺书曾给我看张謇给他父亲的信,称他父亲为"江南才子"。这使我不禁怀疑:"江南才子"是否敷衍送人的;或者我特别有缘,从一个"才子"家到又一个"才子"家!我记得我们苏州的住宅落成后,大厅上"安徐堂"的匾额还是张謇的大笔,父亲说那是张謇一生中末一次题的匾。②

张謇和杨荫杭这两代"江南才子"的交往始于何时?细节如何?目前已经不可考。但张謇在写给他人的一封信函中,曾提及邀请杨荫杭出面打官司,由此可见两人的关系的确并非一般。

张謇在信中写道:"海门沈国良为倪采臣所欺,卖田而不交,至十八年之久,将已买之田别卖他人而反控沈。……因光复又赖,沈复控于审判。倪已请律师,沈不可不请。另函托史量才为请杨补堂或孙巩圩到海,代沈陈辩。沈良懦而有理,不可不扶之;倪豪强而黠滑,不可不摧之。……贤可即为量才言其始末,补堂最好通亦须为地方请之,请则须二人,或即孙巩圩,即于此时并托量才说定,通告退翁。"③

---

① 《苏垣近事汇闻》,《申报》,1912年6月30日。
② 杨绛:《回忆我的父亲》,《杨绛全集》(2),第103页。
③ 《张謇全集》第二卷·函电(上),上海辞书出版社2012年版,第335页。

补堂，就是杨荫杭。这封信函作于 1912 年 5 月 10 日，正是杨荫杭律师挂牌营业之初。

步入政坛

在上海，适逢"刺宋案"

1913 年 2 月，杨荫杭出任江苏高等审判厅厅长①，开始步入纷乱不已的民国政坛。据杨绛回忆，这又是张謇的推荐。据档案资料表明，2 月 10 日，江苏吴县地方审判厅推事、署江苏高等审判长江绍杰辞职。司法总长许世英呈文："查有留学美国费府大学毕业杨荫杭堪署江苏高等审判厅长"②。2 月 16 日，杨荫杭署理江苏高等审判厅长，25 日到任就职，驻苏州。③

就在杨荫杭走马上任刚满一月有余，也就是 1913 年 3 月，发生了影响中国近代历史走向的"刺宋案"。3 月 20 日夜晚，时年 31 岁的国民党代理理事长宋教仁在上海火车站遭遇枪击，两天后因伤重而逝。

"刺宋"消息传开后，舆论大哗。袁世凯随即给江苏都督程德全发急电，要求"迅缉真凶，穷追主名，务得确情，按法严办"。3 月 23 日，青帮头目、江苏驻沪巡查长应桂馨被人揭发与此有牵连而被捕，第二天，刺客武士英在应桂馨家被捉拿归案。在应宅，还搜出了应桂馨和内务部秘书洪述祖的密电本及多份电报。

---

① 《申报》，1913 年 2 月 17 日。
② 《司法公报》第 7 期，1913 年 4 月 15 日。
③ 《政府公报》第 303 号，1913 年 3 月 11 日。《申报》，1913 年 2 月 28 日。

4月16日、17日,武、应二人由法租界巡捕房移送到上海地方监察厅看管。17日,司法部电令上海地方审检厅,要求负责所有一切。①

不过,事情发生了突变。4月24日,武士英突然中毒死亡。

5月6日,上海地方检察厅检察长陈英(菘生)要求京师地方检察厅代传国务总理赵秉钧(赵兼任内务总长)和国务院庶务秘书程经世"按期解送来厅"②。

"刺宋案"爆发后,社会多有猜测和议论,而以孙中山、黄兴为代表的国民党人指责袁世凯为幕后主谋,黄兴在致宋教仁追悼挽联时更是明确指出:"前年杀吴禄贞,去年杀张振武,今年又杀宋教仁;你说是应桂馨,他说是洪述祖,我说确是袁世凯。"

当年上海县属于江苏省管辖,所以,负责审判"刺宋案"的上海地方审判厅归属江苏高等审判厅管辖。"正当上海厅准备审理宋案的节骨眼上,在总统府秘书张一麐的授意下,江苏高等审判总厅厅长杨荫杭突然于5月8日发出公函,以上海地方审判厅厅长黄庆澜的资格为由,将沪审厅自厅长以至不论有无资格全体撤换,委屠铨接任厅长,并先以张清樾代理,立逼黄庆澜辞职。"③这是当代学者朱宗震在《民国初年政坛风云》中的观点,后来张耀杰在《谁谋杀了宋教仁:政坛悬案背后的党派之争》中也采用了这一说法和类似的叙述文字。

杨荫杭撤换上海地方审判厅法官的举动,使得他不可避免地深深地卷入了政治斗争的漩涡之中。上海地方审判厅法官自然不甘,向司

---

① 《司法部否认组织特别法庭电》(1913年4月17日),《民初政争与二次革命》(中华民国史料丛稿),上海人民出版社1983年版,第241页。
② 《上海地方检察厅致京师地方检察厅请代传赵秉钧程经世电》,《民立报》,1913年5月9日。
③ 朱宗震:《民国初年政坛风云》,河南人民出版社1990年版,第187页。

法部申诉。据 5 月 13 日《申报》报道："上海地方审判厅改组风潮发生后，本埠司法界中人以高等总厅长杨荫杭任意任免法官，侵权违法，纷电司法部，请为主持在案。兹悉司法部对于此事因未悉底蕴，已致电杨厅长饬令明白具复，以凭核办矣。"

上海县议会也投入与杨荫杭的对抗，5 月 17 日《申报》以"县议会之紧急动议"为题作了报道："县议事会议员赵履信等对于高等审判厅长杨荫杭撤换地方审判厅全体人员，另行改组一事，认为违法，特于昨日在会场临时紧急动议，提出意见，拟电司法部彻究。当经公决通过。兹将议案暨电部原文录后：（议案）查法庭为人民之保障，以其确守法律，绝无偏倚。设法官自行违法，其如人民之保障及信仰何？本邑地方审判厅长黄庆澜由光复时艰苦缔造，以法律维持秩序，至今并能力争主权，昭昭在人耳目。近以宋案发生，法部迭电黄厅长留办，乃高等厅杨荫杭违背部令，擅行撤换，不解一；高等厅有任免地方厅长之权系属何种约法，不解二；一日之中立逼交卸与取缔违法之官等，不解三。拟电请法部彻究。"

"一日之中立逼交卸与取缔违法之官"，可见杨荫杭撤换之举雷厉风行，有不换不行的急迫。

国民党人对杨荫杭此举也是大加抨击。5 月 12 日，国民党背景的《民立报》撰文指出："上海地方审厅长黄庆澜，对于宋案，自称断不瞻顾有所屈挠。何物杨荫杭？擅敢撤换全体法官、推翻改组。嗟乎！宋案方期法律解决，无端经此捣乱，前途又危险万分矣！"[①]

当时的国民党人先入为主，认定袁世凯为宋案元凶，杨荫杭的角色是袁世凯干扰司法公正审判的帮凶。基于这样的认知，国民党人

---

① 《呜呼捣乱又捣乱》，《民立报》，1913 年 5 月 12 日。

对杨荫杭大加鞭挞,显得十分自然。

不过,时人也有认为杨荫杭此举与"刺宋案"无关,只涉个人恩怨。当时的上海律师谢健回忆:"黄涵之(黄庆澜,字涵之)先生任上海地方审判厅厅长,我们关系不同,一直时相过从,厅内一位名叫任琴父的推事,在外吃花酒,事闻于江苏高等审判厅。厅长为杨荫杭,适逢司法改制,上对下可以命令行事,杨荫杭遂以命令警告任琴父,并深斥黄厅长约束部属不周。涵之先生对杨荫杭根本轻视,不予理会。我因正当壮年,遇事喜动意气,从旁甚觉不平,由我撰稿,具涵之先生名还骂,油印散发全苏各法院,事情遂扩大。杨荫杭一怒之余,下令上海地方审判厅全厅改组,连厅长以下通撤掉,但检察官陈英,以其无理,签请司法部处理。司法部派了两位佥事,一为沈应石,一位姓陈,查办此事。其间章宗祥、曹汝霖原为杨荫杭生死之交,竭力袒杨,而司法总长许世英(静仁)则主秉公从事,两方争执颇力,结果由司法部下令斥杨荫杭措置失当了事。……这事过后,涵之先生挂冠而去。我仍继续作我的律师。"①

就在杨荫杭撤换上海地方审判厅法官的第二天,也就是5月9日,许世英向杨荫杭发来电文,称:"江苏高等审判厅长杨法密,据沪厅电称,奉高等函开,厅员全体撤换,即日停止办公等情,黄等辞职。部以宋案审判在即,故电留。此次撤换是何原因,于宋案进行有无妨碍?速电复司法部。青。"②

杨荫杭的回电,已不知其详。到了5月24日,许世英针对杨荫杭撤换上海审判厅法官之事予以严厉斥责:"此次改组苏省各厅,诸多不

---

① 谢健:《谢铸陈回忆录》(近代中国史料丛刊),台北文海出版社1973年版,第51—52页。
② 《致江苏高等审判长沪厅全体撤换系何原因仰速复电》(1913年5月9日),《司法公报》第10号,1913年7月15日。

合,特就沪厅现在情形,揭示如下:宋案由廨移厅,甫经接收审理,忽易生手,贸然从事,各界惶恐,阻碍进行,其不合者一。""黄陈两长相继辞职,部意以宋案方着手办理,未允所请,乃部中联络电留。该厅长率行撤换,以致办理两歧。其不合者二。""即以改组而论,亦应由中央呈请任命,新旧交替,始有专责。乃事前并未呈明,遽行发布,迨经部询,始据电陈用人权限不明,置部中威信于何地?此不合者三。""改组法院,无非任用合格人员,以资整理。沪厅旧日法官,非尽不合资格。该厅长漫不考察,一律裁撤,系意气用事,其不合者四。""派沪接收厅员,忽而屠铨,忽而张清樾,迷离惝倪,已属莫可究诘,复据沪县议会议长莫锡伦及陈英等函,高审厅并派在逃未获奉令通缉之刑事嫌疑犯张汝霖督促进行等语,如果属实,尤骇听闻,其不合者五。""又具陈英函称,陆续派来各员,时有出入,未能确定人数外,尚有初级推事董邦干,抛弃本厅职守,在地方厅辅助等语,聚三级推事于一庭,理由安在?其不合者六。"此时,许世英一方面焦虑宋教仁案的审理:"凡兹种种,在安常处顺之时,尤有手续欠缺、处置乖方之咎,何况重案疑难,中外瞩目,万一因此别生枝节,该厅长能当此重咎否?"另一方面提出了严厉的处罚方案:"须知本部改组法院,宗旨系谋司法改良,全出以一秉大公,无丝毫因人因地之成,若以该厅长此次之独行独断,杂乱无章,实与本部改良初意,大相刺谬,除张汝霖犯案情形,及董邦干抛弃职守,即由该厅长明白查复外,本部应照《法院编制法》第一百五十九条加以儆告,嗣后对于司法事宜,务须出以矜慎勿更轻率将事,致负委任,此令。"①

值得注意的是,许世英这篇令文还严厉批评了另一个人——张汝

---

① 《令苏州高审厅长杨荫杭改组苏省各厅诸多不合揭示儆告文》(1913年5月24日),《司法公报》第10号,1913年7月15日。

霖。张汝霖,字仁,江苏如皋人,日本明治大学毕业,辛亥革命时任如皋参议会议长,其时任江苏高等审判厅推事,被杨荫杭派往上海督促改组事宜。

杨荫杭改组上海地方审判厅之举,与审判"刺宋案"不可避免地交织在一起,客观上给案子的审理造成了困扰。据《申报》报道,5月30日,上海地方审判厅开训宋案。双方律师均提起抗告,要求中止公判。原告一方律师提出抗告的理由是:"此案被害人所诉,共有四人,为赵秉钧、洪述祖、程经世、应桂馨,系共同犯罪,今日只有应桂馨一犯逮案,何能开始公判?"被告律师同样提出抗告,其中涉及杨荫杭全体撤换上海地方审判厅人事的通知。律师认为:"盖《临时约法》《法院编制法》载明组织法庭、任命法官,须得大总统之命令,司法部之委任,方为有效。今沪厅组织,全然不经此手续,观于司法部二十三日训令,苏高厅杨荫杭电文,被告辩护人绝对不能承认此项法官,其所判决何能发生效力,况于本律师请移转管辖之书,竟违法批驳,所以复照《编制法》赴初级厅控告,复又不闻不问,所以绝对不能承认。"①在双方律师的坚持下,审判中止。《申报》追踪报道:"经审判长张清樾君据情禀请高等厅核示,业由高等审判厅长杨荫杭君将两造抗告据律驳回,认为无理由,并令地方审判长从速继续进行。"②

在审理"刺宋案"过程中,作为重要嫌疑人的赵秉钧称病拒不出庭,另一重要嫌疑人洪述祖干脆逃到了青岛租界,所以审判一直未有实质进展。

到了6月,袁世凯先发制人,借口李烈钧、胡汉民、柏文蔚等国民党籍都督曾通电反对向六国银行团借款,不服从中央,将他们免职。次

---

① 《审判厅开训宋案旁听记》,《申报》,1913年5月31日。
② 《地方厅定期续讯宋案》,《申报》,1913年7月3日。

月,国民党发起"二次革命",不到两个月偃旗息鼓。"刺宋案"也就不了了之,成为民国史上的一桩悬案。

那么,到底谁是"刺宋案"的幕后指使人物呢？近年来,随着研究的深入,此案的唯一主谋只有洪述祖一人,他揣摩上意过度而自行决定"刺宋"。袁世凯虽无直接关系,但他第一时间得知了实情,为了防止"刺宋案"其他案情在法庭公开,从而给自己竞选正式大总统造成更大冲击,他不仅故纵洪述祖藏匿,而且阻止赵秉钧出庭自证清白。这样一来就使他有口难辩,再也无法撇清与"刺宋案"的关系了。可以说,他是咎由自取。

"二次革命"爆发,革命党人黄兴强迫江苏都督程德全宣布独立,通电讨袁。程德全避入上海租界,一走了事,黄兴委任江苏第一高等检察分厅监督检察官冯国鑫(字一范)代理江苏都督,江苏司法筹备处长蔡寅"代理省公署事"。① 蔡寅"捏用都督、省长名义","改派高等两长"②。在杨荫杭裁撤上海地方审判厅事件中主动辞职的上海地检厅长陈英,原本被任京师地方审判厅推事,此次被任命为江苏独立后的高等审判长。杨荫杭无奈避往上海,"高等审检二总厅长杨荫杭、陈福民二君前已赴沪,是以厅中各项公务暂停。昨日厅中接南京都督、省长通电,当即照录原电送沪,请杨陈二君来苏主持各事,迄无复音,闻二公去志已决,不再到厅矣。"③

在北洋军阀的重压之下,各地宣布取消独立,"二次革命"失败。7

---

① 郭斌佳:《民国二次革命史》,《北洋军阀:1912—1928》第 2 卷,武汉出版社 1990 年版,第 275 页。—说代理民政长,见介北逸叟:《癸丑祸乱纪略》(上),上海有益斋 1913 年版,第 33 页。
② 《呈请将署江苏司法筹备处长蔡寅先行褫职文》(1913 年 8 月 1 日),《司法公报》第 12 号,1913 年 9 月 15 日。
③ 《独立中之苏州现状》,《申报》,1913 年 7 月 24 日。

月下旬,避往上海的杨荫杭回到苏州办公。"高等审判总厅长杨荫杭、检察总厅长陈福民二君,已于七月二十五号晚由沪来苏,二十六号到署,传知各厅人员均一律照常办公。现此间地方初级各厅人员,均已遵照收受诉讼事件矣。"①

1913年8月,北洋政府整肃异己分子。蔡寅、陈英被褫职,司法总长许世英令杨荫杭兼任江苏司法筹备处长。冯国鑫也在杨荫杭等人呈文缉办的压力之下,辗达上海,匿居斗室。

此时,社会上有了杨荫杭调职的传言。7月18日,《申报》报道:"高等厅长回避述闻:苏垣司法界,现奉部令,法官须回避本县等情。苏省高等审判厅长杨荫杭、检察厅长陈福民均系苏省人氏,是以亦须回避,改调他省……"到了9月,许世英辞职,又有杨荫杭执掌司法部的说法。"有拟杨荫杭(即老圃者)法部者,此语亦大似商量饭菜单时,语及园圃中绝异之新蔬,虽不必下箸而已津津有味矣。然梁任公即长法部,识者谓次长一席终须此圃。此圃方为江苏法官,不知其以老菜根佳耶,抑上此台盘佳也。"②

后来,杨荫杭没有当上司法总长,新任总长是梁启超。"梁总长主维持现有之审判机关,其未办者欲缓,但审检所主裁者多必裁,梁请杨荫杭来京商司法事。"③梁启超上任以后,开始实施新的司法改良计划。"司法部异常整顿刷新,梁任公几以全力赴之。最近又出一苛例,凡法官须回避本省,其原因该部实验所得,本省人为法官易与本地人之律师

---

① 《申报》,1913年7月29日。
② 黄远庸:《记新内阁》,《黄远生遗著》(卷一),台北华文书局1969年版,第165页。杨绛在《回忆我的父亲》中也引用了黄远庸这段文字。
③ 《申报》,1913年9月27日。

勾通作弊,其弊无穷。"①

1914年2月22日,大总统下令,对审判、检察人事作出调整,杨荫杭调任浙江高等审判厅长。② 这样算来,他在江苏司法界任上不过一年。

对于杨荫杭的调职,学者黄恽认为:"作为审判官,杨荫杭要的是宋案的真相,让真凶归案,对历史负责,而这正是与宋案关系人极力要掩盖的。杨荫杭急着要撤换上海地方审判厅全体人员,自然是看到了宋案审判中种种可疑之处,为揭开真相所作出的努力。面对这样的局面,放任杨荫杭撤换,宋案真相就可能大白于天下,对杨荫杭惩戒和撤职,则显得欲盖弥彰,反启人疑窦,最巧妙的办法就是调虎离山,让杨荫杭无所施为。找一个什么理由能达到目的呢?杨荫杭是江苏无锡人,回避本籍,他就管不到发生在上海的宋案了。"

这一论断,值得商榷。杨荫杭裁撤上海审判厅法官之举,是否与"刺宋案"有关?是否为揭露案件真相?是否有意偏袒袁世凯?诸多亲历者早已远去,真相已经陷入历史的迷雾之中。杨荫杭的调职,很难说一定与"刺宋案"有关,但也很难说完全无关。

不妨这样分析——

《中华民国临时约法》规定:"法院以临时大总统及司法总长分别任命之法官组织之;法院之编制及法官之资格,以法律定之。"此外《临时大总统公布司法部官制》第五条同样规定:"司法部总务厅除各部官制通则所定外,掌事务如左:一、关于法院之设置废止及其管辖区域之分划变更事项;二、关于司法官及其他职员之考试任免事项。……"从这

---

① 《申报》,1914年1月5日。
② 《申报》,1914年2月25日。

些条文规定来看,杨荫杭的行为确实不符约法规定,他作为一个知法懂法的大法官,为何会犯这种错误?

其实杨荫杭的这种改组行为直接受到美国普通法系的影响,因为美国司法至上,法官地位尊崇,对成文法享有解释权,故成文法典不是权威,立法权甚至屈居司法之下。杨荫杭当时新任江苏司法高官,秉承许世英的司法计划改革,上级对下级可直接发布命令。但民国法律却系大陆法系,司法拥有独立系统,不可干涉立法、行政机关,法官必须严格依照法律法规办案。依照当时的成文法,杨荫杭无权裁撤地方厅司法官员,即便他是他们的上级,故这种激烈式改组不能为当时的地方司法界所接受,甚至连许世英都对其严厉斥责。

同时,杨荫杭看到了民国司法权弱的弊端和司法界纪律的混乱,作为上任"新官",整顿秩序的欲望强烈。他向司法部新推荐的候选人多半有日本、美国留学习法经历,有些甚至还有从事法律事务的实践经验。可是,这"第一把火"还未烧起来就已经灭了。不可否认的是杨荫杭这一改组计划确实过激,尤其在当时的环境下,遭到多方反对也是必然。这次改组风波背后实际上就是杨荫杭的司法观与民国法律体系的一次直接冲突,加之杨荫杭性格偏强、急躁、刚烈,"疯"的时候从不选择时机,这就不可避免地造成了这一难堪的局面。

关于杨荫杭调任这一节,杨绛在《回忆我的父亲》中一笔带过:

> 我父亲当了江苏省高等审判厅长,不久国家规定,本省人回避本省的官职,父亲就调任浙江省高等审判厅长,驻杭州。①

---

① 杨绛:《回忆我的父亲》,《杨绛全集》(2),第 103 页。

杨绛用了"国家规定"这个很冠冕也很正当的理由,但是其中的原因或许并不如此简单。

在浙江,秉公处理"恶霸杀人案"

1914年4月12日,杨荫杭在"入都觐见"之后,来到杭州,"接事"浙江省高等审判厅长之职。①

杨绛在《回忆我的父亲》中提到了杨荫杭在浙江任上处理的一个案件:

> 恶霸杀人的案件,我从父母的谈话里只听到零星片断。我二姑母曾跟我讲,那恶霸杀人不当一回事,衙门里使些钱就完了,当时的省长屈映光(就是"本省长向不吃饭"的那一位),督军朱某(据说他和恶霸还有裙带亲)都回护凶犯。

杨绛这里略有舛误。杨荫杭在任高等审判厅厅长之时,屈映光并不是浙江省长,而是相当于省长的巡按使。"省长"一词,要在两年后才出现在职官名录之中。那是在1916年7月,大总统黎元洪改各省督理军务长官为督军,民政长官为省长。

屈映光"向不吃饭",是一个现代史上的典故。《民国通俗演义》第六十九回"伪独立屈映光弄巧　卖旧友蔡乃煌受刑"中说:

> 屈映光连接这种文件,真是不如意事,杂沓而来。可巧商会中请他赴宴,他正烦恼得很,递笔写了一条,回复出去。商会中看他

---

① 《申报》,1914年4月13日。

复条,顿时哄堂大笑。看官!道是什么笑话?他的条上写着道:"本使向不吃饭,今天更不吃饭。"莫非是学张子房一向辟谷?这两句传作新闻,其实他也不致这样茅塞,无非是提笔匆匆,不加检点罢了。①

原来屈映光是拒绝邀宴,不受吃请。只是当时急不择言,所以闹了笑话。屈映光这一笑话,当时传播甚广。鲁迅《两地书》中有:"报言章士钊将辞,屈映光继之,此即浙江有名之'兄弟素不吃饭'人物也,与士钊盖伯仲之间,或且不及。"②

督军朱某,指的是朱瑞。杨绛所说的恶霸杀人案,已经难考具体细节。但是朱瑞在浙江任上包庇、纵容下属,倒是出名的。这里不妨略举几例——

禁烟监督谢某被省议会指控擅杀无辜、纵私敲诈、借地索贿、滥用刑威、创立地狱、侵吞公款、挟证架害等嫌疑,要求查办。朱瑞以禁烟监督系军职人员,惩办权在都督,应归陆军裁判所裁决,省议会无权顾问。当被要求公布调查证据时,朱瑞又以事关军事秘密为由,予以拒绝。谢本人始终安然无恙。

天台县知事池某为朱瑞同学。池到任后,动辄称"都督是吾同学",肆无忌惮,贪赃枉法,迭被控告。但朱瑞"袒护旧交,轻视人民","先后呈控,如石投水"。省议会通过相关的查办议案后十余日,朱瑞仍然东推西诿,先说没有接到正式呈控,稍后又说系办事人员疏忽搞错案件,派人密查一个月后仍不向省议会通报查办结果。

---

① 蔡东藩:《民国通俗演义》,凤凰出版社 2014 年版,第 352 页。
② 鲁迅:《两地书》,《鲁迅全集》第 11 卷,人民文学出版社 2005 年版,第 504 页。

对查办属实的案件,朱瑞也总是避重就轻,包庇下属。太平县知事违法病民,查办属实。朱瑞虽承认该知事"刚愎自用,操切之咎,实属难辞",但对其处分却是"调任余杭知事,姑从宽记过一次,以观后效"。瑞安县知事在县署内赌博被当场抓获,并且劣迹斑斑,本应撤任究办,但朱瑞竟允其称病辞职,免于置议。①

杨绛在文中又说:屈映光晋见袁世凯,告了我父亲一状,说"此人顽固不灵,难与共事"。袁世凯的机要秘书长张一麐(仲仁)先生恰巧是我父亲在北洋大学的同窗老友,所以我父亲没吃大亏。我父亲告诉我说,袁世凯亲笔批了"此是好人"四字,他就调到北京。②

这次杨荫杭因为在浙江任上惩治恶霸,惹起风波,又安然度过,并且再次获得了升迁到京畿的机会。原来杨荫杭的奥援,除了江苏的张謇,在京师还有张一麐。

张一麐(1866—1943),亦作一麟,字仲仁、号民佣,江苏吴县人。1904年录取经济特科,被分往北洋大臣兼直隶总督袁世凯处任职。宣统即位,袁世凯被放逐回籍,张也解职回乡。辛亥革命期间,在"惜阴堂策划"中,张一麐受上海的全国临时议会派遣,去策动袁世凯反清。中华民国建立后,张一麐任总统府秘书。他工书,善诗文,才思敏捷,每在餐桌上与袁世凯共膳,畅论公务,尝就袁意于餐桌上展纸濡墨,下笔千言,瞬间立就。袁世凯改国务院为政事堂,下设六局,张一麐被任命为机要局局长,后任大总统府秘书长、教育总长。1916年因不满袁世凯称帝而辞职南归。著有《心太平室诗文钞》《现代兵事集》《古红梅阁别集》《五十年来国事丛谈》等。

---

① 参见桑兵主编《处常与求变:清末民初的浙江咨议局和省议会》,生活·读书·新知三联书店2005年版,第137—139页。
② 杨绛:《回忆我的父亲》,《杨绛全集》(2),第104—105页。

在这里,杨绛提到了张一麐是"我父亲在北洋大学的同窗老友"。在早期的《回忆我的父亲》中,杨绛则说张一麐是"我父亲南洋还不知北洋的同窗老友"①。这是不准确的,两人不是同学。

对于杨荫杭在浙江任上的事,包天笑还提供了一则轶闻。他是这样回忆的:"有一次,我们《时报》的杭州访员,寄来一封通信,报告杭州出了一件井中放毒案,其词甚长,那个访员笔下也还通顺,我就发在地方新闻的第一段。谁知过了三天,我友杨补塘(荫杭)写了一封长有十余张信笺的信来责备我。原来他正在杭州做高等审判厅长,这井中下毒案,官司正打得急鼓密锣的当儿,忽然《时报》登出这一封通信,语多歪曲,杭州人又都看《时报》的,于他的判决很多掣肘。他信中说:'你应该知道在官司没有结案之前,报纸上不该瞎加批评的。'""我且说得了补塘的信后,便写一封抱歉回信,承认访稿是我发的,现在可怎么办呢?过了几天,得他回信,他说:'案已判决了,报上也不必再谈了。照例,案子未判决以前,我也不应该写信与你辩论是非的,因为我们是老友,对你有违言,想能原谅的。'"②

在京师,拘传许世英

关于杨荫杭在北平的行状,杨绛在《我的父亲》中有这样的叙述:

> 我想,父亲在北京历任京师高等审判厅长、京师高等检察长、司法部参事等职,他准看透了当时的政府。"宪法"不过是一纸空文。他早想辞官不干了。他的"顽固不灵",不论在杭州,在北京,

---

① 杨绛:《回忆我的父亲》,《回忆两篇》,第18页。
② 包天笑著、刘幼生点校:《钏影楼回忆录 钏影楼回忆录续编》,第392、393页。

都会遭到官场的"难与共事"。①

这里首先需要厘清两个细节：杨荫杭在北京到底担任了什么职务？杨荫杭是不是"早就想辞官不干了"？

查阅现有资料，1915年2月1日，杨荫杭获任京师高等检察厅检察长。② 2月12日，司法部确认了尚未到北京就职的杨荫杭之官员叙等。③ 4月13日，司法部令尚未到职的杨荫杭先行就职。④ 8月2日，到任的杨荫杭致函前任京师检察厅检察长朱深，表示已然到任且收到朱深交来的印信。⑤

另据《北京志·政法卷·检察志》载：杨荫杭从1915年2月开始接任京师高等检察厅检察长一职，1918年还担任过京师地方检察厅检察长，直至1919年10月。⑥ 需要说明一点：北洋政府在京师设有三级检察机关，分别是京师高等检察厅、京师地方检察厅和京师初级检察厅，后初级检察厅裁撤。

杨荫杭到北京后，把自己的家也一起搬到了北京，自然是为了定居。其间经历了袁世凯大总统、洪宪皇帝、黎元洪总统、宣统复辟、段祺瑞讨逆、徐世昌大总统，他都在北京做官，似乎并不是要辞职不干的样

---

① 杨绛：《回忆我的父亲》，《杨绛全集》(2)，第105页。
② 《司法公报》第29期，1915年2月28日。《申报》，1915年2月5日。
③ 《司法公报》第29期，1915年2月28日。
④ 《司法公报》第31期，1915年4月20日。
⑤ 《京师高等检察厅检察长杨致前任京师高等检察厅检察长朱》(京师高等检察厅公函第532号)，《北洋军阀史料·袁世凯卷》第2册，天津古籍出版社1996年版，第1050页。
⑥ 北京市地方志编纂委员会编著：《北京志·政法卷·检察志》，北京出版社2007年版，第90—91页。

子。而且,他真正决定辞职,也不是许世英案发之时,而是又过了两年,做着投闲置散的司法部参事之时。这个职位毫无权责,味同鸡肋,杨荫杭才决定辞职而去。

所以,杨绛所说的"京师高等审判厅长""早就想辞职不干"均不是事实。

厘清了这些细节,接下来必须浓墨叙述那个曾经名噪一时的"许世英案"了。

1917年5月4日,京师高等检察厅检察官陆澄宙、张耀携带传票来到中央公园的来今雨轩,将正在宴饮的许世英带走。其后,检察官对许世英进行了一小时的问讯,认为许世英有受贿嫌疑,将其发交京师地方检察厅。许世英反复声明无罪,承诺决不逃跑,希望准许保释回家。高检厅拒绝其请,许世英被羁押一夜。

按照事后司法官惩戒委员会认定的事实,其情形为:杨荫杭"派由该厅检察官陆澄宙、张汝霖等签发传票,并预签拘票以备抗传逮捕之用。当经陆澄宙、张汝霖驰往通条胡同许世英住宅,许适外出未归。旋探知许在中山公园来今雨轩宴会,遂复派检察官陆澄宙、张耀迳赴来今雨轩,用传票传令即时到案。许世英允与同行,未将拘票使用,张耀遂与许世英同乘许之汽车到厅。当在该厅侦查室,由张汝霖讯问,制成笔录,旋将该案令交京师地方检察厅依法办理。一面会同区警搜查许世英住宅,取有许海茹甘结在卷。"[1]按照媒体报道,许世英在与检察官张汝霖的谈话中提出,他本人对于津浦铁路案,只有用人不当之责,当受行政处分,并无刑事责任,证据何在?当张汝霖示以一份铅笔书写的工

---

[1]《代理司法官惩戒委员会委员长、平政院评事周绍昌呈大总统议决京师高等检察厅检察长杨荫杭检察官、张汝霖违背职务交付惩戒一案不应受惩戒处分请鉴文(附议决报告书)》,《政府公报》583号,1917年8月30日。

作人员蔡文经向许世英大车辇载银元送往许世英天津行辕的纸条,许世英驳斥了张汝霖,表示,他并未去过天津行辕,行贿手段亦违反常态而不可信。①

张汝霖,原任江苏高等审判厅推事,在"刺宋案"审理期间受杨荫杭的委派,前往上海督促改组上海地方审判厅,与杨荫杭关系笃切。当杨荫杭就任京师之时,推荐他就任京师高等检察厅检察官,两人再次成为上下级关系。

许世英,在清末任奉天高等审判厅厅长、山西提法使,民初任直隶都督秘书长、大理院院长、司法总长、内务总长、交通总长等,在政坛根基极深。被拘前一天,身为交通总长的他刚刚因为受到议会弹劾而辞职,成了一介"平民"。许世英被拘以后,许氏亲友马上奔赴"北城某要人"宅邸哭诉。很快,各种电话纷纷打到杨荫杭家。杨绛回忆,家里的电话足足响了一夜。

那么,杨荫杭为何拘传许世英呢?理由是许氏牵涉到了津浦路租车购车案。

所谓津浦路租车购车案,具体而言涉及两个案件,即购买华美机车舞弊贿案、租用汉森公司机车舞弊贿案,皆由交通部津浦铁路管理局负责。1917年3月,交通部直辖津浦铁路管理局与华美公司签订十五年期租车、购车协议。此协议经交通次长王毓炜批示,将日租价从三元改为四元。此事被披露后,舆论一时大哗,为前国务院秘书长徐树铮获知。徐树铮本与许世英有隙,受其资助的《公言报》即发表林白水的文

---

① 《北京特别通信》,《中华新报》,1917年5月8日。

章①,披露了此事。许世英旋派交通部参事雷某调查,雷某却将消息透露给王毓炜,②王氏畏罪逃匿。许世英下令取消合同,并递出辞呈。但此时媒体对许世英的批评越发增多,持续发酵。而且,社会有传言,许世英担任交通总长期间,大肆任用亲信,卖官鬻爵,济南铁路事务所所长、徐州车务段段长、浦口港务处处长等人皆因贿赂而得官位,而且许世英假借调查之名要求各路每月进贡一千元。

杨荫杭拘传许世英,正是"风闻"许氏在其间有贪污、受贿之举后采取的法律行动。一时,论者纷纷。"有谓检察长杨荫杭执法不阿者,有谓杨荫杭滥用职权者。"③社会上对于此事还给出了另外两种不同的说法。一种说法认为此事是黎元洪与段祺瑞府院之争的产物,背后黑手是前国务院秘书长徐树铮。徐树铮是段祺瑞的心腹,素来专横跋扈,从不将黎元洪这个总统放在眼里。黎元洪遂与许世英商议,免去徐树铮国务院秘书长之职。怀恨在心的徐树铮,获知津浦铁路存在重大舞弊内幕,遂鼓吹言论,声称许世英牵涉其中。4月20日《大公报》发表文章,将许世英与受贿已进入刑事诉讼程序的财政总长陈锦涛并论,称"津浦租车案,勾结贪赃,中外侧目,乃仅仅将局长处长撤差,交私党组织之惩戒委员会惩戒,是明明玩弄法律,戏侮公理……陈之劣迹逊许不可以道里计,陈如被罪,而许竟安然,则吾人为天道为公理,均将为陈锦涛叫屈!"④杨荫杭出于正义感而查办许世英,孰料可能暗中充当了徐树

---

① 乔云霞:《论林白水的胆识》,《报界先驱林白水研究论文集》,福建人民出版社2008年版,第37页。而《我的父亲林白水》(林慰君著,时事出版社1989年版)中认为林白水在此事上并未受津贴。
② 曾毓隽:《黎、段矛盾与府院冲突》,《文史资料选辑》第35期,文史资料出版社1963年版,第4页。
③ 《杨荫杭之许案法律意见》,《申报》,1917年5月12日。
④ 胡政之:《我为陈锦涛叫屈》,《大公报》,1917年4月20日。

铮的"打手"。另一种说法认为本案与1913年许世英和杨荫杭的旧怨有关,此次拘传,纯粹是杨荫杭借机报复。司法总长张耀曾就隐晦地持有此种观点。

次日,段祺瑞内阁召开国务会议。在会上,众人责问张耀曾,张耀曾无对,召总检察长问之,亦无对。外交总长伍廷芳、海军总长程璧光发表了义愤填膺的言论,认为杨荫杭未获得切实证据,仅凭报纸的所谓揭发便贸然下令逮捕许世英,实属滥用职权,应停职交法部查办。同情许世英的部分两院议员则声称,杨荫杭此举违背约法中规定的"天赋人权",应该马上罢官,否则将"全体辞职"。段祺瑞亦甚为愤怒,要求将杨荫杭停职查办,并要求立即释放许世英。

许世英随即被保释出狱。5月7日《申报》有这样报道:

> 北京电:许世英已暂保出归津,厅传审国务会议以杨荫杭未获证据,下令逮捕,实属滥用职权,应先停职,交法部查办。张总长主不发明令,由部呈付惩戒。

5月8日,《申报》又有《许世英保释之因果》一文:

> ……江朝宗、吴炳湘、权量三人联名具结保释许,于(7日)下午四时出厅乘汽车□□石驸马大街本宅矣。
>
> 许君前夜到地方厅看守所时,即与陈锦涛君对谈甚久,且云:我们今日在此可算开一次国务会议,并没有什么相干,惟做官二十多年,上有八十二岁之老亲,一旦受此挫折,颇觉难过耳。陈君云:我倒并不着急。昔张文襄尝以平生未尝过参官味道为恨,我们今日非特饱尝参官味道,且并看守所之味道亦来领略一遭,岂非一种

绝好经验乎？许氏于十分愁闷之余,亦为之莞然。

　　此夜许氏终夜未能成寐,迨昨晨有许之友人某某数君往视。初见时,许默然无语者久之,泪涔涔下,某某数君亦相对惨沮无言。少顷,许始勉强开口曰:"诸君来看我,盛情可感。余自信平生不作亏心事,而今日竟遭此横来之灾,士可杀不可辱,余尚有何面目见家人戚友乎?"某君极力宽慰,谓此案不久自当水落石出,我公心迹自有表白之一日等语。许始稍慰。办理此案之高等检察厅厅长杨荫杭有因此案停职听候查办消息,其变幻如此之速,闻仍系出于国务院一方面,其理由闻系因:一未奉大总统之命令,二未见有告发人,三并无充分之证据,但凭国会质问、报纸记载即构成大员刑事上之犯罪,认为不合,故即时令将许君释出。①

　　这篇报道,给出杨荫杭停职听候查办的原因有三:第一,未奉大总统之命令;第二,未见有告发人;第三,并无充分之证据,但凭国会质问、报纸记载。用现在的话说,杨荫杭拘传许世英之举,程序上有问题,证据不充分,确实存在一定的瑕疵。

　　5月9日,出狱的许世英亲往总理府。"许氏被传之日,许氏家族之在京者,即奔赴北城某要人私邸,哭诉于某要人之前。而某要人以此事系司法界行使职权,行政部决不能出而干涉,未之应。昨日,许世英氏又亲赴国务院中谒见总理,历言如何被传、如何被押、如何受苦,又同时赌咒发誓如何不要钱、如何不犯罪,声泪俱下。总理颔之。"②

　　对于"滥用职权"的杨荫杭、张汝霖,张耀曾的态度是停职,交付司

---

① 《许世英保释之因果》,《申报》,1917年5月8日。
② 《许世英与杨荫杭》,《申报》,1917年5月10日。

法官惩戒委员会议处。这一决定的出台,也稍有波折。据《申报》载,6日国务会议,拟定将杨荫杭停职查办。"并即时拟具命令一通,署名盖印","当时有某要人进言当局,于是此项命令搁住不发"。到了9日,国务会议再次召开,"据闻关于杨荫杭事亦阁议中之附带议题也",关于杨荫杭事,已决定由司法部酌定办法。"闻前次阁议,本有某阁员主张将杨免职。司法张总长以为不合,故改为停职,此项褫职命令,改为停职命令。……司法总长见此情形,乃自申明谓事关本部,行政例应商之部中司员,方可万全云云,故昨日停职之命令虽已拟就,而未发表者职是之故也。"①

看来,张耀曾当时对杨荫杭的停职处理,还有几分"袒护"意味在内。在相关的呈文中,张耀曾指出:"窃查侦查犯罪,固属检察官之职权,惟对于犯罪人非有相当证据、较著事实,认为确有犯罪嫌疑,不得施行强制处分,率行传讯、拘押及搜索。此所以尊重宪法,保障人权也。本月四日,京师高等检察厅将许世英传讯拘禁于看守所,并搜索其家宅,既未奉令交办,亦无人告诉告发,而又乏相当之犯罪证据,仅以报纸之攻击、议会之质问、道路之传闻为理由,即行传讯、拘禁及搜索,实属意气用事,违背职务。若不加以惩处,恐司法官流于专横,以国家保护秩序之法权,为个人挟嫌报复之利器,必至法厅失其信用,社会蒙其弊害,殊非国家明刑弼教之道。"② 5月9日,大总统令"照准"。③

在杨荫杭受到停职处分后,有报社记者采访了他。通过答记者问的形式,杨荫杭对自己传讯许世英之举作了解释与辩护。

---

① 《许世英与杨荫杭》,《申报》,1917年5月10日。
② 《声辩中之高检长惩戒案》,《申报》,1917年5月25日。
③ 《申报》,1917年5月11日。

问：贵厅系高等检察厅，何以径出传票传许世英？

答：各级检察厅联为一气，不论等级，在各级审判厅《试办章程》第一百零二条已明白规定，又按照《法院编制法》第九十条，实行搜查处分为检察官职权之一种，而传讯刑事人则为搜查处分之开始。敝厅在管辖区域内对于刑事嫌疑人行使职权，实行搜查，实为根据法律之行为。且查《法院编制法》第九十三条，检察官遇有紧急事宜，即在管辖区域以外，尚得行其职务。敝厅检举许世英之刑事嫌疑，系在管辖区域以内，更不生问题。况敝厅办理此类案件，已数见不鲜，此次亦系照例公事，并无新奇，乃社会上对于他案向无异议，而对于此案忽有人怀疑，实所未解。

问：既由贵厅传讯，何以又交地方厅办理？

答：敝厅检举之案交地检厅继续侦查，此等办法久有成例，盖检举为一事，实行公诉为一事。虽由高检厅检举之刑事案件，仍应由地检厅提起公诉，以符审级，故交地检厅继续侦查，俾得详悉案中情形，以便起诉否。

问：观国务会议之主张，似以高等厅径行办理为不合，究竟发生滥用职权之问题否？

答：解决是否滥用职权，应先问高检厅有无检举刑事嫌疑人之职权，及许世英是否有刑事嫌疑两点。本案内容，在职务上应守秘密，未便答复。就表面言之，参议院提出质问，许又避不出席。交通部雷光宇、曾鲲化等将津浦路舞弊、损害国家财产情形具复之后，许又支吾不办。就此观察，断不能谓许氏并无嫌疑。既有嫌疑，则敝厅根据上述之职权实行搜查处分，当然不生滥用职权之问题。

问：何以无确实证据而遽出传票？

答:传问乃侦查之一种。侦查之前只应问已否发见嫌疑,不问已否得有确证,盖证据为裁判之基础,嫌疑为侦查之前提,因侦查始可得确证,并非有确证方可侦查。许氏有刑事嫌疑,既如上所述,则传讯自属正办。倘谓侦查之先必要确证,则刑事诉讼程序无须有侦查预审之办法,于公判中更无所谓犯罪不能证明、论知无罪之规定。

问:此次对于许世英究系传讯,抑系逮捕?

答:许世英与其父并非不识文字者。在中央公园系许世英亲阅传票,在许氏私宅有其父结文可凭。本系传唤,并非逮捕。

问:既系出传票,何以又派四名法警?

答:检察官有检举犯罪及指挥逮捕之权。出厅办公,即不能不有此准备。设被传人或有临时暴行,亦应为相当法防卫。敝厅向例如此,非独此次为然。此次虽有警在旁,然对于许世英并未行使逮捕办法,有目共见云云。①

这篇采访文字稿,以《杨荫杭之许案法律意见》为题刊于1917年5月12日《申报》。可能是编者有意为之,同一版面之上还有一篇题为《伍总长之许案法律谈》的文章。伍总长,即时任外交总长的伍廷芳,知名法学家,曾是杨荫杭在天津中西学堂就读时的师长。伍廷芳就许案对杨荫杭多有诘责,指出:"今免职交通总长许世英,果依法律而逮捕、拘禁乎?大凡刑事案件,必有人告诉、告发或检察官有真确之见闻,察其有无证据,确有可凭,然后始可逮捕。若以报纸风闻之词,即指为有罪,则无辜被逮捕者将不知凡几矣。……况许世英既未查出罪状,亦未搜出证据,辄行羁押,初并不准人作保,其理由安在?"关于许世英住所之

---

① 《杨荫杭之许案法律意见》,《申报》,1917年5月12日。

被搜索,伍廷芳指出:"闻检厅径向许世英宅中任意搜索。又不知依据某条约法乎?尝闻欧西法律家谚云:凡人自己之住宅,仿佛自己之炮台,非他人所得无故侵入。""许世英有罪则惩治之,无罪则释放之,此另一问题。但凡事当平心而论,不可偏倚,况法律之重,则更未宜任意操纵耳。"①

对于张耀曾的惩戒令,杨荫杭其后又写了一封长长的《申辩书》,字斟句酌,逐条进行了辩解。《申辩书》共十二条:对于犯罪人,非有相当证据,能否传讯?对于犯罪人,非有相当证据,能否拘押?对于犯罪人,非有相当证据,能否搜查?对于犯罪人非有较著事实,能否传讯扣押搜查?许世英是否有嫌疑?并未奉令交办之案,检察官能否自行开始侦

图 8　许世英

① 《伍总长之许案法律谈》,《申报》,1917 年 5 月 12 日。

查？无人告诉告发,检察官能否开始侦查？仅据报纸之攻击、议会之质问、道路之传闻,能否开始侦查？保障人权研究,意气用事之研究,违背职务之研究,司法官请付惩戒之用意应注意研究。[①] 杨荫杭申辩书中最有力的利器,实为当时的《检察执务应行注意事项规则》,杨荫杭简称为《检察执务规则》,这是1915年11月22日由总检察厅起草、司法部批复的办案规程。司法部批复指出:"于民刑诉讼章程未颁布以前应准暂予备案施行"。该规则"特种注意"之"开始侦查之注意"部分的第十六条规定:"因现行犯告诉、告发、自首、报纸风闻及其他闻见之事物证明或逆料有犯罪之嫌疑者,应即开始侦查。"按照这一规定,杨荫杭以"报纸风闻"为由,拘传许世英,于本条并不违背。杨荫杭的第二个利器,是指出张耀曾停其职务的目的,是阻止发现许世英的罪证,借惩戒之手段束缚检察官之手。

　　杨荫杭停职不久,张耀曾即辞去司法总长之职。8月20日,司法官惩戒委员会认定:杨荫杭"对于许世英一案,其实施侦查处分,未能慎重将事,自不免稍形急切,然按诸现行法令,尚不在应受惩戒之列。""张汝霖系遵行长官命令,职务上尚无违背,亦无庸加以惩戒。"并提出"该被付惩戒人等停职业经数月,此次停职之后,应如何复职之处,另由司法部依法办理"。[②] 司法官惩戒委员会的议决书认为,按照《法院编制法》第九十条规定,"检察官之职权,遵照刑事诉讼律及其他法令所定,实行搜查,提起公诉",但是当时刑事诉讼律尚未颁行,检察官在执行检察事务时,以总检察厅呈部备案之《检察执务应行注意事项规则》为执行职务之依据。该规则有如下条文:第十六条:"因现行犯告诉、告发、自首、

[①] 《杨荫杭申辩书》,《申报》,1917年5月25、26日。
[②] 《政府公报》第583号,1917年8月30日;《杨荫抗案议决不受惩戒》,《申报》,1917年9月4日。

报纸风闻及其他闻见之事物证明或逆料有犯罪之嫌疑者,应即开始侦查。"第三十一条:"就犯罪或证据物件所在处所,认为有搜索之必要时,得为搜索处分,但于家宅、建筑物或船舶,应得户主或管守者之承诺,若户主或管守者无正当理由而拒绝承诺者,得径行前项处分。"第三十四条:"侦查中有必要时,得传唤被告,或就其所在,听其陈述。但传唤应以书状为之。若承诺者得偕至犯所及其他处所,被告无正当理由不肯偕往者,得强制之。"依据这些条文,检察官依据报纸风闻认明或逆料有犯罪嫌疑者,本有开始侦查之职权,而传唤搜索尤为实施侦查中之不可避之事实,因而司法官惩戒委员会认定杨荫杭"不在应受惩戒之列"。

在这起民国公案中,张耀曾对杨荫杭的惩戒,以及杨荫杭的申辩,实际体现了当时的两种法治观。张耀曾、伍廷芳是以通行的诉讼原理阐发对于限制检察官侦查权和保护人权的看法,而杨荫杭、张汝霖和司法官惩戒委员会依据的则是刑事诉讼法未颁布之前的《检察执务应行注意事项规则》。总长张耀曾和京师高检长杨荫杭正是基于诉讼规则的分歧认识而陷于冲突。但是,张耀曾和伍廷芳在本案中提出的保障人权观点,当然为普世通说。事实上,后来的刑事诉讼法,也去除了"报纸风闻"的条款。

8月31日,司法部恢复了杨荫杭和张汝霖职务①。按照当时的《司法官惩戒法》的规定:"停职,停止三个月以上一年以下职务之执行,并停止俸给。"事实上,杨荫杭并没有降等,在1918年9月的铨叙中"查照司法官官等俸给表,仍叙一等一级"。②

1919年10月7日,杨荫杭辞高等检察厅厅长职,准免。据杨绛回

---

① 《司法公报》第84号,1917年11月15日。
② 《司法公报》第945号,1918年9月11日。

忆,从这个时期起,他就已经南回了。

这个事件,最终成为民国法律史上一段公说公有理、婆说婆有理的"悬案"。

图9　任京师高等检察厅厅长时的杨荫杭

在早版本的《回忆我的父亲》中,杨绛开首的第一段文字这样写道:"他在北京不过是京师高等检察厅长,却把一位贪污巨款的总长(现称部长)许世英拘捕扣押了一夜,不准保释,直到受'停职审查'的处分。"①同时对这一事件的前后经过,杨绛几乎一字未提。

而后来杨绛对此事件的叙述有所变化,开首那段文字改为:"他在北京不过是京师高等检察厅长,却把一位有贪污巨款之嫌的总长(现称

---

① 杨绛:《回忆我的父亲》,《回忆两篇》,第2页。

部长)受到高检厅传讯,同时有检察官到总长私邸搜查证据。许多高官干预无效;司法总长请得大总统训令,立将高检长及搜查证据的检察官给以'停职'处分。"①在文中,杨绛以引用部分文史资料的形式对于事件作了基本叙述。不过在引用这些资料时,杨绛始终没有提及许世英的姓名,多以"×××"代替。"此案只是悬案,所以我把有嫌贪污巨贿的总长姓名改为×××。"②杨绛特别提到了杨荫杭的申辩书,指出:"《申辩书》不仅说明问题,还活画出我父亲当时的气概。特附于文末"。③ 她还写道:"我想,父亲专研法律,主张法治,坚持司法独立;他小小的一个检察长——至多不过是一个'中不溜'的干部,竟胆敢拘捕在职的交通部总长,不准保释,一定是掌握了充分的罪证,也一定明确自己没有逾越职权。"④

这里,杨绛又有一个小小的舛误,许世英被拘传之时,不是在职的交通总长,而是刚于前一天辞职,已然是一介平民。尽管杨绛可能只是误记,但这一错误,即对在职交通总长采取法律措施,似乎更能显出杨荫杭的刚正和勇敢。

杨荫杭被停职之后,给家庭生活带来的影响,杨绛在《回忆我的父亲》的说法,前后有所不同。先是这样说:"第二天,父亲就被停职了。父亲对我讲过:'停职审查'虽然远不如'褫职查办'严重,也是相当重的处分;因为停职就停薪。我家是靠薪水过日子的。我当时年幼,只记得家里的马车忽然没有了,两匹马都没有了,大马夫、小马夫也走了。想

---

① 杨绛:《回忆我的父亲》,《杨绛全集》(2),第93页。
② 杨绛:《回忆我的父亲》,《杨绛全集》(2),第107页。
③ 同②。
④ 同②。

必是停薪的结果。"①后来这段文字改为："据我推断，父亲停职期很短。他只有闲暇上百花山采集花草，制成标本；并未在家闲居。他上班不乘马车，改乘人力车，我家只卖了马车、马匹，仍照常生活，一九一九年秋才回南。可见父亲停职后并未罢官，还照领薪水。他辞职南归，没等辞职照准。"②

2008 年，吴学昭《听杨绛谈往事》出版，杨绛在序言中指出："这本用'听杨绛谈往事'命题的传记，是征得我同意而写的。……她要求为我写传，我觉得十分荣幸。有她为我写传，胡说乱道之辈就有所避忌了，所以我一口答应。她因此要知道我的往事。我乐于和一个知心好友一起重温往事，体味旧情，所以有问必答。……为我写的传并没有几篇，我去世后也许会增加几篇，但征得我同意而写的传记，只此一篇。"③这表明该书内容得到杨绛的高度认可，代表杨绛的立场和观点。吴学昭对本案的叙述，显然较杨绛的前文更为详细，也具体提到了许世英、张耀曾的名字。吴学昭写道：

> 久后才知道，原来父亲主持工作的京师高等检察厅，审理交通部总长许世英受贿案违犯了官场的惯例：该厅开始侦查后，尽管传唤、讯问、搜查证据及交地方厅继续侦查，一切严格依法进行，本无丝毫不合，只是这位有犯罪嫌疑的交通部总长，曾担任过北京政府大理院院长、司法部总长、内务部总长诸多要职，非一般等闲人物，许多上级官员，纷纷为他说情。传唤当晚，杨家电话一夜不断。天

---

① 杨绛：《回忆我的父亲（一份资料）》（上），《当代》1983 年第 5 期。
② 杨绛：《回忆我的父亲》，《杨绛全集》(2)，第 105—106、108 页。
③ 杨绛：《〈听杨绛谈往事〉序》，吴学昭《听杨绛谈往事》，生活·读书·新知三联书店 2008 年版，第 1—2 页。

亮之后，父亲就被司法总长停止职务了。司法总长张耀曾事先就出面干预，不顾媒体揭发、议会质询，意欲停止侦查此案。父亲不理会上司默示，反"亲诘司法总长，是否总长个人意见认为许世英道德高尚，绝无嫌疑之余地？司法总长回答说：'交情甚浅，并不能保。'"司法总长话虽如此说，但当京师高等检察官于1917年5月4日传唤犯罪嫌疑人进行讯问并搜查证据时，司法部竟立即呈文大总统，以检察官"违背职务"为名，将京师高检厅检察长杨荫杭、检察官张汝霖停止职务，交司法官惩戒委员会议处。

阿季以后据当时的事实推断，父亲停职的时间不长，大概就是上山采集植物标本那个把星期。停职后虽未恢复原职，仍在司法部任职。但精研法律、热衷法治的父亲，经此事件，很是心灰，对官官相护的北洋政府已看透了，无意继续做官。他和上司顶牛了。两年之后，辞职南归，没等辞呈照准就带了全家动身南下了。①

从上面引用的史实可见，吴学昭的此段文字中，"天亮之后，父亲就被司法总长停止职务了""停职后虽未恢复原职，仍在司法部任职"的说法，并不确切。

今天，在论述此宗民国公案之时，杨荫杭捍卫法制的勇气值得世人尊重，那么张耀曾和伍廷芳的基本人权观念，应当同时呈现，方显历史公正。历史人物常常被镶嵌在事件和背景中，杨绛试图将其父叙述为法治之"疯骑士"时，将其他历史人物抽象化，且没有涉及当时法制的大背景，其叙述的确有些简单了。

关于杨荫杭的离职，当时或今天的人们，据查还有两种说法。但这

---

① 吴学昭：《听杨绛谈往事》，第11页。

些说法缺乏考证,或多演绎成分,并不可采信。

一是民国通俗小说作家包天笑的说法。他在《钏影楼回忆录》中写道:

> 原来北京那时有一种私娼,和前门外八大胡同的公娼是分道而驰的。在东城有一家私娼,叫做什么金八奶奶的,生涯鼎盛,这都是一般现任官僚所照顾的,因为他们不能彰明较著的到八大胡同去,只能到这些地方去吃酒打牌。那时老段执政,他的部下有所谓安福系者,大约金八奶奶那里,安福系出入的人最多。但是私娼是北京明令禁止的,检察总监是检举违法犯罪的人,金八奶奶那里人言啧啧,杨补塘早有所闻。那天晚上,带了法警,亲去捕捉,谁知提了一大批都是安福系人。如朱深、曾毓秀等都是总长级,连一位规规矩矩[的]许矮子许世英也在内。于是许多高级机关里的人都来说情,打招呼,他一概不买账。说是:"我尽我职,明天解法院,听候审判。"
>
> 还是几位同学的好朋友劝了,说道:"何苦呢?得罪了许多人。像许俊人(世英的号)想也不是同流合污的人,只是被他们硬拖了去。解到法院,怕也是一丘之貉,他们乐得做好人,用不着审判,就放归了。况且这又有什么大罪名,不过行止有亏罢了。"杨补塘想想也不差,就让他们用假姓名保出去了。不过他们想想,这个人留在京里,总觉有些讨厌,但是也扳不着什么差头,而且民望也好,总说他肯办事。适巧浙江高等审判厅长需人,便把他派到杭州来了。以检察而迁审判,似为升职,实在是明升暗降。那是在军阀时代。他后来厌弃了在中国做司法官儿,重到欧美游学去了(曾在《申报》

上写文章,笔名"老圃")。①

在包天笑的笔下,杨荫杭先在北京任检察总监,再任浙江审判厅长,因厌倦官场腐败重到欧美游学,则完全搞错了,所以他的叙述不足采信。包天笑习惯了小说创作,对有关杨荫杭的坊间传说做了添油加醋般的描绘,放入自己的回忆录,这是不应该的。或许这是通俗小说作家的天性使然吧。杨绛显然也注意到了包天笑回忆的错误,她在《回忆两篇》中特别提到:"我很感念他还记起我的父亲,但是,他把事情记错了。"②

后来,上官缨也曾写道:"包天笑先生所言的金八奶奶事件,当年曾经轰动北京,成为一大爆炸性的新闻,被写进许多民国时期的野史笔记。以《啼笑因缘》传世的张恨水先生,也写入他的第一部长篇小说《春明外史》,不过金八奶奶衍化为陈七奶奶了。对于此案的处理,杨荫杭先生虽然一概不买账,甚至开罪了许多权贵,可是在权大于法的北洋军阀时代,最终还是官官相护,不了了之。杨荫杭先生痛感法不能立,最后愤而辞职。"③

二是今人孔庆茂的说法。他在《丹桂满庭芳:无锡钱氏家族文化评传》中写道:"袁世凯阴谋称帝,有人成立筹安会为他制造舆论。首都警察总监罗文干欲以破坏民国罪将筹安会的几个主要人员拘捕,被袁世凯下令撤职扣押,交直隶高等审判厅审判。杨荫杭直接干预审判,判决罗文

---

① 包天笑:《钏影楼回忆录》,中国大百科全书出版社2009年版,第530—531页。
② 杨绛:《回忆我的父亲》,《回忆两篇》,湖南人民出版社1986年版,第20页。
③ 上官缨:《上官缨书话》,吉林人民出版社2001年版,第115页。

干无罪释放,致总统败诉。判决后,杨即自动离职,从此脱离政界。"①

遍查各种罗文干的简历资料,罗文干并未担任过首都警察总监一职。罗文干入狱是在1922至1923年之间,那时杨荫杭已经在上海当律师和报人了。孔庆茂在书中未曾提及"许世英案",而是提到了"罗文干案",显然是把两个案子搞混了。

不过,在此有必要简述一下"罗文干案"的来龙去脉。此案与"许世英案"有着许多相似相近之处。

北洋政府时期,内阁更换频繁。1922年9月19日,王宠惠组建了被称为"好人政府"的内阁。11月14日,财政总长罗文干与华义银行代理人罗森达、格索利签订了奥国借款展期合同。清末民初,政府由于财政困难,多方筹款是家常事。1911至1914年间,政府通过委托奥地利银行团在欧洲证券市场上发行债票的方式,先后六次向奥地利银行团借款,总额大约为475万英镑。1916年债款中部分本金到期时,由于借款多用于非生产性的行政和军政开支,政府无力偿还。于是双方签订展期合同,有了第七次借款,大约123万英镑。第一次世界大战结束后,由于许多债票已经到期,债权人要求换发新债票。又因为当年奥地利银行团所发行的债票并不限定购买者,所以很多英国人、法国人、意大利人等也购买了这种债票。这些国家联合向中国政府施加压力,并且以换发新债票作为承认新增关税的前提条件。此时中国政府财政困窘至极,新增关税意义重大。基于以上种种考虑,罗文干同意和债权人代表华义银行签订奥国借款展期合同,华义银行承诺向北京政府支付现金8万英镑。这就是所谓的"华义借款",又称"安利借款"。然而,正

---

① 孔庆茂:《丹桂满庭芳:无锡钱氏家族文化评传》,郑州大学出版社2013年版,第61页。

是这份合同，几天后引起轩然大波。

11月18日晚，众议院正副议长吴景濂、张伯烈和华义银行买办李品一三人秘会大总统黎元洪，揭发罗文干在签订借款合同过程中有受贿情事，并使国家蒙受损失达5 000万元。罗文干以及经手人黄体濂等人当夜被捕羁押。

这桩案件表面看是内阁与议会之间的纷争，深层次则涉及北洋军阀曹锟和吴佩孚两大派别之间纷纭复杂的斗争。最终，"挺罗"的吴佩孚妥协。11月29日，王宠惠辞职。

但在此期间，京师地方检察厅依法律程序对罗文干案进行调查，查明罗文干"犯罪嫌疑不足，行为不成犯罪"，渎职受贿案不能成立。1923年1月11日，京师地方检察厅做出不予起诉的决定，随即释放罗文干等人出狱。但这一结果引起国会的反对，1月17日众议院通过重新查办罗文干的决议，并要求查办京师地方审检厅的法官。时任司法总长的程克遂以命令的形式，饬令法庭再次拘捕罗文干、黄体濂。此举受到法律界的反抗和抵制。程克将反对者或惩戒或撤职，甚至下令撤换直隶、湖北两省司法人员。京师地方审检厅的法官、检察官始终坚持以正当的法律程序，对罗案进行调查、取证、审理。至6月29日，京师地方审判厅二次宣布罗文干、黄体濂无罪，并将其释放。然而，又有新的情况发生。地方检察厅不服审判厅之判决，声明上诉，罗文干第三次成为被告。但上诉后，高等审判厅一直未予审理。1924年2月初，地方检察厅向高等审判厅撤销上诉，高等审判厅即日通知罗文干、黄体濂二人。

此案历经一年多的时间，三起三落，至此方告结束。无论是罗文干案，还是前几年的许世英案，司法人员顶住来自多方面的压力，坚持独立审判，民国的司法尚未颜面扫地。

律师和报人

病中恩人

1920年8月,司法部参事何鸿基辞职,大总统令由杨荫杭接任。①此时的杨荫杭已经在上海执笔为《申报》撰写评论文章,所以没过几天,他就提出辞职,9月7日,大总统令"准免本职"。②

而此时,杨荫杭已经携家带眷南回一年了。杨绛回忆:"一九一九年秋才回南。……他辞职南归,没等辞职照准。""一九一九我家离北京南归,我只有大姐和三姐了,下面却添了两个弟弟和我的七妹。"③1919年10月,杨荫杭以"回籍省亲"为由,呈请辞去京师高等检察厅厅长一职,"准免本职"。④ 一年后,北洋政府又任命他为司法部参事。这个职位投闲置散,味同鸡肋,杨荫杭再次提出辞职,从此脱离官场。

弃官南归的杨荫杭,携全家回到家乡无锡,生了一场大病。结果,"连日常生活的薪水都没个着落。我父亲病中,经常得到好友陈光甫先生和杨廷栋(翼之)先生的资助。他们并不住在无锡,可是常来看望。父亲病中见了他们便高兴谈笑,他们去后往往病又加重。"⑤

陈光甫(1881—1976),江苏镇江人,是中国近代经济史上一个风云

---

① 《申报》,1920年8月21日。
② 《申报》,1920年9月9日。《政府公报》第1641号,1920年9月8日。
③ 杨绛:《回忆我的父亲》,《杨绛全集》(2),第108、109页。
④ 《申报》,1919年10月10日。
⑤ 杨绛:《回忆我的父亲》,《杨绛全集》(2),第111页。

人物。陈光甫早年进入报关行当学徒,不仅熟悉人情业务,更是学习了英文。后又进入汉口邮政。1904 年 5 月,陈光甫得到岳父帮助引荐,以中国代表团的工作人员身份,得以参加美国圣路易斯博览会。博览会结束后,陈光甫没有随团回国,而是留在美国,进入圣路易商业学校学习,1906 年又进入宾夕法尼亚大学商学院,成为该专业第一个中国学生。而杨荫杭于次年进入该所大学读法学,两人是校友。1909 年,陈光甫毕业后即回国,进入南洋劝业会。时隔不久,刚好遇到江苏省内部为一笔库存白银争执不下,江北希望作为导淮经费,江南希望作为教育基金。双方正在相持不下的时刻,陈光甫向江苏都督程德全建议用这笔钱开设一家银行。于是,江苏银行就此成立,程作为总办,陈光甫成为帮办。因为经营理念不同,加之北洋时代军人主政,城头旗帜变化,陈光甫不得不辞职,离开江苏银行。1915 年 6 月,陈光甫着手创办自己的银行——上海商业储蓄银行,额定资本十万元,实收不到七万元,员工只有七名,在银行业中堪称"迷你"。但到二十世纪三十年代初期,就已经发展成为中国最大的私人银行,资本从最初的十万元发展到后来的五百万元,分支机构遍布全国,在中国金融界具有举足轻重的地位。陈光甫本人也成为"江浙财团"的首脑人物,更被美国金融界称为"中国的摩根"。

上海市档案馆藏有《江苏银行第二期半年报告》,其中有言"爰聘杨荫杭大律师为本行法律顾问,以矫前弊而保法权"[1]。可以说明,杨荫杭曾经担任过江苏银行的法律顾问,江苏银行成立于 1911 年 12 月,总行最初设于苏州,后于第二年初迁至上海,苏州改设分行。其时,杨荫杭

---

[1] 何品编注:《辛亥革命前后华资银行业档案史料选编》,《辛亥革命前后的中国金融业》,复旦大学出版社 2012 年版,第 236 页。

恰好挂牌从事律师业务，而又正值陈光甫执掌江苏银行之时。

又据上海商业储蓄银行档案资料，1920年12月1日上海商业储蓄银行召开董事会议，陈光甫提议："本行向代顾客保管贵重物品及经理长期存款，皆属信托性质。兹拟推广范围，代理产业收支及注册等事，特设信托部以专责成。事关法律信用，须得资望卓著之法律家方可胜任。今拟聘请杨补堂先生为信托部经理，杨君在法学界经验甚深，如担任此事最为相宜，请付会议。众议均赞成，遂决聘定。"杨荫杭主持上海银行信托部业务，具体履职情况并无其他资料可供查证。事实上，由于"其时国人对于信托事业，尚无相当认识"，信托部的业务"仅就原有银行业务中，划出了一部分——如总行之特别存款，教育及婚嫁储金，复利存款等等——改归信托部办理"，"又代客买卖证券，代收房租、证券股息，代出职务上及商业上之保证函件，实行办理信托业务"。① 这些业务似乎无需发挥杨荫杭的法学专长，这个职位也并不是非杨荫杭莫属，或许是陈光甫为了资助杨荫杭而让其兼任此职。

杨廷栋，字翼之，生于1878年（另有1861年、1879年两说），江苏吴县人。与杨荫杭是南洋公学同学，又一同留学日本，同为励志会、译书汇编社重要成员，回国后一同进入南洋公学译书院。后来，他与雷奋追随张謇积极从事立宪活动和国会请愿运动，成为张謇之左右手。民国成立后，加入共和党并被推举为南京临时参议院议员和第一届国会众议院议员。此后转而从事实业经营，1921年与德国西门子公司合办占地300余亩的震华制造电气机械总厂，并担任常务董事兼厂长。他还是常州民丰纺织公司主要投资人之一。抗战期间，曾入川在国民政府

---

① 中国人民银行上海市分行金融研究所编：《上海商业储蓄银行史料》，上海人民出版社1990年版，第106—107页。

交通部任职。后旅居上海，不问世事。1950年去世。

陈光甫、杨廷栋帮助病中的杨荫杭，当时的杨绛虽是孩童，但由于经常听到父母谈到他们，也对他们十分感激。2003年4月，杨绛写下《陈光甫的故事二则》，专门转述她听父亲所讲的"陈光甫的皮鞋"和陈光甫讲述的另一桩"母女俩的故事"，以资纪念。①

或许，杨绛应该感激的，还有一个人，那就是工商巨子聂云台。

聂云台（1880—1953），名其杰，原籍湖南衡山，生于长沙。其父聂缉椝曾任上海道台，出资参股上海华新纺织总局（前身为洋务企业上海机器织布局）。1905年，聂云台出任华新总经理。聂氏父子连年收购该厂全部股票，至1909年终将整个纱厂盘下，使原先的华新纺织局改为聂家的独资企业——恒丰纱厂。1919年，聂云台招股在吴淞蕰藻浜筹建大中华纱厂，为当时华商第一流纱厂。同时投资合办崇明大通纺织股份有限公司、上海华丰纺织公司、吴淞中国铁工厂及中美贸易公司等企业。1920年8月，聂云台被选为上海总商会会长，后又被推为全国纱厂联合会的副会长。

聂云台与杨荫杭的交集，目前并无过多资料可供参考。据今人编著的《穆藕初先生年谱1876—1943》载，1920年12月18日，上海总商会召开第二十五期会董常会。"会长聂云台到会入座主席。……最后在讨论拟聘杨补堂为坐办问题时，由先生介绍杨简历。"②这里的先生，是指穆藕初。1923年8月7日《申报》也有这样一条新闻："总商会内向有坐办名目，厥后因与章程不符，改为书记长。聂云台君任会长时，此

---

① 杨绛：《陈光甫的故事二则》，《杨绛全集》(3)，第224—225页。
② 穆家修、柳和城、穆伟杰编著：《穆藕初先生年谱1876—1943》，上海古籍出版社2006年版，第208页。

席系杨荫杭君担任。聂君交卸后,杨君也连带辞职"①。杨荫杭任职上海总商会坐办达两年多时间,随聂云台的进出而进出。遍查在此期间的《申报》报道,杨参加商会的消息只有寥寥数条,且多是会议之类的简讯,并无出彩之处。可以猜想,这一坐办之职,类同于上海银行信托部主任,属于"照顾"性质,也不无可能。

执笔《申报》

1920年年中,杨荫杭身体渐渐复原,去往上海,重操律师旧业,同时任《申报》主笔("副编辑长")。《申报》为此于6月1日新办增刊《常识》,由杨荫杭专任评论。

《常识》所刊文章内容,涵盖经济、政治、生活、科学等各个方面,与民众生活息息相关,且大部分为白话文写作,所以甫一创刊就得到了读者的踊跃欢迎。不到一个月的时间,稿件"不惟盈箧殆冲栋矣"。在当时所有报纸中,《常识》增刊在此后数年间一直是走在前列的佼佼者,而与《申报》竞争激烈的《新闻报》在1922年1月14日才效仿创办了同类性质的刊物《新知识》。从1925年6月起,《常识》开始走上下坡路,版面和期数缩减,至1927年3月24日停办,前后存世将近八年。

作为《申报》的主笔,杨荫杭所撰写的

图10 《申报》"常识"副刊题头

---

① 《总商会新聘之总务主任》,《申报》,1923年8月7日。

评论文章,主要是"常评"和"时评",前者主要刊载在《常识》增刊上,后者分布于《申报》的其他版面。

1993年,杨绛整理其父生前的单篇文章为《老圃遗文辑》,由长江文艺出版社出版。2014年,中华书局以《杨荫杭集》为名,列入"中国近代人物文集丛书"再版了此书。《老圃遗文集》收录了1920至1924年间杨荫杭在《申报》发表的评论文章六百余篇,以及1925年杨荫杭在《时报》《大陆月刊》发表的杂文数篇。

杨荫杭这些评论文章,总的特点是:关注时局、针砭时弊、触事生感、随写随刊,涉及的题材广杂,有一般性的常识,也有学术性的考证。

渴望立宪政治,期盼民主共和,是杨荫杭一贯的政治理想和政治信念。此时的他,已经远离官场,但这一政治信念不变,同时也正因为远离官场,反而可以冷静、中立地看待纷繁复杂的政局变幻。对于执政当局的政治主张、政治行为,杨荫杭从独立的观感出发,发表自己独立而深刻的见解;而对于当局的失策失误,杨荫杭则提出非常犀利和尖锐的批判。

比如《说时》(1920年7月16日至21日)一文,言辞犀利,将当时中国政府与五代割据时期的政治进行比较,甚至批判政府当局的无能无为更甚于黑暗的五代时期:"又似五代时之分裂。北京政府,犹梁、唐、晋、汉、周之居于中原也;督军各有地盘,犹南唐、吴、越、汉、蜀、楚之各踞一方也。最可叹者,内讧不已,乃暗中乞助于外人,一如当时乞助于契丹。吾恐当时所失者不过燕云十六州,今之所失者,将子子孙孙为奴隶牛马,历万劫而不复。昔人论五代之乱,推原祸始,谓源于廉耻道丧。何古今如一辙也!"

杨荫杭对于军阀混战,拥兵自重,导致百姓租税繁重给予了无情的抨击。如在《养兵费与裁兵费》(1920年12月24日)中写道:"今日中国兵额之多,为有史以来之罕见。而兵力之弱,亦为有史以来所罕见。然御外患则不足,而虐百姓则有余。财政亦然。财政部为全国军人之债户,财政厅为各省督军之账房,其情亦可怜矣。然财政部力行课税,犹自称威信,相关人员如狼似虎,犹足以食人"。又如在《自治之根本谈》(1921年1月26日)中,杨荫杭写道:"今中国南北分裂,而南北又各自分裂,可谓乱矣。北方军人破坏法律,南方军人亦非能遵法律者。乃南北方文电往来,犹争法律问题,故曰愈乱而法律论愈多。"

此类文章,还有如《说犬性》(1920年8月2日)、《政客与苍蝇》(1920年6月22日)、《议员与妓院》(1923年9月11日)等等。这在当时之言论界实属不易之举。

杨荫杭时刻观察当时社会中存在的各种不良风气,对其也多有批判和揭露。如在《娶妾之罪恶》(1920年6月3日)中对娶妾给予强烈的抨击,"专制时代之官僚,往往广置姬妾,荒淫无度,此不足责也。妾者,奴隶之别名也,同时妇人也,忽而尊之曰大,忽而贱之曰小,在阶级制度盛行之时,固习焉不以为怪。若在民国,则人民在法律上一律平等。如妇人有大小之分,是违背约法之精神也。易一言之,则堂堂民国而有奴隶也,即昌言平等而有阶级也。且娶妾皆以买卖行之,是显然违背法律买卖人口也。非洲贩黑奴,南洋贩猪仔,皆以为惨无人道,而独于买妾者多恕词,其何故也?"他认为当今时下所倡导的改良社会,首先应从改良家庭做起。存在娶妾,则家庭"则永无改良之日",更何谈改良社会。再比如在《吃饭新语》(1922年2月28日)中,他写道:"朝开会,暮开会;坛上之言,皆名言也,然从此而止,下坛后未尝有所行。朝打电,暮打电;电文之言,皆名言也,然从此而止,电报外未尝有所行。"杨荫杭感觉到开会已渐成一种职业:"更有一种新人,吃一种新饭,谓之吃会饭。盖其人本无职业,以开会为职业。其人非无伎能,但其毕生所有之伎能,尽用于开会。试举其特长：一曰能演说，声音嘹亮；二曰能拟电稿，文理条畅；三曰能算票数，若干人得若干张；四曰能广告，使大名出现于报章。"对此，杨荫杭不无讽刺地写道："吃会饭者，分为二类：一曰官派，一曰民派。官派之吃会饭者，即议员也，今日不甚通行。通行者为民派。此其会名，虽千变万化，随时势为转移，然其会中人物，万变而不离其宗。"这些人"终日仆仆，可谓忙矣，然未尝成一事。仅为电报局推广营业，为报纸扩充篇幅"。故"开会之消磨人才，与科举等"；"吃饭"是与"升迁"挂钩的。从以上两篇文章，可以看到当时的社会风气在改良和守旧中徘徊，表达了杨荫杭对当时的社会变化的关心和担忧。

　　杨荫杭评论的另外一个特色，就是从汉字的声旁、形旁、一笔一画中"管窥"那个时代的社会现象，以汉字针砭时局。他在《说國》（1921年7月20日）中写道："古'國'字本作'或'，从'囗'，从'一'，从'戈'。'一'者，地也；'囗'者，一定之疆域；'戈'者，以武力守之，不为外力所侵入也。此与近世国家学原理合。游牧无定之部落，不能称之为国家，以其无'囗'也。无强制力之主权以对内对外，不能称之为国家，以其无'戈'也。故'國'字但当作'或'，不必'或'外加口，加口则与其内之'囗'重复，不啻一疆域之中，更包独立之小疆域，如今日之割据自主，而主权不统一矣。且其中小疆域有戈自守，而其外大疆域则无；以戈对内，而不能以戈对外，不啻今日粤、桂、直、陕相攻，而外蒙弃置于不顾。"从对"國"字的说文解字中，寥寥数语就刺到了那些拥兵自重的军阀身上。

　　再比如，关于"贫"和"贱"字的说文解字，杨荫杭在《分贝为贫、戔贝为贱说》（1921年9月2日）一文中说"贫"字由"分""贝"二字组成，"贝"指的是钱财的意思，拆开来看的话，"贫"自然就是"分财"的意思。以此类推，"贱"就是"糟蹋钱财"的意思。笔锋一转，百姓无财，不为"贫"，而真正"贫"和"贱"的人就是那些官僚军阀和挥金如土的公子哥儿们。最后点睛之笔：中国并不是一个贫穷的国家,只因为人民的财富被穷奢极欲的贪官污吏瓜分一空,挥霍殆尽,才造成了当时贫穷积弱的局面。对"贫"和"贱"二字的解释,反映了他对当时做官做人的讽劝,具有警世作用。

　　杨荫杭的金钱观念,在杨绛的回忆中也得到充分体现。"我父亲反对置买家产不仅是图省事,他还有一套原则。对本人来说,经营家产耗费精力,甚至把自己降为家产的奴隶;对子女来说,家产是个大害。""所以我父亲明明白白地说过:'我的子女没有遗产,我只教育他们能够自立。'"①"我母亲说,我家历年付的房租,足以自己盖一所房子了。可是我父亲自从在北京买了一辆马车,常半开玩笑半认真地说,有了'财产','从此多事矣'。他反对置买家产。"②杨荫杭还喜欢自称"穷人",杨绛起初不解其义,后来从父母的谈话中才听出,这是对"社会的一种反抗性的自诩,仿佛是说:'我是穷人,可是不羡慕你们富人。'"③

　　杨荫杭对于中国传统文学十分娴熟,国学功底深厚。在他的文章中,无论什么材料典故,都是信手拈来即成妙语。并且对典故旁征博引,阐释时局政运,解剖社会镜像。比如在《葫芦谈》(1920 年 11 月 29 日)中,他引用了这样一个典故:"陶谷入宋为翰林学士,宋太祖轻之,尝笑曰:'翰林草制,皆捡前人旧本,此乃俗所谓依样画葫芦耳。'谷闻之,题诗于壁曰:'官职须由生处有,才能不管用时无。堪笑翰林陶学士,年年依样画葫芦。'太祖薄其怨望,终不大用。后使于吴越,吴越王食以蚌,谷询其族类。王命进十余种,自蚌至蛼,大小不等。谷曰:'真所谓

---

① 杨绛:《回忆我的父亲》,《杨绛全集》(2),第 114 页。
② 杨绛:《回忆我的父亲》,《杨绛全集》(2),第 113 页。
③ 杨绛:《回忆我的父亲》,《杨绛全集》(2),第 116 页。

一蟹不如一蟹。'王因命进葫芦羹,曰:'此先王时有此品味,庖人依样造者。'"随后即由古及今,评论道:"吾谓民国军阀之所作所为,皆画葫芦也。袁世凯留葫芦,段祺瑞又依样画之;段祺瑞留葫芦,今张作霖辈又依样画之;且北方军阀留葫芦,南方军阀亦依样画之。……此其画手之拙,亦可怜也。"其后,杨荫杭更进一步地抨击这些所谓的"军阀",道:"所最伤心者,段祺瑞所画之葫芦,更劣于袁世凯之葫芦。今日张作霖辈所画之葫芦,更劣于段祺瑞之葫芦。民国所处之人物,正如蚌彭之类,愈降愈小,陶学士所谓'一蟹不如一蟹',非虚语也。"由历史典故到今日军阀割据之时局,评论中又时时穿插历史典故,在谈笑中即生动刻画了军阀们的丑态,展现了其信手拈来皆成文章的高超本领。

　　杨荫杭的评论文章,篇幅都很短,最长不过千把字,所涉及的范围有文字训诂,有评论时事政治,由此旁及法律、历史、经济、社会、文化以至古代地理、民族源流等等,无所不包。在记述游历见闻的《锡兰人》(1921年6月14日)中写道:"余尝游锡兰之哥朗布,土人皆鸠形鹄面。闻其职业,曰鬼舞,曰弄蛇,曰算命,曰僧丐;舍此,则苦力也。"《恶言考》(1920年8月5日、6日)两篇,考证"王八""饭桶"之类骂人之语的出处,从《国策》《唐书》《论衡》《说文》等诸类资料文献,对骂人之语进行考证,颇具兴味。《俗话》四篇(1920年9月1日至9月4日)则分别探讨了十二生肖、"看新婚,闹新房"之习俗、鬼婚之俗以及民间的迷信传说,杨荫杭在文中引经据典,娓娓道来,使人读之兴趣盎然。在《陶渊明》(1921年6月16日)一文中,杨荫杭作了相关考证,他写道:"陶渊明诗'采菊东篱下,悠然见南山',即从'秩秩斯干,悠悠南山'脱化而出,犹王摩诘诗'渡头余落日,墟里上孤烟',由陶诗'暧暧远人村,依依墟里烟'脱化而出也。"此外,关于戒烟问题的《禁烟之笑谈》(1920年6月14日),关于宗教的《论宗教》(1920年6月7日),关于以西方的法理来批评当时中国的政治与经济行为的《谈法律》两篇（1922年6月8日、9日）、《读律余谈》十篇（1924年3月4日至4月18日）等，内容丰富，包罗万象，显示其中西贯通、广识博闻的深厚的学术功底，与其女婿钱锺书有着几分相似。

著名报人徐铸成在其专门著作《报海旧闻》中对杨荫杭称誉道："我那时比较欣赏老圃的短文章，谈的问题小，而言之有物，文字也比较隽永。"①当代学者李慎之在他的文章《通才博识 铁骨冰心》中称《老圃遗文辑》是一部不折不扣的"小小百科全书"，"读《老圃遗文辑》，这种感觉分外强烈。补塘先生之博学多闻，往往使我挢舌不能下。"对于杨荫杭本人，他更是推崇有加，说："在他面前，倒是我们这些后生不能不自惭浅陋的。补塘先生早年留学日本、美国，都得到过学位，深通日文、英文与西方语言自不必说。但是他特别好小学，为了考证名物，溯流探源，不但精研中国南北各种方言，以及少数民族语言，而且兼通朝鲜、越南、缅甸、泰国、马来、印度、锡兰语言，甚至中亚西亚许多已经死掉的语言。"②

二十世纪二十年代，杨荫杭还完成了《挨及文与华文同源说》的创作。钱基博对此作极为推崇。1931年，钱基博的代表作《国学文选类纂》由商务印书馆出版。在这部著作的"小学之部"，钱基博共列出许慎、朱筠、江声、章炳麟、姚华、杨荫杭的七部著作，称："小学之书，本之许慎。……而以杨荫杭《挨及文与华文同源说》殿焉，将以扩小学之途径，博意趣于斯文。"

史学大家吕思勉的《说文解字文考》完成于1925年，由商务印书馆

---

① 徐铸成：《报海旧闻》，上海人民出版社1981年版，第11页。
② 李慎之：《通才博识 铁骨冰心》，《读书》1994年第10期。

承印,久而未成。到了1931年,吕思勉任教于上海光华大学,将此著油印。为此,吕思勉写作了第二篇序言。此时,甲骨文的价值被史学界所重视,一时赝品层出。在此篇序言中,吕思勉引用了杨荫杭作于1925年4月文章的观点。他写道:"疑之者亦有人,有自署老圃者,尝于时报论其事(十四年四月九日),曰:'前清光绪间,河南安阳掘得古龟甲兽骨,或刻有篆文,而无文者尤累累,好事者购之,百文辄得一大裹。然皆碎块,块不过数字,不能详其文义。其可辨者,以干支字为多。间有大片,字亦寥寥。其后购求者踵至,而续出者亦愈多,价亦飞腾,或一片索一金矣。无文之骨,亦不知何往;盖一变而为有文矣。藏者以多字为贵,遂有连篇累牍者,夸示于众,而真伪益不可究诘矣。'"老圃,就是杨荫杭。他对市场上甲骨文的怀疑,得到了考古实物的印证。"最近中央研究院历史语言研究所重至小屯发掘。先行访查,则伪刻骨甲文字者,确有其人,且有姓名,见其所刊报告。前此诸家所藏,恐伪物多而真品少矣。财产私有之世,事无不为稻粮之谋。"吕思勉由此感叹:"老圃无文变为有文一语,盖可深长思矣。"①当时,吕思勉与钱基博是任教光华大学时期的老同事,但他不知道后来杨荫杭还是钱基博的亲家,更不知道老圃是杨荫杭的笔名。这两位大学者如能谋面,学术思想上一定是很投契的。

  吕思勉生平有剪报的习惯,在历年收集的材料中,还有不少是杨荫杭在二十年代初的《申报》《时事新报》发表的学术性随笔。到了抗战期间,"现在我们自己要离开上海了,这些书既不能运回常州,又不便寄放在人家。后来还是靠着父亲一个朋友,把部分书籍寄放在一个寺院

---

① 李永圻、张耕华编撰:《吕思勉先生年谱长编》(上),上海古籍出版社2012年版,第395、396页。

里，其中包括两藤箱的近世史资料和剪报。可惜这部分书籍剪报，抗战胜利后都未能收回，因为经手的方丈死了。"①

除了撰文、考证之外，收藏古钱币也是杨荫杭的业余爱好之一。他的业余爱好，不可谓不广博。据张宗儒回忆："君在沪经宣愚公之介，购得某氏所藏古泉币四枚，自周代刀布，迄隋五铢，既精且备，唐以后阙如焉。又得斯坦因《西域考古报告》英文原书，中载泉币，拓印极精，暇辄译读考证。……与君同里巷，有潘砚孙承锷、蒋坚志中觉，皆余至友。……余每返苏，必首过坚志，次及君，三人同至茗肆清谈，归则遍历护龙街骨董铺，见古泉币，随意选购，翌日复携出互相欣赏。对于历朝正用品所缺者，不急于征补，志不在求备也。"全面抗战爆发之时，杨荫杭将藏品先期运沪而得以保存，而张宗儒"藏泉纷失"，杨荫杭听闻后"颇自喜"。②

重操律师旧业

挂牌从事律师业务，成了杨荫杭后半生的最主要职业。

杨荫杭先是在上海当律师，事务所的地址是"白克路敦谊里五七八号，电话三六三六号"。③ 1923 年起举家迁往苏州，专职担任律师。杨绛回忆："他嫌上海社会太复杂，决计定居苏州。我们家随即又迁到苏州。"④

1923 年 4 月上旬的《申报》广告栏，曾多次刊登过杨荫杭律师事务

---

① 李永圻、张耕华编撰：《吕思勉先生年谱长编》(下)，第 1181 页。
② 张宗儒：《杨老圃先生传》，《泉币》第 31 期，1945 年 7 月。
③ 董竖志编纂：《公文诉状程式大全》，上海中华法学社、锦章图书局 1929 年版，第 115 页。
④ 杨绛：《回忆我的父亲》，《杨绛全集》(2)，第 113 页。

所迁址苏州的启事。从启事的内容看,杨荫杭律师事务所在苏州挂牌的地址是庙堂巷五九号。后来,律师事务所有过迁址。据1930年9月10日《申报》刊登的另一则启事,地址变成了庙堂巷六二号,电话是一六一五。

当时,杨荫杭购置了"一文厅"作为全家居所,也在庙堂巷。

关于杨荫杭苏州庙堂巷居所的情况,时人张宗儒有过这样的描述:"其厅事极高广,为明左通政徐公如珂故第也。徐公以忤魏忠贤被削籍,抵家宴客,服毒卒。吴民感其忠义,各捐一文为之建筑一厅,俗呼'一文厅'。君买得之,重事经营,不改其尺度,悉如旧制,命名'安徐堂',乞南通张啬翁书之,并识明榜尾。宅东若干步,即徐公祠,石狮卧地,庙貌仅存,今则改换门庭,漫无遗迹。君营业私第,尚为故主留姓匾额,其道义可风矣。……屋后有园,中有古槐,杂植桃李,茅亭竹榻,啸咏自得。"①

关于"安徐堂"坐落于庙堂巷的门牌号,民国时期的资料有多种说法。现不妨择录几则:一是1927年5月13日《申报》刊登杨闰康结婚的消息,报道称"定于本月十六日在苏州胥门内庙堂巷六十五号行结婚礼"。二是《振华校友》卅周年纪念特刊中刊登有关杨绛的讯息,其国内的通讯处是"苏州庙堂巷六十号转"。三是黄恽先生查得1945年3月26日《江苏日报》刊登"杨宅报丧"的启事,其中有云:(杨荫杭)"寿终苏州庙堂巷七十一号本宅"。

那么,哪一种说法是正确的呢? 2016年,通过查阅民国时期和上世纪六十年代的房产登记资料,已经有了确切的说法。在1947年的土地所有权登记声(原件如此)请书上,"业主姓名"栏登记的是"杨必"(杨绛

---

① 张宗儒:《杨老圃先生传》,《泉币》第31期,1945年7月。

之妹)";"面积"栏填的是"叁亩柒分玖厘陆毫";"情形"栏填的是"中式楼房四间,平(房)廿四间";"所有权来历"栏填的是"祖遗";"坐落"栏填的是"庙堂巷七十一号"。

民国时期的门牌号是从西向东排的,而新中国成立后是从东向西排的,所以到了1965年8月24日的《苏州市公管房屋登记表》,房屋坐落已经是"庙堂巷16号",原产权人姓名栏写的还是"杨必",房屋自然间数为55(间),建筑面积为1 183.10(平方米)。

当初,"安徐堂"的修建,断断续续地进行了两年时间。据杨绛回忆,"破宅在修建中,由父亲留美时专攻建筑的学友苏州人贝季美设计画图"。① 这里,杨绛又有舛误,贝季美是杨荫杭在南洋公学时的学友,而非留美时的学友。

图11 "安徐堂"——庙堂巷16号

---

① 《杨绛生平与创作大事记》,《杨绛全集》(9),第464页。

贝季美,即贝寿同,又字季眉,出身于苏州著名的贝氏家族。生于1875年,后入南洋公学,1910年由江苏省官派留学德国,毕业于夏洛顿槃大学建筑科,是我国第一个到西方学建筑的留学生。1915年回国后在北洋政府、南京国民政府司法部任职,还曾执教苏南工专及北京大学、南京中央大学,很多较早一辈的建筑师皆出其门。当时法院与监狱的建筑很多是由他主持与设计的。据宗谱,贝寿同是当代建筑大师贝聿铭的堂叔祖。

杨荫杭表示过"当初学法律,并不是为了做律师","当律师仍是为糊口计",他觉得律师的"光荣任务"不是"保卫孤弱者的权益",仅是"帮人吵架"①,因此他自己不爱律师这个职业,甚至反对女儿学习法律。

杨绛在《回忆我的父亲》中,记录了杨荫杭当律师期间的一些小故事:

> 一次有老友介绍来一个三十来岁的人,要求我父亲设法对付他异母庶出的小妹妹,不让她承袭遗产。那妹妹还在中学读书。我记得父亲怒冲冲告诉母亲说:"那么个又高又大的大男人,有脸说出这种话来!"要帮着欺负那个小妹妹也容易,或者可以拒不受理这种案件。可是我父亲硬把那人训了一顿,指出他不能胜诉(其实不是"不能"而是"不该"),结果父亲主持了他们分家。
>
> ……我祖母的丫头嫁一农民,她儿子酒后自称某革命组织的"总指挥",法院咬定他是共产党,父亲出尽力还是判了一年徒刑。我记得一次大热天父亲为这事出庭回家。长衫汗湿了半截,里面的夏布短褂子汗湿得滴出水来。
>
> ……某银行保险库失窃。父亲说,明明是经理监守自盗,却冤

---

① 杨绛:《回忆我的父亲》,《杨绛全集》(2),第116、102、116页。

柜两个管库的老师傅。那两人叹气说,我们哪有钱请大律师呢。父亲自告奋勇为他们义务辩护。①

杨绛所讲述的第一个"主持分家"的故事,《申报》有过一则"谨谢杨荫杭大律师"启事,可作观照。这则启事,是由一个署名胡郁氏的妇女发布的。内称:"此次胡郁氏与夫叔胡子仁家产纠葛,几酿讼案,幸赖苏州庙堂巷杨荫杭大律师苦口劝解,订定和息契约,从此两方遵守,永免同根相煎之祸,可知杨大律师执行职务以利物济人为志,不在营业收入,合行登报以扬仁风。胡郁氏告白。"②

上世纪二三十年代,正是民族工业蓬勃发展的一个时期。杨荫杭在苏州、两地的工厂担任了类似今天"法律顾问"之类的角色。这里,不妨摘录几条《申报》的消息,以作一观:

无锡籍巨商祝大椿在苏州、常州、江都、溧阳和安徽铜陵等地创办了一系列电灯厂。在经营这些电灯工厂过程中,与地方势力多有矛盾纠葛。1923年6月,江都振扬电灯公司召开股东大会,"股东各怀意见",有一位钟姓股东提出"警区各段路灯、通夜线可以取消",结果,"由潘承锷、杨荫杭等言词辩驳",这一提议未获通过。③ 杨荫杭和潘承锷,正是祝大椿聘请的律师。潘承锷的律师事务所也设在庙堂巷。

转过年来的1924年初,又有"苏州振兴电灯公司与新厂归并一案",矛盾纠葛,"迄今尚未解决",由苏州道尹出面协商,"振兴方面有祝大椿、杨荫杭、潘承锷等三人"出面。结果,"继由新旧电厂二方面磋议价值,计议定八十五万。经官厅方面再三劝导,祝始勉允,当由宋友裴

---

① 杨绛:《回忆我的父亲》,《杨绛全集》(2),第117—118页。
② 《申报》,1923年6月13日。
③ 《电灯公司开会纪》,《申报》,1923年7月2日。

付定洋十万元,祝谓须付清现款方可,而新厂方面未易凑集,商约日期。祝亦赴沪报告股东"。①

振兴电灯公司与新厂归并案,虽达成协议,但也触犯了部分股东利益。振兴股东龚元彪向吴县地审厅提出诉讼,控告振兴董事长祝大椿、新电厂董事宋友裴勾串归并振兴。3月22日,吴县地审厅庭讯,杨荫杭、潘承锷两律师代表祝大椿出庭。② 这个案件,《申报》此后并无记载。

1925年,无锡荣宗敬、荣德生兄弟,计划租赁常州纱厂以改组为申新第六纱厂。"前日德生来常会订接办合同,常州纱厂方面由债权代表杨荫杭出面,……租期定二年半,以盈余十分之三为租金。……业已准备一切,不日即行开工。"③

1926年,杨荫杭又担任了无锡耀明新记电灯公司的"法律顾问"。无锡城区路灯照明用电原由耀明新记电灯公司供应,"耀明最初对于用户电费、取价稍昂",引发市公所的不满,市公所由此自架杆线,自办路灯。双方矛盾激化,并一路"告"到公署。当时市公所总董正是钱锺书的叔父钱孙卿,对于此事,杨荫杭倾向于协商解决。"市总董钱孙卿接函,以依照市乡制,市乡行政以本管,县知事为监督,因即转函市议事会,查照核议应否遵令暂行停止工作,以示尊重。""又耀明新记法律顾问律师杨荫杭,以两造均系著有声望之人,如彼此和衷协商,谅无不能和解之理,特函商市公所能否设法消弭讼祸、接洽而谈。""钱市总董准函,以市公所之自行设备路灯,系根据议会议决,非经相当手续,不能遽行变更。惟律师杨君既有息事宁人之意,亦极愿于可能范围内承教。

---

① 《道署会议振兴归并案纪》,《申报》,1924年1月14日。《振兴归并案可告解决》,《申报》,1924年1月15日。
② 《振兴控案吴地审厅旁听纪》,《申报》,1924年3月24日。
③ 《常州纱厂改组就绪》,《申报》,1925年6月28日。

昨已去函表示意旨矣。"①

　　结果,无锡市公所"于路灯设备继续进行不辍",复经"召集双方开会讨论,亦未有具体解决方法,且尚未得省署批复","故双方已渐趋决裂,实无和平调解之可能"。"至耀明公司以本案似无调解可能,已由新记经理蒋哲卿委托律师杨荫杭撰状,向审厅起诉,请追偿损失银五万元,已由县署批准,通知被告答辩,传讯核夺。……"②"至市董事会,自接到县署通知答辩以后,已预备辩诉,并请律师张一鹏办理一切……此案之结果,恐非一时所能解决也。"③"双方在表面上似已决裂,然其内容则均愿和解,惟因事实上之困难,即损失问题,须有一方担任,始有磋商余地。"④

　　1930 年,《申报》上有一则消息,说的是杨荫杭向苏州市政府讨要"公款公产"之官司。"苏州市政府去年因市教育经费支绌,特向公款公产管理处,息借洋五万元,分期偿还。兹悉公款公产管理处相主席,以市府对于此项借款,仅还三期,其余迄未偿还。屡向追偿,亦无结果。惟公款公产照章无论何种机关团体或个人,均不能挪用。特委托杨荫杭、张一国两律师,预备与市府法律解决。"⑤

　　翻阅现有资料,杨荫杭还代理过两件有趣的替"方外之人""民告官"的案件。一是 1927 年,吴县临时行政委员会宣布取消道教,引发道教人士不满。道教组织一举聘杨荫杭等四位律师上诉,最后取缔道教一事不了了之。⑥ 二是 1930 年,"东竹堂寺之东、西、北三隅余地,向在旧围墙之内。近忽被苏州市政府指为市产,派员深入围墙以内编插石桩。一再提

---

① 《路灯问题之最近消息》,《申报》,1926 年 5 月 10 日。
② 《路灯问题之新消息》,《申报》,1926 年 6 月 21 日。
③ 《路灯问题之续闻》,《申报》,1926 年 6 月 26 日。
④ 《电灯交涉之新消息》,《申报》,1926 年 6 月 29 日。
⑤ 《市政府挪用公款》,《申报》,1930 年 2 月 19 日。
⑥ 《平江区志》(下册),上海社会科学院出版社 2006 年版,第 1442 页。

出证据向其声辩,迄无效果"。杨荫杭作为道林和尚的代理人,向法院控告要求确认寺院对这方土地的所有权和占有权。最终官司赢了。①

杨荫杭担任律师期间,还有一事可以记录一笔。1923年8月,国际律师协会定于菲律宾开会。我国律师协会选派十八名代表与会,杨荫杭即为上海律师公会推定的两位代表之一。② 但目前《申报》所载消息,只有会议代表推选过程的报道,对于国际律师协会开会情状况,以及杨荫杭参会情况,没有后续消息,仍需今后发掘。

逝 世

1937年,七七事变爆发。11月,苏州已成危城。杨荫杭夫妇带着荫枌、荫榆两个妹妹和两个女儿,逃避到香山。在那里,妻子得病去世。后来,杨荫杭他们又潜回苏州。据杨绛回忆,"那时苏州成立了维持会,原为我父亲抄写状子的一个书记在里面谋得了小小的差使。父亲由他设法,传递了一个消息给上海的三姐。三姐和姐夫由一位企业界知名人士的帮助,把父亲和大姐姐小妹妹接到上海。三人由苏州逃出,只有随身的破衣服和一个小小的手巾包"。③

那个企业界知名人士,就是曾任苏纶纱厂厂长、总经理的严庆祥。据严庆祥日后回忆:"在是年旧历十二月二十七日,(何亚农)向我借汽

---

① 李贵连主编:《民刑事裁判大全》,北京大学出版社2007年版,第31页。
② 《上海律师公会评议员会纪》,《申报》,1922年11月6日;《国际津师协会之沪代表》,《申报》,1922年11月7日;《全国律师协会推定赴菲代表》,《申报》,1922年12月12日;《律师公会推定赴菲代表》,《申报》,1923年4月30日。
③ 杨绛:《回忆我的父亲》,《杨绛全集》(2),第132页。

车到苏州光福乡间去接他家眷到上海来。我托人告诉仲老(按:即张一麐),使其女公子为珂,剪短了头发,改了男子的装束,伪称是我的表弟,附载在车中。还有何德奎先生(曾受聘为裕斋助学基金会主任)亦托我趁何亚农先生接眷之便,也把他的岳父杨荫杭和家眷一同接来上海。因亚农通日语,在通过日军的岗哨时,比较容易应付一些,就这样何、杨两家同张为珂小姐,分乘苏纶、仁德两厂的汽车安抵上海。"[1]文中的何德奎,正是杨绛的三姐夫。

到达上海的杨荫杭不再做律师,改在上海震旦女子文理学院教授《诗经》,并潜心研究音韵学。他认为《诗经》一书,可算是古代的一部音韵谱,有着很美的节奏。于是,他将《诗经》逐字逐句加注音韵。接着,他又将屈原的《离骚》加注音韵,后来还将两本注文合成一书,题名《诗骚体韵》。这本著作当时被人们称之为"绝学"。可惜,此书在他生前未能出版,在他逝世后手稿不幸散失。

抗战胜利前夕的 1945 年 3 月,杨荫杭在苏州去世,享年 67 岁。不过,遍查各个版本的《回忆我的父亲》一文,却没有记载杨荫杭的去世日期。在杨绛自编的大事记中,这一日期记为 1945 年 3 月 27 日[2]。但是据苏

图 12 老年杨荫杭

---

[1] 严庆祥:《我与苏纶等企业在抗战初期的经历》,《文史资料选辑》合订本第四十六卷(总第 134—136 辑),中国文史出版社 2011 年版,第 85 页。
[2] 《杨绛生平与创作大事记》,《杨绛全集》(9),第 471 页。

州黄恽先生查找,当年3月26日《江苏日报》刊有"杨宅报丧"的讣告,显示杨荫杭去世时间为3月22日丑时,并定于26日大殓。是杨绛记忆有误,还是有其他缘由?需要做进一步考证。

据张宗儒回忆,在杨荫杭逝世之前的数日,两人还有过见面。"今春遇于泰山公园,立谈数语而别。不数日,闻讣告,已卒于吴中府第,年六十八。"张宗儒对杨荫杭十分推崇,称赞道:"君以强仕之年,有志名山事业,解组南还,灌园读书,不改儒素,喜治声韵之学,精研古韵,出入群书,旁求之蒙古、印度、暹罗诸国语,以通其邮,积稿纷赜,未及手自编定也。"①看来,杨荫杭生前有编定文集的打算,可惜最终未能成事。在他逝世近50年后,杨绛亲自编定出版了《老圃遗文辑》,算是部分偿了其父的心愿。

附:母　亲

关于母亲,杨绛在《回忆我的父亲》《回忆我的姑母》中已经着墨不少。到了2014年,已过百岁的杨绛写下了《忆孩时(五则)》,开首一则就是《回忆我的母亲》。这些文字,读来感人肺腑,弥足珍贵,一个贤妻良母式的传统女性形象跃然纸上。

杨绛的母亲唐须嫈,也是无锡人,出生于1878年,与杨荫杭同龄,"她出身富商家,家里也请女先生教读书"②。她在1898年嫁入杨家,共生育了八个子女。

唐氏、无锡、富商,这些关键词,不由让人想起民国时期无锡地区的

---

① 张宗儒:《杨老圃先生传》,《泉币》第31期,1945年7月。
② 杨绛:《忆孩时(五则)》,《杨绛全集》(3),第301页。

那个有名的工商实业唐家。

从二十世纪二十年代起,无锡的近代民族工业得到了蓬勃发展。其中唐保谦(名滋镇)、唐星海(名炳源)父子与他人合资创办了九丰面粉厂和无锡庆丰纺织厂,唐骧廷(名殿镇)、唐君远(名增源)父子则在上海、无锡创办了丽新纺织染整厂、协新毛纺厂。这一双唐氏父子,其实同出一门,都属于唐氏无锡东门支。唐保谦、唐骧廷的祖父是同一人,名叫唐懋勋。

唐氏无锡东门支原是常州府武进人氏,谱称毗陵唐氏。明末清初部分族人为避战乱,向南迁移到了无锡,到了清末已延至第十六世,其中唐懋勋逐渐成为家族中的佼佼者。唐懋勋善于经营,开设的"唐时长布庄"是当时无锡著名的四大布庄之一。清末,太平天国战乱又起,唐懋勋率领跟其经商的两个儿子迁居无锡城东严家桥小镇,家族商业继续得到拓展,并且涉足新兴的近代工业,取得成功。

那么,唐须嫈是不是出身于这个工商家族呢?翻阅《毗陵唐氏宗谱》,答案是肯定的。

唐懋勋一生共生育了八个儿子,次子名叫俊培。俊培次子,名叫保镇(1853—1927),字守明,即是唐须嫈的父亲,也即是杨荫杭的岳父,杨绛的外公。

唐守明的史料不多,从现有不多的史料可以得知:唐守明,国学生,通政司主政加三级。接管了祖上的"唐时长布庄",还开办了生和粮栈。杨荫杭的父亲杨志泳曾当过生和粮栈的经理。民国初年,唐守明和其他商人一样,以商入工,在 1913 年兴办了宝兴面粉厂,这是无锡地区第三家机制面粉厂。唐守明从此积累了不菲的资财,杨荫杭外出求学,在一定程度上就是依靠岳父的资助。特别是 1905 年,杨荫杭在家乡宣传"革命邪说",受到家族的驱逐和清廷的通缉。唐守明护犊心切,再次给了一笔款子,让他再度出洋去了。杨绛就这样回忆:"于是他筹借了一笔款子(一半由我外祖父借助),一九〇六年初再度出国。"① 杨荫杭在杭州任上时,"我外祖父偶从无锡到杭州探望女儿,立刻就被包围了。我的外祖父是个忠厚的老好人,我不知道他听了谁的调唆,向我父亲说了什么话"。②

唐须嫈早年在丈夫的支持下,与小姑子杨荫榆一同前往上海务本女塾读书,同学中就有后来成为章太炎夫人的汤国梨。务本女塾初创

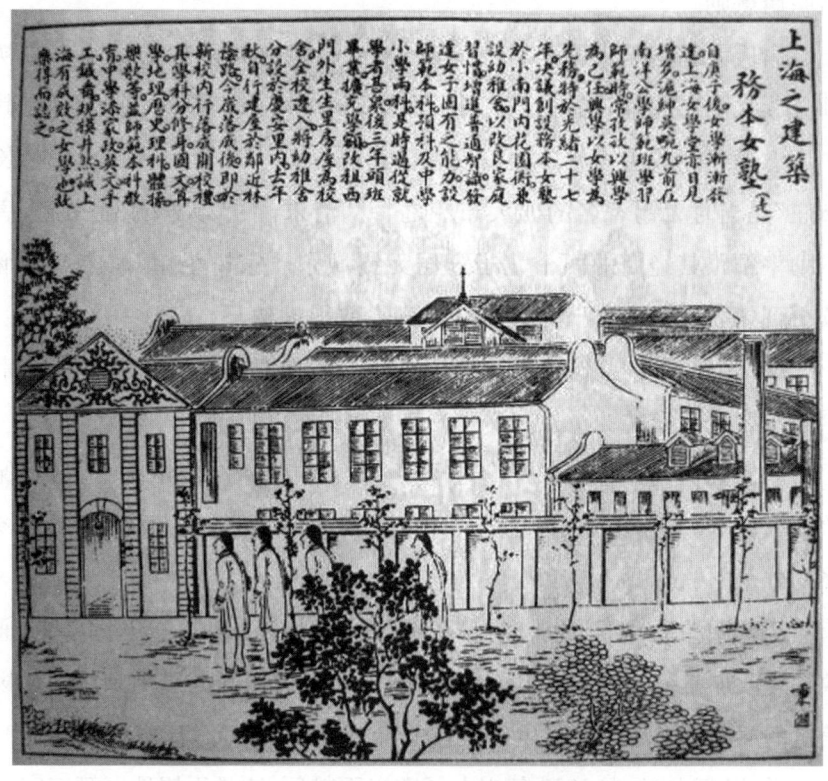

图 13　务本女塾(刊于 1909 年上海《图画日报》)

---

① 杨绛:《回忆我的父亲》,《杨绛全集》(2),第 100 页。
② 杨绛:《回忆我的父亲》,《杨绛全集》(2),第 104 页。

于 1902 年,是国人创办的第一所女子学校,后来几经演变,即今天的上海市第二中学。女塾初设寻常、高等两科,后又增设吸收 14 岁以上女生的特科。后改特科为师范科,分设甲乙两级,并设中学。1905 年第二次改良学规,设预科、本科、师范科。杨荫榆、汤国梨在 1907 年毕业,杨荫榆为旧制中学第一届毕业生,这批毕业生共七人;汤国梨为师范科毕业,这批毕业生共二十人;另有师范预科毕业生八人。在这些毕业生中,并无唐须嫈的名字,或许当时她只是"随班听课"身份,或许是因为生育等原因未及毕业而离校。

图 14　母亲唐须嫈

务本女塾的创始人吴馨,1897年入读南洋公学师范院,三年学成。与他同年入读师范院的,就有与杨荫杭一同留日的雷奋、章宗祥,杨荫杭的族叔杨志洵,以及无锡老乡侯鸿鉴。正因为是南洋公学同学的缘故,杨荫杭才介绍妻子和妹妹进入务本女塾就读。

唐须嫈,最终没有像汤国梨、杨荫榆那样,走上以学说、著述或教育立身的道路,而是回归家庭,相夫教子,料理家务,甘做贤妻良母。不过,她仍然喜欢阅读,保持了知识女性贤惠文静的本色。据杨绛回忆:

> 她难得有闲,静静地坐在屋里,做一会儿针线,然后从搁针线活儿的藤匾里拿出一卷《缀白裘》边看边笑,消遣一会儿。她的卧房和父亲的卧房相连;两只大床中间隔着一个永远不关的小门。她床头有父亲特为她买的大字抄本八十回《石头记》,床角还放着一只台灯。她每晚临睡爱看看《石头记》或《聊斋》等小说,她也看过好些新小说。一次她看了几页绿漪女士的《绿天》,说:"这个人也学着苏梅的调儿。"我说:"她就是苏梅呀。"很佩服母亲怎能从许多女作家里辨别"苏梅的调儿"。①

绿漪女士、苏梅,指的是同一个人——苏雪林。苏雪林与杨荫榆和杨寿康、杨绛两代人马之间结成了维系一生的友情。

杨绛在《忆孩时(五则)》中又如此回忆母亲:

---

① 杨绛:《回忆我的父亲》,《杨绛全集》(2),第122页。在《回忆两篇》中,"八十回《石头记》",杨绛写成"八十四回《红楼梦》"。

妈妈并不笨,该说她很聪明。她出身富商家,家里也请女先生教读书。她不但新旧小说都能看,还擅长女工。我出生那年,爸爸为她买了一台胜家名牌的缝衣机。她买了衣料自己裁,自己缝,在缝衣机上缝,一忽儿就做出一套衣裤。妈妈缝纫之余,常爱看看小说,旧小说如《缀白裘》,她看得吃吃地笑。看新小说也能领会各作家的风格,例如看了苏梅的《棘心》,又读她的《绿天》,就对我说:"她怎么学着苏雪林的《绿天》的调儿呀?"我说:"苏梅就是苏雪林啊!"她看了冰心的作品后说,她是名牌女作家,但不如谁谁谁。我觉得都恰当。

妈妈每晚记账,有时记不起这笔钱怎么花的,爸爸就夺过笔来,写"糊涂账",不许她多费心思了。但据爸爸说,妈妈每月寄无锡大家庭的家用,一辈子没错过一天。这是很不容易的,因为她是个忙人,每天当家过日子就够忙的。①

对于母亲,杨绛感兴趣的不是她的学识,而是她与父亲之间相濡以沫的关系。她写道:

我父母好像老朋友,我们子女从小到大,没听到他们吵过一次架。旧式夫妇不吵架的也常有,不过女方会有委屈闷在心里,夫妇间的共同语言也不多。我父母却无话不谈。……当时我父亲还是学生。从他们的谈话里可以听到父亲学生时代的旧事。他们往往不提名道姓而用诨名,还经常引用典故——典故大多是当时的趣事。不过我们孩子听了不准发问。"大人说话呢,'老小'(无锡土话,指小孩子)别插嘴。"他们谈的话真多:过去的,当前的,有关自

---

① 杨绛:《忆孩时(五则)》,《杨绛全集》(3),第301—302页。

己的,有关亲戚朋友的,可笑的,可恨的,可气的……他们有时嘲笑,有时感慨,有时自我检讨,有时总结经验。两人一生中长河一般的对话,听来好像阅读拉布吕耶尔(Jean de La Bruyère)《人性与世态》(Les Caractères)。他们的话时断时续,我当时听了也不甚经心。我的领会,是由多年不经心的一知半解积累而得。我父亲辞官后做了律师。他把每一件受理的案子都详细向我母亲叙述:为什么事,牵涉什么人等等。他们俩一起分析,一起议论。那些案件,都可补充《人性与世态》作为生动的例证。可是我的理解什么时候开始明确,自己也分辨不清。①

夫妻如此,无疑是人生的极佳状态,用古话讲,就叫"琴瑟和谐,鸾凤和鸣"。进入二十一世纪,吴学昭曾问杨绛:"您父母这种敞开心扉、互通衷曲、相知默契的关系,对你们姊妹有多大影响?"杨绛回答:"我们姐妹中,三个结了婚的,个个都算得贤妻;我们都自愧待丈夫不如母亲对父亲那么和顺,那么体贴周到。"②

唐须嫈的一生,似乎一直在跟随丈夫的脚步,走南闯北,从无锡,到苏州,到杭州,到北京,回无锡,回上海,回苏州,直至抗战爆发初期逃避日寇时在乡间患恶疟疾去世,终年59岁。

---

① 杨绛:《回忆我的父亲》,《杨绛全集》(2),第94页。
② 吴学昭:《听杨绛谈往事》,第9页。

第二章　姑母杨荫榆

除少许研究者外，今天知道杨荫榆这个名字的人可能已经不多了，即使偶然还有人记得她，也大抵是因为"女师大风潮"的缘故——她是鲁迅《纪念刘和珍君》文中的"寡妇"和"广有羽翼的校长"，一个镇压学生运动的学阀，一个北洋军阀的帮凶，面目狰狞，令人厌恶。由于鲁迅的《纪念刘和珍君》入选了教科书，杨荫榆的上述形象几乎成了新中国几代人的集体记忆。

杨荫榆的身世，目前留下来的资料不多，比较全面的只有杨绛撰写的《回忆我的姑母》一文。1979年冬，中国社会科学院近代史研究所为调查清末同盟会等革命团体的情况，请杨绛写一写她父亲杨荫杭的简历及传记资料，同时提出了另一个要求："令姑母杨荫榆先生也是人们熟知的人物，我们也想了解她的生平。荫榆先生在日寇占领苏州时骂敌遇害，但许多研究者只知道她在女师大事件中的作为，而不了解她晚节彪炳，这点是需要纠正的。如果您有意写补塘先生的传记，可一并写入其中。"①

"女师大风潮"

风潮乍起

杨绛说,她不大愿意回忆她的三姑妈,因为三姑妈很不喜欢她,她也很不喜欢三姑妈。但是杨绛还是情深款款地写下了那篇文章。杨绛在文中用了许多的"曲笔""冷笔",写的只是家中琐事,特别是对于那件关乎杨荫榆命运的"女师大风潮",因为"她在女师大的作为以及骂敌遇害的事,我都不大知道"②,所以几乎没做任何的描绘和叙述,只用了短短的数十字:

1924年,她做了北京女子师范大学的校长,从此打落下水,成了一条"落水狗"。③

然而"女师大风潮"的事实真相究竟如何?是如何引发的呢?又是如何收场的呢?

关于杨荫榆,就从"女师大风潮"谈起——

1924年初,杨荫榆受北洋政府委派,接替许寿裳担任北京女子师范学校校长。当年2月23日《申报》有报道,称"北女高师自许寿裳校长

---

① 杨绛:《回忆我的姑母》,《杨绛全集》(2),第150页。
② 同①。
③ 杨绛:《回忆我的姑母》,《杨绛全集》(2),第155页。

辞职后,新校长久未产出,前教部本有提出杨荫榆女士之意,后以女士力不骤就,即作罢论"。但杨荫榆很快又接受了这一任命,在3月初正式上任。据钱玄同日记,办理交接手续是在3月11日。① 这所学校的前身是1902年创办的京师大学堂附设的师范馆,1912年5月改名北京女子师范学校,1919年升格为女子高等师范学校。就在杨荫榆到职后的5月,学校再次升格为北京女子师范大学。8月1日,函聘杨荫榆为校长。② 杨荫榆因此成为中国历史上第一位女性大学校长,同时也是当时全国高等学校中唯一的一个女校长。"以女子而长大学,亦开女界之先声,深冀其别有所树立也。"③许寿裳辞职时也说:"杨女士是美国的留学生,许君以为办女校最好是用女校长,况且美国是杜威的家乡,学来的教育一定是很进步的。"④

所有的一切,对于一个立志把教育事业作为终身追求的她来说,是何等的美好。然而,很快,这美好的愿景,就化成了泡影。

这一年秋季开学之际,受江浙战争的影响,部分学生没有按时报到,耽误了一两个月的时间。决定整顿纪律的杨荫榆,严厉处置了其中的三名学生,要求她们立即退学。这个做法引起一些学生的不满,转过年来的1925年1月18日,女师大学生自治会召开全体学生紧急会议,决定不再承认杨荫榆为校长。237名学生,赞同驱杨的有172人,物理、哲教、音乐、体专四个年级学生65人声明中立。21日,学生自治会四名代表到教育部状告杨任校长以来的二十四条罪状,同时致函杨,并限六

---

① 钱玄同1924年3月11日日记载:"女师因今日杨荫榆接印,放假。"《钱玄同日记》(中册),杨天石主编,北京大学出版社2014年版,第576页。
② 《教育公报》1924年第11卷第9期。
③ 晚愚:《女师大风潮纪事》,《妇女周刊》第36期,1925年8月29日。
④ 周作人:《知堂回想录》,香港三育图书文具公司1980年版,第444页。

图 15　北京女子师范大学校舍

小时内答复,告以"学生等为女子教育计、为校长名誉计,特请即日离校,否则将以最后之手段对待。"①"女师大风潮"由此爆发。

"女师大风潮"的另一起因是公祭孙中山。1925 年 3 月 12 日,孙中山在北京病逝,京城各界人士准备在中央公园举行悼念活动,女师大学生自治会决定参与公祭。此举遭到杨荫榆的反对,但自治会没有人听从她的劝告,不仅到中央公园参加了悼念活动,还公推自治会总干事许广平向杨荫榆提出要求,要她立即去职离校。

4 月,章士钊以司法总长兼任教育总长,力倡整顿学风,自然维护杨荫榆,于是女师大自治会与杨处于相持状态中。

---

① 　吴芳上:《从学生运动到运动学生》,台北"中央研究院"近代史研究所 1994 年版,第 224 页。

第二章　姑母杨荫榆

时间到了 5 月 7 日,事态陡然紧张起来。十年前的 1915 年 5 月 7 日,日本政府发出最后通牒,强迫中国政府签订《中日民四条约》(即所谓的"二十一条")。这一天被北京学界定为"国耻日",每年必定于是日集会,举行国耻纪念。1925 年 5 月初,北京警厅照例请教育部通令禁止学生集会游行,教育总长章士钊自然通知各校遵行。但学生还是在 5 月 7 日走出了校门,并集合到了神武门前,一番"打倒"之后直奔章宅,破门入户,捣家毁具,待军警赶到,双方自然发生冲突。两天后学生集会抗议,提出罢免章士钊等条件。5 月 7 日这一天,杨荫榆在女师大校内举办纪念国耻演讲会。但是会议开场前,学生自治会以不承认杨为校长为由拒绝其入场登堂,双方僵持不下,在部分学生的起哄与嘘声中,杨自行退席。对于此事,5 月 8 日出版的《京报》这样报道：

图 16　章士钊

> 女子师范大学昨日亦在校开"五七"国耻纪念会,敦请李石曾、吴稚晖、雷殷诸人,到会讲演。于午前九点钟开会,该校学生齐集大礼堂听讲,见校长杨荫榆到会主席,学生已久不承认杨为校长,于是即派学生自治会职员,请杨退席。杨即拍案大怒,而全场学生,仍坚请其退席,杨复大呼警察入校,同时校中总务长吴某,亦摩

拳擦掌,大有动武之势,双方坚持许久,杨乃自行退席。

5月9日,学校评议会贴出布告,开除刘和珍、许广平等学生自治会成员六人。学生不服,撕掉学校公告,贴上学生自治会的《求援宣言》。风潮升级。

"局外人"登台

图17　1925年在教育部任职时的鲁迅

这个时候,一个"局外人"的登台,使得整个事件更加复杂,愈发难以控制,也因此让杨荫榆陷入万劫不复的深渊。这个人就是鲁迅,时任教育部佥事、社会教育司第一科科长,并在女师大兼课。

许广平1940年的回忆:"这一天,全校处在紧张的情绪中,不少的同学气愤到哭起来了。林君问我,应该怎样善后?我说:'被开除了几个人不要紧,要紧的是请出几位说人话的先生来。'"①不用说,这所谓的"说人话的先生"首先把鲁迅包括进去了。用女师大另一个参与学潮的共产党员学生刘亚雄的回忆,鲁迅简直是他们的"鼓风机"了:"可以说,如果没有鲁迅,单靠学生力量,女师大学生运动是搞不起来的,更不可能

---

① 许广平:《鲁迅先生与女师大事件》,《许广平文集》第二卷,江苏文艺出版社1998年版,第118页。

第二章　姑母杨荫榆

搞得这样声势浩大。"①

多年以来,关于鲁迅与"女师大风潮"的关系,史学界一直语焉不详。鲁迅之所以冒着丢饭碗的风险参与此事,其实主要是因为"二许"的缘故。

所谓"二许",一是指鲁迅的同乡好友、前女师大校长许寿裳;二是指女师大学生自治会总干事、后来成为鲁迅夫人的许广平。

图18　青年许广平

许寿裳是浙江绍兴人,1902年赴日留学,其间与鲁迅相识,遂成莫逆之交。1912年南京临时政府成立后,许寿裳应教育总长蔡元培之邀进入教育部,后随部迁往北京,先后担任教育部佥事、科长、参事和普通

---

① 《刘亚雄同志谈女师大风潮》,《鲁迅生平史料汇编》第三辑,天津人民出版社1983年版,第228页。

教育司司长。鲁迅民初进入教育部,正是许寿裳推荐的。两人关系之密切,在北京教育界无人不知。后来许出任北京女高师校长,即聘请教育部佥事鲁迅担任国文学系小说史科兼任教员。杨荫榆到校后,许寿裳改任女师大教务主任,前任校长成了新校长的下属。

许广平当时是女师大的学生,也是女师大学生自治会的总干事。1925年3月11日,许广平给鲁迅写了一封信,自称是"当你授课时,坐在头一排的座位,每每忘形地直率地凭其相同的刚决的言语,在听讲时好发言的一个小学生"[1]。据说这是许广平写给鲁迅的第一封信,此时的许广平已卷入风潮,她之所以写这封信,显然是想得到鲁迅的支持。此后,两人互有通信,但身为人师的鲁迅,初期的立场比较中立,不愿过多卷入风潮。

5月10日,也就是许广平被挂牌公示开除的第二天,鲁迅即写了杂文《忽然想到(七)》,发表于5月12日的《京报副刊》,启动了对于杨荫榆的第一轮指责。内云:"我还记得中国的女人是怎样被压制,有时简直牛羊而不如。现在托了洋鬼子学说的福,似乎有些解放了。但她一得到可以逞威的地位如校长之类,不就雇用了'掠袖擦掌'的打手似的男人,来威吓毫无武力的同性的学生们么?不是利用了外面正有别的学潮的时候,和一些狐群狗党趁势来开除她私意所不喜的学生们么?"[2]

5月11日,杨荫榆起草的《致全体学生公启》在《晨报》发表。内容如下:

> 本校为全国最高培养师资之地,荫榆承乏到此,夙夜黾皇,谋所以进步发达,耿耿此衷,同学共见。顷者不幸,少数学生以滋事

---

[1] 《两地书》,《鲁迅全集》第11卷,人民文学出版社2005年版,第11页。
[2] 鲁迅:《忽然想到(七)》,《京报副刊》,1925年5月12日。后收入《鲁迅全集》第3卷,人民文学出版社2005年版,第64页。

犯规,至于出校。初时一再隐忍,无非委曲求全。至于今日,裁成绝望,乃有此万不得已之举。须知学校犹家庭,为尊长者断无不爱家属之理,为幼稚者亦当体贴尊长之心。剜肉补疮,非人情所忍;呕心沥血,责相见以诚。荫榆诚知前此训迪无方,致令六生退学。事出无奈,言则痛心。自兹以往,愿与诸同学等本互助之精神,图前途之发展。如有意见,不妨迳来发表。苟可采取,自当开诚容纳。彼此以学校为前提,即异日有教育之良果。其各善自爱重,力求精进。诸同学千里负笈,无非求学日新又新。己勉人勉,区区之意,想亦有志者所愿闻也。①

杨荫榆将学校比为家庭,自己就是家长,学生就是子女,引来一阵笑骂。但这份公启,表达了校方希望与学生沟通、对话的诚意。

激进的学生自然不会接受这份诚意,就在这一天,学生们决定再度驱逐杨荫榆,并出版了《驱杨运动特刊》。他们封了杨荫榆的办公室,堵住校门,不准她进学校。杨荫榆被迫退居家中,有时办公、开会只好借附近一家饭店。当天晚上,杨荫榆在给教育总长的呈文里如此形容被开除学生这天的行动:"非但抗不出校,复敢于今晨约集滋事之辈数十人,先在操场咆哮开会,继即蜂拥校长办公室寝室以内,横加搜索,信口喊打,竟将办事职员等强暴胁迫掀出室外,夺取钥匙,封门上锁。再将秘书办公室内人员一并推出,亦用长条封锁,并即派人驻守各门,一面分队向校中各处摩拳擦掌遍觅。校长幸先时因事到附属学校,未遭毒手。追闻信赶回,又因彼等把守大门,张贴驱逐校长布告,煌煌榜示,气焰熏天,只有暂避他往。然校中秩序大乱,莫能制止,致各班正在上课

---

① 《杨校长致全体学生公启》,《鲁迅生平史料汇编》第三辑,第 354 页。

之学生半被强迫辍读。盖循谨者怵于威势,饮恨难言;凶暴者利用压迫,胁从浸众。星火燎原,炎炎日长。虽一般教职员热心教育,亦靡不人人心寒。如此不法行为,竟以少数流毒多数,校长权能有限,又在校外时期,正义孤忠两无所措。"①

5月12日下午,鲁迅出席女师大学生自治会召开的师生联席会议,并为学生代拟了向教育部的呈文。内称:"呈为校长溺职滥罚,全校冤愤,恳请迅速撤换,以安学校事。窃杨荫榆到校一载,毫无设施,本属尸位素餐,贻害学子……。从此杨荫榆即忽现忽隐,不可究诘,自拥虚号,专恋修金,校务遂愈形败坏,其无耻之行为,为生等久所不齿,亦早不觉尚有杨荫榆其人矣。……夫自治会职员,乃众所公推,代表全体,成败利钝,生等固同负其责。今乃倒行逆施,罚非其罪,欲乘学潮汹涌之时,施其险毒阴私之计,使世人不及注意,居心下劣,显然可知!……可知杨荫榆一日不去,即如刀俎在前,学生为鱼肉之不暇,更何论于学业!是以全体冤愤,公决自失踪之日起,即绝对不容其再入学校之门,以御横暴,而延残喘。……"②

这种文章,最能见出鲁迅的古文底子,不可不读。就这样,校长被学生开除了。

5月20日,几乎独自面对巨大压力的杨荫榆,在《晨报》上发表《教育之前途棘矣!》(副题《杨荫榆之宣言》)一文,再次描述了部分学生的暴烈情景,并回应了问罪。内称:"竟有号称最高学府之女生,甘出化外自同之行径,如本校此次闹潮之异者。夫都门观听所昭,教部近在咫尺,女生以武力驱逐校长,闻者骇矣。校门狂贴布告,拳大字形,所言何

---

① 《杨荫榆呈教育总长文》,《鲁迅生平史料汇编》第三辑,第358—359页。
② 该呈文发表于1925年6月3日北京女子师范大学学生自治会编辑出版的《驱杨运动特刊》,题为《学生自治会上教育部呈文》。

物,则校中内状自可不谈,当下之披猖极矣。数日来比屋封锁,前门后门,交通阻塞,尚复大队把手,握拳透爪,所为何事。则若辈之居心斗狠,益复奚言。其他口舌叫嚣,文字谩骂,似乎吮血能喷,含沙能射。问所开罪,不过一片空词。在彼则满街圣人,在此则极恶不赦,戾气现于文章,狂态何止倍蓰。……梦中多曹社之谋,心上有杞天之虑。然而人纪一日犹存,公理百年自在。……若夫拉杂谰言,觭觺笔舌,与此曹子勃溪,憎口纵极鼓簧,自待不宜过薄。"①

事态进一步升级。5月27日,《京报》发表了由鲁迅起草、邀集马裕藻、沈尹默、李泰棻、钱玄同、沈兼士、周作人共七人共同签名的《对于北京女子师范大学风潮宣言》,表示坚决支持学生。文中称:"六人(即被开除的学生)学业,俱非不良,至于品行一端,平素又绝无惩戒记过之迹,以此与开除并论,而又若离若合,殊有混淆黑白之嫌。"发表宣言的七人除李泰棻外,其他几位都是浙江籍和北京大学国文系的教授。

5月30日,杨荫榆给马裕藻写去了一封长信。在信中,她针对宣言中所提及的"罪状",杨荫榆以"不能不直告者"的句式,分五条进行了辩解和反驳。最后,她写道:"今先生橡笔一呵,宣言突起,乃曰公论尚在人心,曲直早经显见。所谓公论如是,所谓曲直如是,所谓偏私谬戾之举又如是。榆虽不敏,尚不愿妄以空言曲说,与先生争此事短长。然亦不敢不以偏私谬戾之的真事实,还以质之高尚纯洁之大教育家。"②

关于北京大学教授参与女师大事件的前因,可从钱玄同的日记中看出某些端倪。他在4月24日如此记载:那天下午,北京刮风,灰沙漫

---

① 《鲁迅生平史料汇编》第三辑,第359—361页。因鲁迅在这张剪报上批写的文字,该文又称《国立北京女子师范大学校长杨荫榆对于本校暴烈学生之感言》。
② 《国立北京女子师范大学校长杨荫榆致马裕藻教员函》,《鲁迅生平史料汇编》第三辑,第362—364页。

天。"郑介石来柬,赴钱粮胡同之聚寿堂晚餐。初不知何事,比往,始知客人止有四人:玄同、尹默、兼士、幼渔是也,为商量保全女高师之饭碗问题,因拟先发制人,与杨为难,真是无聊之极。如此大风,叫人赶来尝此苦!"①"杨"就是新任校长杨荫榆;郑介石,浙江诸暨人,是钱玄同学生,1920年北大毕业,留预科任教,后在女高师兼课。钱玄同称密谋"无聊之极",心底里是厌恶的,但是与座上诸位同事多年,且留日时同为章太炎的门下,早已结成北大国文系的浙江帮,不便公开表示厌烦。5月9日,钱玄同日记有"午后郑介石至我家来访"的记载。在这次先发制人的行动中,郑介石是个重要的联络人员。5月13日,"郑介石请在忠信堂吃晚饭,我因其必是商量女师事,故不往。"②7月11日,"午介石请在东华吃饭,为女师事也,同席有二沈一马。"③注意,此次席上的人物与4月下旬刮风沙的那天完全相同。5月27日,包括钱玄同在内的七人在《京报》上发表《宣言》。那天钱玄同在女师大有课,但是心里不踏实:"下午女师大,因怕麻烦,故仍未去。"④钱玄同卷入风潮,心里不大情愿。他发表过很多偏激言论,不是胆小怕事的人,这时犹豫、回避,主要还是自己清楚整个事件的缘起,心里不备道义的底气。

6月3日,许广平在《京报副刊》发表《六个学生该死》,继续"纵火"。文中把杨荫榆恶心为"专制时代的君上权威""哥伦比亚教育家""'国民之母之母'之婆"和"鼓掌狂笑"的"悍姑",而六个学生,当然就是被休的可怜兮兮的"媳"了。⑤

---

① 《钱玄同日记》中册,第582页。
② 《钱玄同日记》中册,第584、585页。
③ 《钱玄同日记》中册,第594页。
④ 《钱玄同日记》中册,第640页。
⑤ 许广平:《六个学生该死》,《许广平文集》第一卷,第229、230页。

学校到了五六月份，事务最繁。四年级学生毕业，需谋求职业，杨荫榆在校外苦心维持校务，设立了"介绍委员会"；新生入学，也得筹备，校方又组织"招生委员会"。6月27日，学生自治会又发布宣言，称上述服务学生的工作为"轨外行动，殊非法理所许"。（杨荫榆）"乘此国家多事之秋、学子沥血救国不暇兼顾之际，乃积极设法毁坏学校，冀遂私愿，务使学生引起对内行动，居心尤属叵测。杨氏之肉，其足食乎？"①

进入暑假，学校放学，大部分学生回乡，但坚持斗争的学生决定留校。7月28日，一度辞职的章士钊复出，整顿女师大重新提上日程。

7月29日，杨荫榆开始采取强硬措施，以修缮校舍为由，通令学生搬出，并解散学生自治会。"驱杨"学生自然又是一番反抗。鲁迅当晚住进女师大，以保护学生。

8月1日，杨荫榆在巡警陪伴下返校，宣布改组各班学生，解散学潮中最坚定的四个班。一些学生同意离校，"少数暴烈分子依然顽抗，甚至追打校长大肆凶蛮"。② 北京学联组织北京各校学生前来支援，"他们募集了一筐筐面包和西瓜，从墙上扔过去，终于挫败了杨荫榆的阴谋"③。

那一天，应杨荫榆之邀前来参加"解决女师大问题"会议的李四光，目睹了事件的全过程，并记下了非常可贵的目击者证言。多年来，我们听到的一直是一种声音，在此不妨听听另外一个声音：

> 那时杨先生仿佛拿出全副的精神，一面吩咐巡警，无论如何不准动手，一面硬跑出门外，前后左右用巡警包围，向西院走去。一

---

① 《女师大学生自治会驱杨第六次宣言》，《鲁迅生平史料汇编》第三辑，第293页。
② 《京师警察厅行政处启事》，《鲁迅生平史料汇编》第三辑，第351页。
③ 《刘亚雄同志谈女师大风潮》，《鲁迅生平史料汇编》第三辑，第229页。

时汹涌唾骂的音乐大作,详细的情形我不便述,恐怕为官僚及一般反动者所利用。可怜我们平时最敬爱的青年淑女,为什么要做到那步田地。……声音稍稍平息,我才逢人打听,那是怎样一回事。原来是杨先生申明要由杂务课升到校长室办公!这可算是我所见的第二幕。

这种戏我再不要看了。所以无论如何,要求了杨先生放我出去。杨先生道了歉,准了我的要求。阿弥陀佛!我竟逃脱了苦海。可怕的是那无限风波,无量劫数,要到何时才可了结。

朋友们说,有人以为我是"杨先生的死党"。无论就私交,就职务说,这个头衔,我真不配。我并不是票友,本行的笨事都做不完,哪有闲工夫去干那些玩意。假若我在女师大有了职务,或者是一个"教育家",或者是社会上负重望的人,就那一天的情形看来,即令替杨先生作了死党,我还不失为一个人。可是杨校长已经死了,问题已经变更了,我不过为那位校长先生念一句南无阿弥陀佛就完了,还有什么话说?①

关于那些巡警,李四光如此回忆:"我跑到女师大前门的时候,只见了若干名卸除武装的巡警,或坐或站,挤在廊下。""我坐在一旁,只看见那些'保护'的巡警,站在门前。你一声,我一声,在那儿张开大口换班打呵欠。"②

---

① 李四光:《在北京女师大观剧的经验》,《穿过地平线》,百花文艺出版社 1998 年版,第 234—235 页。
② 李四光:《在北京女师大观剧的经验》,《穿过地平线》,第 233、234 页。

图 19　女师大教师合影（前排正中为杨荫榆）

8月3日，女师大学生自治会又发表宣言，列举了杨荫榆新近"所造之孽"："历在太平湖饭店及挂美国旗之某友人处，设秘密办公处，日聚其无赖私党十数辈，日事阴谋造谣，私刻校印行使，伪造文书，挪用校款，作该私党酒肉运动之费；其以酒食交欢校中教职员，及运动教育界人士，欲引为己助，谋如何消灭风潮，离间学生，为死灰复燃之计；行为无赖。"[①]同一天，女师大教育维持会在北大成立，有着国民党背景的易培基走到前台，担任会长。又是这一天晚上，在欧美同学会的宴会上，章士钊与同样有着国民党背景的李石曾同席。李石曾以两天前警察殴打女师大学生相诘，章士钊如此回答："石曾所称警察殴伤女生若干人，果何所见而云然乎？……当日警察，盖绝未侵及学生，徒见学生纷持木棍砖石，追击校长，彼等从中调解而已。……以北京学界嫉视当局之

---

① 女师大学生自治会8月3日宣言，《鲁迅生平史料汇编》第三辑，第295页。

甚,保护弱者声浪之高,而女师大又向为一切教联学联休戚与共之大 毂,岂有女生伤及多人,事越三日,并一纸声诉书而不得见,而魏家胡同 十三号之门庭复阒寂乃尔矣乎!"①最后一句说的是,如真有此事,学生 还不到魏家胡同章宅再次"毁家"(5月7日已有先例)吗?

在鲁迅亲自收集、保存的女师大资料中,有一篇新闻报道《杨荫榆昨晚有辞职说》,可能剪自8月5日《京报》(因文中称"女师大解散四班,昨已四天")。这篇新闻详述前一天即8月4日发生的三件事:一是章士钊到女师大调查。二是李石曾夫人到校,学生上前迎接。"李夫人进校后,对于学生之方面,慰问备至。学生即请留校二职员,说明更换厨房,及不准已出校之各职员听差回校之理由。"昨晚李石曾与章士钊发生争执,现在她亲自出场,象征了李石曾一派不再遮遮掩掩,随时准备走到媒体的面前。三是学生方面宣称"急盼易培基出面长校",但"章士钊以女校关系重大,依照教部改订大学校令,此项校长问题,须提出阁议决定。未即准允"。报道的最后部分是杨荫榆的反应:"至杨荫榆氏,则以为该校风潮,非仅学校及教育问题,乃学阀中之政治问题,自审个人手腕,不适于今日之潮流,昨晚已有呈请教部辞职之说。"这则报道还详列了杨荫榆提出辞呈的理由:(一)学校问题,本可用教育方法解决,现在该校既属政治问题,本人无政治手腕,不能应付。(二)风潮内幕,现已暴露,前如北大教员某某诸人之宣言,近如中央公园开会所谓 "市民"对于该校学生之演说,加本人以英日帝国主义之罪名,实不愿受。(三)昨日在教部长官亲到该校调查风潮情形之后,李石曾之夫人偕同两剪发女士,在该校召集住校学生大开会议。(四)北京近年来学潮无论是非,学生终占胜利。况此次女师大风潮,又有他校学生之干

---

① 孤桐:《与李君石曾谈话记》,《甲寅》第一卷四号,1925年8月8日。

涉。（五）近年来政府视教育事业本为赘疣，对于学校亦无整顿之能力与决心，处此政府之下，该校风潮当然不能彻底解决。（六）最近中国社会不辨曲直是非，专重利害成败，致舆论无所根据，在此黑白混淆之时，对于该校风潮更何能望正道之主持与公平之批判。①

此时，无党无派的杨荫榆终于猛醒，知道了风潮的根源其实在北大，马裕藻的背后还有李石曾。"北大教员某某诸人"中的"某某"指的是马裕藻。马裕藻时为北大国文系主任，多年担任校评议员。当时北大评议会"投票"决定脱离教育部，离不开马裕藻的配合。

其实，就在前一天，也就是8月4日，心力交瘁的杨荫榆已经在《晨报》发布了辞职声明。文中写道："荫榆置身教育界，始终以培养人材、恪尽职守为素志，在各校任职先后将近十年，服务情形，为国人所共鉴。去年三月，蒙教育部之敦促，承乏斯校。任职以来，对于校务进行，必与诸同人协议熟商，对于学生品性学业，务求注重实际。惟荫榆禀性刚直，不善阿附，有时处理事物，自问过于认真，容有不见谅与人者，但即受国家委以重任，矢志以尽力女子教育为职责。毁之劳怨，所不敢辞，至于个人进退，原属无足轻重，所以勉力维持至于今日者，非贪恋个人之地位，为彻底整饬学风之计也（按本校近七年每年皆有风潮）。"

这位中国第一个大学女校长，正待施展才华的女教育家杨荫榆，犹如一颗流星，明亮耀眼，但转瞬即逝。

杨荫榆辞职后的"烂摊子"

杨荫榆辞职了，但"烂摊子"还在，学生依然坚守在学校。8月7日，章士钊领导下的教育部向北洋政府呈文解散女师大，在原址成立新的

---

① 《杨荫榆昨晚有辞职说》，《鲁迅生平史料汇编》第三辑，第257—259页。

国立女子大学。章士钊在《停办北京女子师范大学呈文》中,列举了学生们"见者骇然"的"种种怪状":"倡言不认杨荫榆为校长,并于公开讲演之时,群起侮辱","非但革生不肯出校,转而驱逐校长,封锁办公室,阻止校长及办事人员等入内","由五月至今,三四月间,学生跳梁于内,校长侨置于外","八月一日到校,顽劣学生,手持木棍砖石,志存殴辱,叫骂追逐,无所不至,又复撕毁布告,易以学生求援宣言,并派人驻守校门,禁阻校员出入,其余则乘坐汽车,四出求助,旋有男生多人,来校恫吓,并携带快镜,各处摄影"。同时对杨荫榆给予肯定的评价:"该校长以一女流,明其职守,甘任劳怨,期有始终,虽其平时措置,未必尽当,平心而论,似亦为所难能。……不知京师各校,以革除学生而谋逐校长,已非一次,其后因缘事变,借口调停,大抵革生留而校长去。胜负之数,伏于事先,横逆之生,惯于饮食,乖风流衍,以迄于兹,纲纪荡然,泰半由此。"①

对于解散令,学生们又进行了针锋相对的斗争。8月10日,章士钊下令解散女师大。同日,学生们即行成立"女师大校务维持会",由鲁迅、许寿裳、马幼渔等人具体负责,在幕后负责决策和筹款的则是李石曾、吴稚晖、易培基、沈尹默等国民党人。14日,教育部发表鲁迅的免职令,章士钊自己也岌岌可危。

新学期即将开始,录取新生的工作已在进行之中,如何确保新生和女师大绝大多数学生回校上学?答案只有一个——请占据学校的少数人离开。8月19日,教育部专门教育司司长刘百昭奉命接收女师大。据学潮参加者刘亚雄回忆,"坚守学校的学生把他团团围住,骂他,唾

---

① 《停办北京女子师范大学呈文》,《甲寅》第一卷四号,1925年8月8日。收入《鲁迅生平史料汇编》第三辑,第365页。

他,把他的绸大褂撕得稀巴烂,使他当场出丑,不得不狼狈逃窜"。① 8月22日,刘百昭带着50名"男女武将"再次来到学校,强行接管女师大。男的是京师地检厅侦缉队的警员,女的是"三河县老妈子",系在京女佣,天然足,身材高大,有力气。滞留学校的刘和珍等13名学生,自然不是这些"三河县老妈子"的对手,被挟拖出校门。

新学期开学,女师大没有参与学潮的180多名学生,依然在原址开学,但门口的门牌已经变成了"国立北京女子大学"。9月21日,鲁迅带领约三四十名学生(含新招预科生)在阜成门内宗帽胡同14号,靠租赁民房为校舍,继续办学,并对外新招了学生。据刘亚雄说,新招学生"录取标准主要看政治态度,并不拘泥于考试分数"②。

以后的乱子更大。11月28、29日,北京爆发了有各界人士参加的游行示威。这次活动,史称"首都革命"。在这场革命中,章士钊、刘百昭及警察总监的寓所和被认为是支持杨荫榆的晨报馆被捣毁。11月30日,迁居宗帽胡同的学生返回原校址。国立女子大学学生让出了地盘,无奈迁校。

12月初,国民党骨干易培基先是接替章士钊做了教育总长,1926年1月13日更以教育总长亲兼女师大校长。这一天恰好是女师大学生发表"反杨宣言"的周年纪念日,持续一周年的"女师大风潮"至此告一段落。

离开女师大的杨荫榆,"留部任用"。从现有不多的资料看,她在教育部担任了"教部专门以上学校视察委员会委员"的虚职。1925年10月30日《申报》有一则该委员会开会的消息,杨荫榆在委员名单之列。

---

① 《刘亚雄同志谈女师大风潮》,《鲁迅生平史料汇编》第三辑,第229页。
② 同上。

后来,随着章士钊的去职,她也辞职南下了。

信奉"一个也不宽恕"准则的鲁迅,依然没有放过她。鲁迅的《华盖集》正、续编,至少有四分之三的内容是用来抨击杨荫榆之流,"用力气不可谓不大","鲁迅在这一次打了一个漂亮的胜仗,使敌人望风披靡,弃甲曳兵而走,至今在历史上还翻不过身来"。① 鲁迅11月2日写下了著名的《寡妇主义》一文。在文中,鲁迅不点名地把杨荫榆讥谕为"寡妇"和"拟寡妇",在学校实行"寡妇主义"教育,对于广大学生,"始终用了她多年炼就的眼光,观察一切:见一封信,疑心是情书了;闻一声笑,以为是怀春了;只要男人来访,就是情夫;为什么上公园呢,总该是赴密约……所以在寡妇或拟寡妇所办的学校里,正当的青年是不能生活的"。②

鲁迅这样骂,既失厚道和公正,还有为许广平而不惜自戕的劲头。试想杨荫榆若是"寡妇"和"拟寡妇",他不就顺理成章荣登"鳏夫"和"拟鳏夫"的宝座了?鲁迅和杨荫榆本是封建家庭那个叶蔓下的一对苦果,又何必同类相嘲呢?文中谈到了杨荫榆这种"寡妇"和"拟寡妇"的性压抑及其后果:"至于因为不得已而过着独身生活者,则无论男女,精神上常不免发生变化,有着执拗猜疑阴险的性质者居多。……生活既不合自然,心状也就大变,觉得世事都无味,人物都可憎,看见有些天真欢乐的人,便生恨恶。尤其是因为压抑性欲之故,所以于别人的性底事件就敏感,多疑;欣羡,因而妒嫉。"③这文字是说杨荫榆,还是鲁迅的自画状呢?关于教育理念,鲁迅痛骂杨荫榆想把女生们教育成"未字先寡"的人,所以他很担心这些女生自立之后,"又转而凌虐还未自立的人,正如

---

① 许广平:《鲁迅回忆录》,作家出版社1961年版,第6页。
② 鲁迅:《寡妇主义》,《鲁迅全集》第1卷,第281—282页。
③ 鲁迅:《寡妇主义》,《鲁迅全集》第1卷,第280页。

童养媳一做婆婆,也就像她的恶姑一样毒辣"。① 这更是自打自嘴,因为许广平日后在南方某校任训育主任时恰恰就是这种转向。

杨荫榆辞职,章士钊离任,"女师大风潮"以学生全面胜利而结束。然而物极必反,学潮后的学生并未安心学业,而是各种学潮愈演愈烈,导致北洋军人难以容忍,酿成了著名的"三一八惨案",包括刘和珍、杨德群在内的47名年轻学子失去了生命。

鲁迅为惨案中遭到杀害的刘和珍等人写了一篇纪念性的文章——《纪念刘和珍君》,正是这篇文章给人们留下了杨荫榆专制独裁的校长形象。而事实上杨荫榆与"三一八惨案"并无直接的瓜葛。

"女师大风潮"愈演愈烈,而鲁迅和许广平师生之间的往来信札日渐频繁而且亲昵,最初称鲁迅为"先生"的许广平成了"愚兄",而大她18岁的"鲁迅师"、"迅师"则屈尊变成了"嫩棣棣(弟弟)"——两人已由师生变成了一对亲密的恋人。在写完《纪念刘和珍君》几个月后的8月26日,鲁迅与许广平悄然南下。鲁迅到厦门大学任教,而许广平到广州出任广东女子师范学校训育主任一职。许广平在校期间,也受到学生的攻击和驱逐,成了"恶姑"。1927年10月,鲁迅南下广州,与许广平正式同居。

到了晚年的许广平,对杨荫榆的评价仍然找不到任何反省与悔悟之意:

> 关于她的德政,零碎的听来,就是办事认真,朴实。至于学识方面,并未听到过分的推许或攻击,论资格,总算够当校长了,而且又是破天荒的第一次的女子做大学校长。是多么荣耀呀!在女子

---

① 鲁迅:《寡妇主义》,《鲁迅全集》第1卷,第282页。

方面,我想,这是中国人"重女"的好表示,一个劳什子的杨荫榆,便以为了不得的大人物,终之闹出大大一场把戏,然后下台,这是女界之荣,还是辱?杨荫榆做校长以后怎样呢?她整天的披起钟式斗篷,从大清早出门四处奔走,不知干出什么事体以外,回到校里,不是干涉一下子今天用几多煤,明天撤换什么教员,一屁股往卧室一躺,自然有一大群丫头,寡妇,名为什么校中职员的,实则女仆之不如……学生迫得没法,由各班推举代表亲自见她要求她自行辞职。她起头就叫人在门外干等,末后见面了,又一一问你们姓甚名谁,你们是否真是代表,我有什么错?你告诉我好改,又说我待你们并不坏,支支节节的一大套,到底还是没改良,这样,凭良心,如果没有利诱威迫,丧失人格的外交政策,我敢决个个都是反杨的,我,自然不在话下了。①

"不合时宜"的教育理念

作为曾深孚众望的女校长,杨荫榆却未能在推进女子教育发展上多有贡献,这不能不说是巨大的遗憾。杨荫榆在女师大腹背受敌、动辄得咎,其间的原因何在?

这自然与她的教育理念、处事原则相关——

杨荫榆上任之初,写下了《本校十六周年纪念对于各方面之希望》一文,内有这么一段话:"窃念女子教育为国民之母……本校且为国民之母之母,其关系顾不重哉?"内中意涵,本质上继承了晚清以来对女子教育的发现与重视,依旧是"女性者国民之母"、"欲强国必由女学"等启

---

① 许广平:《校潮参与中我的经历》,《许广平文集》第一卷,第101页。

蒙观念的延续。这篇文章在《京报副刊》登出后，却招来了不少嘲笑。后来在风潮中，就有学生以"国民之母之母之婆"讥讽杨荫榆。

以家庭模式来治理学校，提倡和践行贤妻良母主义，是杨荫榆执掌女师大的主要理念之一。在她看来，"为尊长者断无不爱家属之理，为幼稚者亦当体贴尊长之心"，维护师长的尊严和师生之间的上下秩序，是保证良好校风的关键。然而，自五四运动以来，西方的民主与科学精神开始进入中国，强调个人的自由意志和独立思想，"天地君亲师"的权威受到了激烈的挑战。传统的家庭制度和伦理道德遭到批判，封建家长成了口诛笔伐的对象。在这样的社会思想环境中，杨荫榆推出"学校犹家庭"的论调，愈加显得不合时宜。

在美求学期间，她受到杜威教育思想的影响，强调道德在教育中的核心地位，要求"今日女子教育，道德与知识并重"。但她对于女性品德的判断，依旧以"婉顺""循谨"为标准，不能容忍学生的"率意任情之举"。落实到女师大和二十世纪二十年代中国的具体环境中，这种对于道德完美的推崇，则呈现出鲜明的保守主义倾向。而且，由于早年不幸婚姻的影响，她对男女问题显得过分敏感。在女师大期间，她对于女学生与男性的交往和恋爱往往予以压制，这无疑与"五四"女性解放和男女平等的思潮相抵触，必然招来广泛的反感与对抗。更者，杨荫榆不懂政治，要求学生闭门读书，不参与公众活动。作为校长，她未对学生关注社会的热情进行引导，而是简单地将其斥为"学风不正"，使得师生关系进一步恶化。

留学的经历，不曾给她带来西方自由主义的作派，中西结合的不伦不类反映在她身上却是固执的不明事理。杨荫榆待人严苛，同时严于律己、循规蹈矩、按部就班，这难以得到学生的认同。由于积怨甚深，甚至杨荫榆的外貌、衣着和言行举止都备受攻击。在女学生的笔下，杨荫榆是"控着拳,走着八字路,扭进课堂"①,或者"整天的披起钟式斗篷,从大清早出门四处奔走,不知干出什么事体以外,回到校里……群居终日,言不及义,有时连食带闹,终宵达旦,弄个不亦乐乎"②。"在人们的印象中就只见那扎着白头绳的带子的人,穿着黑花缎的旗袍和斗篷,像一个阴影的移来移去。"③

杨绛在《回忆我的姑母》一文中,有这样的判断:"她多年在国外埋头苦读,没看见国内的革命潮流;她不能理解当前的时势,她也没看清自己所处的地位。"④这也从一个侧面反映出在剧烈的社会动荡和转型中,知识女性要不断顺应新的变化的形势。其实,当时女师大的学生也清晰地认识到了这一点。乐群在《为杨荫榆先生进两句忠言》中写道:"先生因为留洋太多,什么东洋西洋,炫人耳目。在外国的日子多了,难免把中国的礼、义、廉、耻都忘掉了。先生也曾经向我们说过,先生到美国,拼命地念了两年英文,把脑子都弄坏了。"⑤发在《京报副刊》的另一篇文章更揶揄杨荫榆为老古董,说她就算有学问,也只不过是"现代的康有为、辜鸿铭辈一类的人罢了"⑥。

除了这些个人因素之外,那个时代政治运动的亢奋和肆意,也是造成她悲剧不可忽视的一面。

1919年,五四运动爆发,北京学生走上街头,游行示威,爱国热情喷薄而出。用胡适的话说,五四在政治上的成功,让当时的政党颇受启

---

① 《女师大学生自治会反杨通启》,《鲁迅生平史料汇编》第三辑,第272页。
② 许广平:《校潮参与中我的经历》,《许广平文集》第一卷,第101页。
③ 许广平:《鲁迅先生与女师大事件》,《许广平文集》第二卷,第116页。
④ 杨绛:《回忆我的姑母》,《杨绛全集》(2),第167页。
⑤ 乐群:《为杨荫榆先生进两句忠言》,《妇女周刊》1925年第26期。
⑥ 玉树:《驱逐杨荫榆》,《京报副刊》1925年第229期。

发,"他们觉察到观念可以变成武器,学生群众可以形成一种政治力量"①。诸如殴打、火烧之类的无底线、无法治的行为,在五四之后并没有消退,仍然在继续扩展之中。由于军阀长期割据混战,政府更迭频仍,财政拮据,教育经费屡被拖欠。北京高等学校一些激进学生以各种因由不时掀起学潮,驱赶校长的事件多有发生,并成为一种互相效仿的行动。用当时的报纸评论来讲:"学生对于校长,自由选举,如会议之推选主席;对于教授,任意黜陟,如宿舍之雇用庖丁。甚者散传单以谩骂,聚群众以殴辱,每有要求,动辄罢课以相挟持。及至年终,且常罢考以作结束。""五四以来,爱国运动之悲剧,愈演愈烈;而爱国运动之变态,亦愈出愈奇。其始也,孤高纯洁;其终也,苍黄反覆。党派之操纵也,外力之诱致也。明目张胆,公为破坏。且复贾其余勇,迫逐校长,驱禁教员,政府既侧目而怀恨,教师亦束手而无策。"②据台湾学者吕芳上专著《从学生运动到运动学生》统计,以1922年为例,发生学潮123件,其中学生与校长的就占了49件;从1919年到1922年,仅以女校为例,先后就发生六起学生校长之间的迎拒纠纷。

五四运动时期,杨荫榆恰好赴美留学。在美国四年的学习生活,让她拿到了教育学硕士学位,但四载离乡却使她与国内学生运动的革命热潮十分隔膜。"女师大风潮"时期,正值国共两党实现第一次合作,革命运动如急风暴雨,来势凶猛。学生运动得到了鲁迅等人的支持,但背后更能见到国共两党的影子。在风潮期间,共产党北京区委兼地委、国民党北京执行部和北京市委成立,国共两党合作指挥学生运动。"女师大风潮"初期该校发展了三名中共党员,到1925年底,学生运动骨干蒲

---

① 胡适:《胡适口述自传》,华文出版社1992年版,第206页。
② 吕芳上:《从学生运动到运动学生》,第100—101页。

振声、郑德音等十余人也被发展为中共党员,并被派赴苏联留学。许广平并非中共党员,但参加了国民党左派组织。

根据吕芳上的研究:"女师大风潮发生后,还在广州的国民党中央妇女部、广州特别市党部妇女部、上海执行部妇女部均曾驰电声援女学生,号召女界同胞'共同打倒妇女解放运动的拦路虎'。上海《民国日报》(属于国民党,笔者注)除了详细报道风潮外,还以社论抨击杨、章的不当。在北京的国民党,不论左右对风潮均有兴趣。吕云章的回忆就说,当时汉花园的右派负责人江绍模(姜绍谟),便曾鼓动学生们'制造惨案'。而'偏安'于宗帽胡同的女师大,支持的教授都是来自国民党。可见国民党在这次风潮中扮演了怎样重要的角色。"①

1946年,许广平回忆:"那时是'三一八'惨案的前一年,我还是学生,为了寻求光明,向各个敬仰的革命领袖请教,遇到一位党国伟人。他说:'你们尽管去(请愿)好了,就是有些牺牲,打什么紧?你看黄花岗上有你们没有?'惭愧,的确没有。而末了一句的沉重有力,就如同石工把铁器敲到石头上那么响亮深刻,至今也还是在我心的深处敲下一道创痕。"②这个党国伟人,正是李石曾。

"三一八"惨案之后,段祺瑞指责李大钊、李石曾、易培基等啸聚群众,闯袭国务院,下令通缉。李大钊匿居俄国使馆,李、易也分别逃匿。张作霖进京,深夜攻打俄国使馆,李大钊等十余人被捕后施以绞刑。

对一个人的评价不应仅局限在一时一事,也不应仅以权威的一时言论为准绳。这里借用鲁迅对文学批评的观点:不要"不是举之上天,就是按之入地","批评必须坏处说坏,好处说好",就是人们常说的实事

---

① 吕芳上:《从学生运动到运动学生》,第234页。
② 景宋:《三八感言》,《许广平文集》第一卷,第154页。

求是。对杨荫榆的评价也应采取这样的态度。

早年的杨荫榆

离婚创举

杨荫榆,1884年出生。那一年是农历甲申年,故取小名申官。

> 三姑母皮肤黑黝黝的,双眼皮,眼睛炯炯有神,笑时两嘴角各有个细酒涡,牙也整齐。她脸型不错,比中等身材略高些,虽然不是天足,穿上合适的鞋,也不像小脚娘。我曾注意到她是穿过耳朵的,不过耳垂上的针眼早已结死,我从未见她戴过耳环。她不令人感到美,可是也不能算丑。[①]

这是杨绛对于"三伯伯"(三姑母)杨荫榆相貌和举止的描绘。

杨荫榆出生的时代是晚清,一切弊病尚未退去,包括包办婚姻。杨荫榆的母亲,也早早地订了一桩"门当户对"的婚姻。然而,这场婚姻却成了杨荫榆一生不幸的转折点。

杨荫榆的夫家姓蒋,却是"一个低能的'大少年'","据我父亲的形容,那位姑爷老嘻着嘴,露出一颗颗紫红的牙肉,嘴角流着哈拉子。"[②]

新婚伊始,这场婚姻就因为杨荫榆大胆而彻底的抗争,掀起了一场

---

① 杨绛:《回忆我的姑母》,《杨绛全集》(2),第151页。
② 同上。

不大不小的风波:

> 我不知道三姑母在蒋家的日子是怎么过的。听说她把那位傻爷的脸皮都抓破了,想必是为自卫。据我大姐转述我母亲的话,她回了娘家就不肯到夫家去。那位婆婆有名的厉害,先是抬轿子来接,然后派老妈子一同来接,三姑母只好硬给接走。可是有一次她死也不肯再回去,结果婆婆亲自上门来接。三姑母对婆婆有几分怕惧,就躲在我母亲的大床帐子后面。那位婆婆不客气,竟闯入我母亲的卧房,把三姑母揪出来。逼到这个地步,三姑母不再示弱,索性撕破了脸,声明她怎么也不再回蒋家。她从此就和夫家断绝了。①

对于杨荫榆的婚姻,除了杨绛的这段回忆文章之外,还有两段同时代人的描写可供参考。

一是《女子世界》的一则简讯。《女子世界》在晚清女界很有影响力。在1905年第2卷第3期的"国内记事"栏目中,刊登了一条简短的新闻:"离婚创举:无锡杨女士荫榆,曾在上海务本女学,及苏州景海女塾肄业。自嫁于蒋某后,即不得自由入校。女士深□翁姑及其夫之专制,即行离婚,复入务本肄业云。"在离婚新闻之后,《女子世界》的编辑写了一小段感言,表彰此举是"女子不依赖男子而能自立之先声也",但同时也承认"此事闻之恶浊社会,鲜不骇且怪者"。②

二是苏雪林的回忆文章。1930年,苏雪林以"春雷女士"为笔名,在

---

① 杨绛:《回忆我的姑母》,《杨绛全集》(2),第152页。
② 《离婚创举》,《女子世界》1905年2卷3期。

《生活周刊》上连载《几个女教育家的速写像》,其中就提到了杨荫榆的婚姻。她写道:

> 杨先生在前清时代便是一个先觉的、富有新思想的女子,初求学于苏州景海女学,卒业后由旧家庭强迫的命令,与某君结婚。某君本来是个纨袴子,思想非常腐败。荫榆女士新婚的第二晚便同丈夫侃侃而谈,既披露了自己平生抱负,又劝丈夫洗涤旧染,力求新知,做一个有益于社会于国家的人物,她愿意和她携手走向光明的道路,创造有希望的将来。丈夫见他新婚的妻子毫无娇羞之态,反而口若悬河讲出一番爱国做人的大道理,不禁闷了一肚子气,但没有发作。第三晚,荫榆女士又发她的议论,那位没有知识性情又粗暴的丈夫便跳起来给她一个耳光,说道:"牝鸡司晨,维家之索,女人家想干预起国家大事来,那还了得?趁早闭了你的口吧。"
>
> 荫榆女士受丈夫的侮辱,毫无怒色,只庄严地问道:"你是一定不能和我合作了么?""——去你的!"她丈夫说,"你去服务社会,做你理想中的新人物,我改不了我的旧习惯,你说我不配做你的丈夫,你就请便。"
>
> 荫榆女士听了再不回答,第二天晨间便回母家去了。二家家长以事出非常,大为失措,再三设法调和,丈夫也表示悔意,她一概置之不理。不久便独往日本留学去了。她丈夫随即娶了几个姨太太,捐了一个官,造了不少祸国殃民的罪孽。荫榆女士是早洞察了他的性格,断定他之不可救药,才毅然出于决绝之一途的。①

---

① 春雷女士:《几个女教育家的速写像》(二),《生活周刊》5 卷 12 期,1930 年 3 月 2 日。

苏雪林在文中注明了这些内容是朋友高晓岚女士的转述,而且她在文字间加入了许多文学描写手法。不过,杨荫榆婚姻的基本情况,应该大致如她所述那般。

那个蒋家少年到底是谁呢?他真的如杨绛、苏雪林描写的那般不堪吗?舍却杨绛、苏雪林文字中浓厚的感情色彩,大致可归纳出以下几个特征:与杨荫榆年龄相仿,有几位夫人,当过官,且干过几件"大事";家庭与杨家门当户对。

蒋家,与杨家一样,是无锡的望族,人口众多,英才辈出。为寻线索,笔者查阅了上世纪二十年代的《无锡蒋氏宗谱》,里面没有杨荫榆嫁入蒋门的丝毫讯息,符合上述特征的蒋氏子弟,也只有一二人而已。

看来这个蒋家少年依然隐藏于历史的迷雾之中。

离婚后的杨荫榆成为街谈巷议的对象,被人骂为"灭门妇"。而在与她关系更为密切的家人看来,这段悲剧婚姻对杨荫榆的伤害实在太大。"我母亲曾说:'三伯伯其实是贤妻良母。'我父亲只说:'申官如果嫁了一个好丈夫,她是个贤妻良母。'我觉得父亲下面半句话没说出来。"① 杨绛的母亲对这个长期赖在娘家的小姑子颇为纵容:"三姑母要做衬衣——她衬衣全破了,我母亲怕裁缝做得慢,为她买了料子,亲自裁好,在缝衣机上很快的给赶出来。三姑母好像那是应该的,还嫌好道坏。她想吃什么菜,只要开一声口,母亲特地为她下厨。菜端上桌,母亲说,这是三伯伯要吃的,我们孩子从不下筷。"②

荒唐的婚姻给了杨荫榆很大的刺激,对她后来的人生产生了难以磨灭的影响。从此她基本断绝了婚姻的念头,而是走上了一条读书、留

---

① 杨绛:《回忆我的姑母》,《杨绛全集》(2),第167页。
② 杨绛:《回忆我的姑母》,《杨绛全集》(2),第159—160页。

学、从事教育之路,成为职业女性,致力于自身能力的培养与自我价值的实现。如杨绛所言,"她挣脱了封建制度的桎梏,就不屑做什么贤妻良母。她好像忘了自己是女人,对恋爱和结婚全不在念。她跳出家庭,就一心投身社会,指望有所作为"。① 杨荫榆常说:"我自从脱离家庭,便立志将我的全生命贡献给中国了。"②

杨绛在《回忆我的姑母》一文中采用这样的叙事架构:先写杨荫榆的婚姻,再叙她早年的求学生涯。这样的叙事架构,给人造成了某种误导。当今一些描写杨荫榆生平的文章,因为这种误导,说杨荫榆的婚姻大约在 1900 年前后,即其十六七岁时,离婚后再接受新式教育。看来这是不确的。她的那段婚姻,应该发生在她早期求学的过程中,时间是在 1905 年,她那时已经是个 20 岁的"大龄"青年了。

图 20　青年杨荫榆

在那段婚姻之前的两三年,杨荫榆就接受了新式教育。1903 年前后,哥哥杨荫杭从日本留学归国,与友人在无锡创办理化研究会。该会因为杨荫榆和姐姐杨荫枌的加入,开启了无锡男女同校接受教育的先河。参加该会学习的,有无锡当地很多知名人士,其中就有后来出任北京女子师范学校教务长和校长的胡雨人。杨荫榆也很可能因此结识了

---

① 杨绛:《回忆我的姑母》,《杨绛全集》(2),第 167 页。
② 春雷女士:《几个女教育家的速写像》(二),《生活周刊》5 卷 12 期,1930 年 3 月 2 日。

胡雨人和他的夫人胡周辉。

差不多同一时间,杨荫榆在兄长的安排下,进入新办的苏州景海女塾学习。景海女塾,是美国基督教监理公会女传教士海淑德于1902年在苏州天赐庄创办。海淑德(Laura Askew Haygood)献身中国女子教育17年。为纪念海淑德,学校取名意为景仰海淑德,故名景海。在课程安排上中西并用,设国文、英文、算学、理化等科目,并有钢琴科、体操科。由于学费昂贵,只有官宦或巨商家庭才能将自己的女儿送入景海学习。

两年后,杨荫榆又转入地处上海小南门的务本女塾就读。前文已述,务本女塾创办于1902年,创始人正是杨荫杭的南洋公学同学吴馨(怀久)。吴馨在《务本女学史略》中说,务本女塾"以修明女教、开通风气为职志",其名曰务本,"谓女学乃教育之基本也"。① 据学生回忆,务本女塾创办之初的课程,"大概也象西国的礼拜样子,读六日息一日。一日分六节,每节约五十分钟"。② 光绪三十一年(1905)第二次改良学规,"以改良家庭习惯,研究普通知识,养成女子教育儿童之资格为宗旨"③,设预科、本科、师范科。"教师在德育方面要求学生注重容仪,贵清洁整饬不贵饰妆,尚从容和蔼不尚浮躁,当谨慎端庄不苟言笑。"④

杨荫榆在务本女学时,日后成为章太炎夫人的汤国梨也在该校念书。汤国梨,1883年出生,比杨荫榆大一岁,浙江乌镇人氏。读书期间,汤国梨十分关心国事,积极参加各项社会活动,曾与经慧贞一起担任浙江"妇女保路会"负责人,并在上海愚园路锡金公所讲演,宣传保路拒

---

① 吴馨:《务本女学史略》,朱有瓛主编《中国近代学制史料》第二辑下册,华东师范大学出版社1989年版,第589页。
② 陈撷芬:《记务本女学堂》,《中国近代学制史料》第二辑下册,第598页。
③ 《光绪三十一年务本女学校第二次改良规则》,《中国近代学制史料》第二辑下册,第590页。
④ 吴若安:《回忆上海务本女塾》,《中国近代学制史料》第二辑下册,第608页。

款。但没有资料表明,杨荫榆参与过任何类似的、带有一定政治性和社会性的活动。杨荫榆对于时事、特别是政治,虽然不能说不关心,但很少主动去深度介入和参与。

图 21　务本女塾上课时的情景

东京的莘莘学子

1907 年,两江总督兼南洋大臣端方指示江宁、江苏两学司在江南各学堂"详慎挑选"男女学生,计划送往美国留学。最后,经过考试和"传见",选定 11 名男生和 4 名女生。这是继容闳选拔幼童留美之后第二次招考官费留美学生,而这次端方遴选女生留学,被称为"官费女生留学西洋之始"。①

时在上海务本女塾就读的杨荫榆,与一干同学前往应考。结果,她

---

① 舒新城编:《近代中国留学史》,中华书局 1939 年版,第 131 页。

与王季昭一同被列为备取生。杨荫榆和王季昭恳请江宁提学司给予官费留学日本。江宁提学司转向端方请示,端方"以该女生恳给官费送日留学,系为力求精进起见,现在宁垣筹办女子师范,管理、教授均难其人,应准给费派往,以期早就成才,留备委用","特饬藩司照章筹拨学费,按期汇解,并每人发给治装川资银一百元"。①

顺便提一下,在赴美国留学的15名男女同学中,就有无锡籍的胡敦复、胡彬夏兄妹。他们的叔父胡雨人,正是杨荫榆兄长杨荫杭在南洋时的同学。胡敦复回国后,曾主持考取第二批庚款留学生,并亲自护送出洋。那一批学生就有日后成名成家的胡适、赵元任、胡明复等。民国成立后,胡敦复在上海主持成立私立大同大学。"女师大风潮"中,杨荫榆被免校长一职,女师大改组成立国立女子大学,校长即是胡敦复。

1908年,杨荫榆和王季昭一同踏上了日本的土地。王季昭出身苏州著名世家大族东山王氏,生于1876年,比杨荫榆大八岁。她的二妹王季茝则是赴美留学的四位正取女生之一。王季昭进入神户女子学院学习,毕业后又赴美留学,回国后在苏州辅助母亲和三妹王季玉,在振华女校任教。杨绛进入振华女校读书,正是受了杨荫榆的推荐。

杨荫榆来到日本后,先入青山女子学院学习,补学日语以及日本的中学和大学预科课程,其间熟悉了日本的风俗、礼节、社交习惯、应对常识等。1909年,杨荫榆进入日本女子高等师范学校,主修理化博物科。在东京女高师《明治四十二年日志》中有"四月二十四日,星期六,晴,清国人杨荫榆、张佩芬两人作为理科听讲生入学"的记录。②

---

① 《各省游学汇志》,《东方杂志》1907年第11期。
② 《东京女子高等师范学校一览》,东京女子高等师范学校,明治四十二(1909)年度(一),第111页。转引自周一川《近代中国女性日本留学史(1872—1945年)》,社会科学文献出版社2007年版,第91页。

图 22　1911 年，东京女子师范学校学生在做操

　　日本女子高等师范学校，是日本政府为女子设立的唯一一所高等学校，对留学生的入学要求非常严格，因而合格率很低。截止到 1937 年，共有 62 名中国学生入此校学习，其中 39 名毕业。1913 年，杨荫榆从东京女高师毕业之时，获得了奖章。杨绛说她"曾见过那枚奖章，是一只别针，不知是金的还是铜的。"①可见杨荫榆能够顺利考入东京女高师，并以优异的成绩毕业，的确是女生中之佼佼者。

　　在这四年间，日本的教室之内平静如水，国内的形势却是火山爆发一样。革命党人到处起义，武装斗争此起彼伏。正值她学业要结束的前夕，清朝统治垮台了。出国前，还是黄龙旗的世界，如今五色旗风翻䉶影。当她踏上祖国大地的时候，她已经是中华民国的国民了。

　　毕业后的杨荫榆随即回国。此时哥哥杨荫杭正在苏州悬牌当律师，她便在苏州留了下来。恰好苏州刚刚成立省立第二女子师范学校，

---

① 杨绛：《回忆我的姑母》，《杨绛全集》(2)，第 153 页。

校长便是她务本的老同学杨达权。杨荫榆受聘当上了教务主任,同时兼授生物解剖学课程。

对于杨荫榆来说,这可真是她投身教育事业一个绝好的开端。

一年后,来自北洋政府教育部的一纸调令,把杨荫榆送到了北京。她成了北京女子师范学校的学监兼讲习科主任。

一位名叫谢巾粹的学生在多年以后回忆,杨荫榆北上之时,学生竟"哭留无效"①,可见当年杨荫榆受学生欢迎程度。

学监

1914年,杨荫榆到北京担任女子高等师范学校学监兼讲习科主任。这是杨荫榆第一次与这所国立女子最高学府发生联系。

北京女子师范学堂的前身是1902年创办的京师大学堂附设的师范馆,1912年5月改名北京女子师范学校。前任学监一职,正是她的同乡兼好友胡周辉。杨荫榆与胡周辉的相识,最初源于1903年的无锡理化研究会。1913年6月,杨荫榆在日本东京女子师范学校毕业,并没有急于回国,而是在东京逗留了一段时间。6月26日,时任北京女子师范学校学监的胡周辉,奉教育部之令到日本考察女子师范教育事宜。抵达东京后很快就拜访了杨荫榆,"老友相见,相谈甚欢"②。并由杨荫榆负责安排和协调她们在东京的教育考察,最后还一同乘船回国。

自1914年起,杨荫榆在女子高等师范学校学监一职上待了四年。在这四年时间内,这位勇敢打破旧式婚姻藩篱、又从海外学成归来的传

---

① 谢巾粹:《读了白雪先生的一个女教育家之后》,《苏州明报》,1936年7月8日。
② 胡周辉:《北京女子师范学校派赴日本考察校务报告》,《教育杂志》1913年第10期。

奇女子,在学生中享有很高的威信。这确实是杨荫榆人生中难得的一段舒心时光。她自己对这份为人师表的工作也颇为满意,"那时候的三姑母还一点不怪僻",喜欢孩子,一笑就"笑出了细酒涡儿"。①

1916年,刚满五岁的杨绛到女高师附小读一年级,对姑母在学校里的情况有所记忆。她回忆说女高师的学生经常带她去大学部荡秋千,还领她去演戏,让她扮演戏里的花神,大姐姐们把杨绛的小牛角辫盘在头顶上,插了满头的花,衣服上也贴满了金花。后来杨绛才明白,女高师的大姐姐们之所以如此喜欢她,"准是看三姑母的面子。那时候她在校内有威信,学生也喜欢她"。②

吴学昭在《听杨绛谈往事》中还写道:

她们中午在学校包饭。那时在女高师任"学监"的三姑母荫榆,有次在小学生进餐时陪来宾到饭厅参观,整个饭厅顿时肃然,大家专心吃饭。阿季背门而坐,碗前掉了好多饭粒。三姑母过来附耳说了一句,阿季赶紧把饭粒捡到嘴里吃了。旁的小学生看样也赶快把自己掉在桌上的饭粒捡起来吃了。三姑母向老圃先生形容这一群背后看去和阿季相像的女孩,"一个白脖子,两根牛角辫",一个个忙不迭捡饭粒往嘴里送,有趣极了。三姑母说时笑出了她的细酒涡儿,她显然很喜欢这些小女孩。③

1918年,杨荫榆曾有一个讲话,总结她做学监主任三年来对学生平日训练的概要。在训练之要目中,她说:"都市风尚易于侈糜,矫而正之

---

① 杨绛:《回忆我的姑母》,《杨绛全集》(2),第154页。
② 同①。
③ 吴学昭:《听杨绛谈往事》,第10页。

务,以诚实、恭俭、勤朴、整洁为训练之目的。"在具体训练中,对个人有关于起居、卫生、着装、谈吐、交友、礼貌等要求:"一、关于起居者,晨兴不迟,每晨理发,朝会必齐到,不轻请假,回校按时,出入必告。二、关于服装者,髻式一色,发不覆额,不饰金珠,不穿绸缎,不着高底皮鞋,……三、关于礼仪者,见师长、宾客均须行礼。四、关于卫生者,每日三餐,不食杂食,痰不吐地,衣服常濯,窗门时开,被褥多晒。五、关于交际者,不馈赠贵重物品,不借贷金钱。六、关于秩序者,进食堂按次序排班行之,教室、自修室书籍等物必须整齐,纸屑皮壳不准随扔地上,用饭不语,就寝不言,行不挽臂,夜眠不准同寝……",对开会、教室、远足等也都有要求。这些要求看似烦琐,但对当时封建、封闭、落后的中国,特别是将从深宅围阁中刚刚走出来的女青年塑造为现代女性,这些常规训练都是必不可少的。她尤其强调教职员的以身作则,讲话中曾说:"身任职员岂可稍有自宽懈乎!""身率以先,犹惧不逮。"①

即使当她离校去往美国留学之后,威信仍在。1919 年,苏雪林进入北京女高师就读。据苏雪林回忆:"我赴北平投考女高师时,她已由教育部派送美国留学,有几位同学很钦佩她,常常向我谈起她。我很有些不修边幅的脾气,朋友们常拿我开玩笑,见我书籍用品随处乱抛,她们便说:'假如杨荫榆先生在此,你便要吃亏了。'见我衣履不大整饬,又笑道:'给杨荫榆先生看见,你可要受她一顿严厉的教训了。'"听了她们的这些话,苏雪林"想像里边虚构了一个满面冰霜、严肃可畏的师长影子"。② 后来苏雪林也因敬佩杨荫榆而与之成为莫逆之交。

---

① 转引自《杨荫榆——中国第一位大学女校长》,《北京师范大学名人志·校长篇》,北京师范大学出版社 2010 年版,第 326 页。
② 春雷女士:《几个女教育家的速写像》(一),《生活周刊》5 卷 11 期,1930 年 2 月 23 日。

太平洋彼岸

1918年,北京政府教育部出台《国立大学校长学长正教授派赴外国考察规程》,规定"大学校长、学长、正教授每连续任职五年以上,得派赴外国考察一次","考察以一年为期,不得延长"。[①] 当年就选派朱家骅、邓萃英、刘半农、杨荫榆、沈葆德等七人,分赴美国、法国、瑞士留学。此举,是为我国教授留学之始。[②] 沈葆德,与杨荫榆一样,来自北京女子高等师范学校,任音乐教员。

图23 杨荫榆留美前留影(刊于《妇女杂志》1918年第四卷第九期)

---

① 《国立大学校长学长正教授派赴外国考察规程》,《北京大学日刊》(第240号),1918年10月30日。
② 吴惠龄、李壑编:《北京高等教育史料》第一集(近现代部分),北京师范学院出版社1992年版,第369页。

图 24　1918 年教育部选派留美学生合影（左二为杨荫榆）

杨绛去车站给姑母送行，清晰地"看见三姑母有好些学生送行。其中有我的老师。一位老师和几个我不认识的大学生哭得抽抽噎噎，使我很惊奇。三姑母站在火车尽头一个小阳台似的地方，也只顾拭泪。火车叫了两声（汽笛声），慢慢开走。三姑母频频挥手，频频拭泪。月台上除了大哭的几人，很多人也在擦眼泪"。这一切正如杨绛所说："我现在回头看，那天也许是我三姑母平生最得意、最可骄傲的一天。她是出国求深造，学成归来，可以大有作为。而且她还有许多喜欢她的人为她依依惜别。"①

8 月 14 日，杨荫榆在上海乘上"南京号"轮船，开始了赴美留学之旅。同船赴美的还有当年清华选派的、自费的青年学生，共一百余人。杨荫榆的侄女、杨绛的堂姐杨保康，正是清华学校选派的庚款留学生中的一员。

那一年，杨荫榆已经 34 岁。杨荫榆进入哥伦比亚大学，研究教育

---

① 杨绛：《回忆我的姑母》，《杨绛全集》(2)，第 155 页。

学、算学及应用化学。著名教育家杜威、孟禄均为该学院的教授,孟禄还兼任院长。当时这两位学者正对中国的教育格外关注,曾分别应邀到中国讲学、考察教育数月,并被北京大学、北京高师等几所大学聘为教授,对中国的教育很有影响。据沈葆德讲,杨荫榆在哥伦比亚大学学习成绩非常优秀,屡次受到学校的奖励。

留美期间,杨荫榆有时会给北京女子高等师范学校的学生去信。1919年10月,《北京女子高等师范文艺会刊》第一卷第二号就刊登了她的一封来函。在这封信中,杨荫榆充满了对教育事业的自信和自豪。她说:"美人开会,常请我演说,以为我演说极好,远处且给我车费,请我演讲。"她还特别强调"有时榆为述我最得意之北京女师范学生状况,美人称羡不已"[①]。可见,杨荫榆在美国时对自己教育家的身份已经深感认同,对自己的演说也极其自信,特别是对北京女高师的教育成就,引以为傲。对于北京女高师的深厚感情,也可以想象到此后女师大事件给予她心理上的沉痛伤害。

在这封信中,杨荫榆还表达了对不久前因山东主权问题而爆发学生运动的关注。她写道:"此次因山东问题,吾国学生之举动,榆由报章略知梗概,甚喜吾国人已有生气,有爱国心。若固持此活泼之爱国心,以镇静稳健之态度,务实际有益之事。如提倡国货,教授贫民,劝止烟酒、缠足等,事虽屑小,皆极有益。盖吾人本无只手千钧之力,若就小事上着手,步步实行之,不务虚名,不辞劳苦,持久行之,渐事扩张,则外人不惊异,当道不顾及;目前之成绩虽不显著,后日之收效必多可观。喜作惊天动地之大事业,喜得当世之荣誉,此吾人之缺点也。其实大事业

[①] 《通信:杨荫榆先生自美洲来函》,《北京女子高等师范文艺会刊》1919年第1卷第2号。

须在小事上着手,不必惊天动地,荣誉当得之于己身过世之后。盖当世之荣誉不易得,虽得易朽;死后之荣誉方能经久也。又吾人做事,须心热不可脑热;脑热即易致神经病。须实力,忌虚声;……各校学生能早日组织讲演团,与学校以外之人联络。外交失败时,讲演团即以常日之态度,于常日讲演之时间中,为常日之听众讲演此事。则全体学生与全体学校以外之人,顷刻联络,一致进行,使恶人丧胆,友邦称许,而当道无从干涉,不亦善乎?既往不咎,来者可追,亡羊补牢,不可谓迟。诸君愿牺牲一部分之时间,以开启民智乎?如愿之,乞提倡镇静稳健之讲演,学习注音字母,而教授他人。若能转相教授,尽人学习,一旦遇事,不便讲演时,可用此印发传单,一致进行,不甚便耶?诸君其未以爱国热激发难制,盍以此勇往之气提倡镇静稳健有益无弊之事?……"①

过去,受限于资料的缺乏,人们对杨荫榆在美国的生活和学习了解不多。与她同日同船赴美自费留学的诗人徐志摩,曾留下了《留美日记》(1919年部分)。日记里就出现了杨荫榆,这很可能是她留美期间生活极罕见的纪录,可以对照一观,对杨荫榆的个性做一全面考察。

1919年8月21日,徐志摩的日记里第一次出现杨荫榆:"现在讲到了我们的大本营,就是杨监学先生的统辖地。这勃拉恩党,除开党魁老杨外,是他的侄女保康,吴,袁及丁。保康直直落落,本来也不至于讨厌,无如受了他姑母的影响,连着中国女人通有的劣性(后天的),结晶成了一股奇形怪相。说他笨,倒不是笨;说他傻,也不是傻,总之是毒气太深,仪止过欠。"②

---

① 《通信:杨荫榆先生自美洲来函》,《北京女子高等师范文艺会刊》1919年第1卷第2号。
② 徐志摩著、潘倩编:《徐志摩翰墨辑珍》第2卷《留美日记》,中央编译出版社2014年版,第89—90页。

第二章　姑母杨荫榆

"杨监学""老杨",就是杨荫榆。所谓"勃拉恩党",乃是当时美国的"典故"。勃拉恩,是美国议员,一战时主张和平外交。徐志摩戏称哥伦比亚大学的中国留学生为勃拉恩党,而杨监学为勃拉恩党的党魁。这一节,还说到杨保康,说她奇形怪相,仪表和举止不佳,在徐志摩认为,乃是受了杨荫榆的影响,中了她的"毒"的缘故。

日记中还有专论杨荫榆的一段:

……十位姑娘已经论过九位,就剩杨监学。(人家也称他杨小姐,我听了有些肉麻。我说不如称他杨大姐,因为他是老小姐。称密司倒不触耳,因为小姐和密司有些不同。)我尊他为大本营的统帅,因为他确有这种资格,并且他也自居不疑。他年纪大概四十左右,所以他的颜色,可以置之不论。但是他从前来吴城看董时的时候,倒居然自忘年老,著意修饰:面上涂着脂粉,身穿齐腰的花洋纱短褂,头戴绯花的笠帽,手里还张着花绸洋伞。我当时看他步步莲花,何尝不当他是一二八佳人。自从到衣邑而后,他还真反[返]朴,一味本色,到是有自知之明,就剩一双三寸,走路象螃蜞一样,中国人见了,没有一个不说他是国粹保存家。这且不说,他的履历,我不甚明晰,但知道他是江苏无锡人,他阿兄也是留学生;他曾留学过日本,曾经离过或者退过婚(不悉确否),历先(按:疑误)女校教员,后来北京师范的监学。他在中国女界,自然总算头排二排的人物了。他到美国来,自然自命不凡,以教育家自居,所以在船上就同任坚说得丝丝入扣,非常投机。

他的性情颇为严厉戆直,大概他是教育惯了小学生,所以就是见了我们大学生,也不免流露出来。他既然以教育家自居,自然比平常女学生,多留意国事世界事以及美国家庭状况。他的主见,是温和保守派。他极不愿意叫旧道德让路，不赞成欧化中国，主张局部的变通。然而归根的查究，他也没有一定的主见。他存了这派心理，一看小邝等那样活泼，罗刹庵开跳舞会，就觉得老大的不自在，以为他们是变本加厉，太过火了。他甚而至于向董时说："衣色加的中国学生，心里都是龌龊的。"也许有几位存心不狠老实，但是说话决计不可这样笼统浑括。况且"龌龊"二字的定义，也狠难下。这句话就是我听了，也觉得不能过分为杨监学恕。大概他生性戆直，也是有的，或者当时董时逼得他急了，一时未能择词，随口就溜了出来。①

杨荫榆生于1884年，到1919年不过35岁，徐志摩说她四十左右，也不算错，大概是杨荫榆显老相吧。董时，又名董任坚，也是与杨荫榆、徐志摩等同船赴美的留学生，故有杨荫榆"在船上就同任坚说得丝丝入扣，非常投机"之语。徐志摩写下此说，必是亲见目击。徐志摩说杨荫榆为人"自命不凡，以教育家自居"，这倒也印证了她对于投身教育事业的自信和自豪。徐志摩还说她"严厉戆直"，"极不愿意叫旧道德让路，不赞成欧化中国，主张局部的变通"，是一个"温和保守派"。

"衣色加的中国学生心里都是龌龊的"，徐志摩听到了杨荫榆的这句话。但为人厚道的徐志摩，颇能设身处地为他人着想，考虑到杨荫榆说出这话并不一定代表真实想法，很可能只是急不择言的缘故。衣色加，也作绮色佳，美国康奈尔大学所在地。不过，杨荫榆能说出这样明显得罪所有当地中国留学生的话，也正应了徐志摩"严厉戆直"的评语，口无遮拦，极容易引起别人的误解，招来非议。

杨荫榆在与国内学生的通信中，对自己的演讲十分自信。不过，在

---

① 徐志摩著、潘倩编：《徐志摩翰墨辑珍》第2卷《留美日记》，第91—94页。

徐志摩看来她的演讲水平并不佳。徐志摩在日记中还回顾了杨荫榆的一次演讲：

> 上星期五侯家源发起，由衣色加学生会名义，请全体中国学生，在大同俱乐部开了一个正式大会。……偏偏侯先生兴致好，派人去敦请杨大姐演说。他起头推托，后来经不得行人口给，就慨应下来。那里知道一说，到惹出许多闲话来了。我可以概括他演说的大意：他第一主张要坚强体格，好替国家出力；第二说现在中国人只能卧薪尝胆，不可歌舞游乐；接紧就说他不赞成美化。就他命意说，到是句句金言，我就很钦佩他的敢言不惮。无如他说得太啰嗦了——他骂人了——他于是触怒人了！那末人家的怒，也并不反证他演说的是，我就始终与[于]杨氏同情之一人。
>
> 我第二天早上到元那里去的。我知道他自从上回碰了一个顶[钉]子，就与他要好的监学，无形的生了意见。前天晚上的演说也隐隐的讽着他，他如何不想法出气呢？果然我一提他的演说，元就没头没脑的骂了一顿。非但骂他，而且连我也骂进了。我想好了，你骂罢，你出气罢，横竖是为云为雨，不干旁人的事，我原来参透了你的心理的。旁人的批评，可就不一致了。大概多数是怪太冒昧了，意思是不情愿受他的教训。也有一部分人，随便听过，顺口说一句"好，难得"。还有一部分被他直接骂进的人，当场不能还骂，背后自然有了许多不逞之辞。人家问我你呢？我回答说我同情他的，他骂得有理，况且明知没有什么好结果好影响，他还是敢言不惧，的确是一位大本营里统辖管下的监学先生杨大姐。①

---

① 徐志摩著、潘倩编：《徐志摩翰墨辑珍》第2卷《留美日记》，第94—95页。

杨荫榆演讲的"命意"是"句句金言",然而她的态度与语句却影响了听者的观感,引起了大家的愤怒,还让她原本的好友"无形的生了意见","明知没有什么好结果好影响,他还是敢言不惧"。说到底,杨荫榆处理问题的方式直截了当,认识问题又往往偏执而不易变通,容不得他人不同调。她数年后发生在女师大的风波,与她这种性格不无关联。

　　在与国内学生的通信中,杨荫榆还说:"初抵美国,百无头绪,日英文不精,尤为不便,故不得不尽力用功。近数月来,颇见进步,极深之交易书,亦能读矣"①。然而,徐志摩在留美日记中曾记载:12月4日,"晚赴中华教育研究会。杨大姐主席,讨论中国女学。大杨勉强来上一口无锡英文,虽然竭蹶万分,总算过得去。"②考虑到杨荫榆赴美时已经是成年人,语言学习难度更大,有"总算过得去"这样的成就,从侧面证明杨荫榆学习英文的努力和成效。

　　据徐志摩的日记,还有一条杨荫榆社交活动的记载:11月8日,"到中国学生会。今年湖南人陈国钧会长,杨荫榆书记"③。

　　尽管演讲"竭蹶万分",加之心直口快,容易得罪人,但杨荫榆还是热心于各种社会活动,每每对国家大事直抒己见,参加了"中华教育研究会"和"中国学生会"的组织,且是其中的骨干份子。"中华教育研究会",是我国国外留学生最早成立的专门研究教育的非正式组织。还有,1920年11月至1921年9月,蔡元培出国考察欧美高等教育,并为北大图书馆筹款。留美同学组织了"招待"、"调查"两部,后者分十几个

---

① 《通信:杨荫榆先生自美洲来函》,《北京女子高等师范文艺会刊》1919年第1卷第2号。
② 徐志摩著、潘倩编:《徐志摩翰墨辑珍》第2卷《留美日记》,第156页。
③ 徐志摩著、潘倩编:《徐志摩翰墨辑珍》第2卷《留美日记》,第130页。

专题,由朱经农、杨荫榆、冯有兰、周炳琳、俞庆棠、汪敬熙等分别担任。两场系统全面的专题汇报,以及随后的参观访问,显然给蔡元培留下了很深的印象。①

在美期间,杨荫榆还结识了"民国第一才女"吕碧城。在吕碧城现在存世的诗文之中,有一首《柬杨荫榆同学》:"之子近如何?秋风万水波。瀛簧怀旧雨,乡国卧烟萝。吾道穷弥健,斯文晦不磨。狂吟为斫地,重唱莫哀歌。"②从诗的内容看,应该是作于"女师大风潮"之后、杨荫榆名誉扫地之时。吕碧城在诗中回忆了两人当年哥大校园美好的同学时光,勉劝杨荫榆不要沉迷于栖隐之所,鼓励她保持文人气节,越是处境穷困,越是要志节坚健。

杨荫榆在美留学期间,国内爆发了五四运动,学生运动风起云涌。"国内适当五四学潮之后,办学棘手,北女高师尤甚,教部促杨先生归国,任女高师校长,杨坚不就,在经济窘迫穷困之时(是时政府经济竭蹶,留学生官费中断),继续研究又二年。"③

图 25　1920 年杨荫榆的毕业照

---

① 陈平原:《老北大的故事》增订版,北京大学出版社 2009 年版,第 42 页。
② 吕碧城:《吕碧城诗文笺注》,上海古籍出版社 2007 年版,第 93 页。
③ 《苏州明报》,1935 年 8 月 12 日。

在美国，杨荫榆一学又是四年。寒窗苦读，潜心专修。1922年，她获得了哥伦比亚大学教育学硕士学位。杨荫榆说："人是总要回祖国的，我不知现在中国的女孩子进步如何，也得回去看看。"①后来她回苏州探望兄长杨荫杭时，常后悔自己没能读得博士回来。哥哥笑着劝她："别'博士'了，头发都白了，越读越不合时宜了。"②

沉隐中的坚守

重拾教鞭

在杨荫榆的一生中，离婚事件和"女师大风潮"是两次重大的创伤性事件。离婚事件由于发生在她的青年时期，且时代背景和舆论对她是表示支持的，是进步的表现，因此，带给她的创伤是隐性的，除了孤独感，反而推动她积极去寻求自我的价值追求、人生目标与最终认同。"女师大风潮"的发生，使得她的一腔抱负受到致命性的打击，个人声望也降到历史的最低点。这种重大挫折，构成了她生命中的重大创伤性事件。除了深深的痛苦，也导致她性格中缺陷的部分被放大，从极大的自信转向了自卑与敏感，同时也更加执拗。

1925年冬天，杨荫榆离开北京，回到苏州的兄长家。在侄女杨绛看来，这一次再见到的三姑母，似乎有了很大的变化："我记得小时候在北京，三姑母每到我们家总带着一帮朋友，或二三人，或三四人，大伙儿热

---

① 包天笑著、刘幼生点校：《钏影楼回忆录　钏影楼回忆录续编》，第393页。
② 杨绛：《回忆我的姑母》，《杨绛全集》(2)，第153页。

第二章 姑母杨荫榆

闹说笑,她是不孤僻的。可是1925年冬天她到我们家的时候,她只和我父亲有说不完的话。"杨绛"旁听不感兴趣,我父亲常取笑三姑母是'大教育家',我们却不爱受教育,对她敬而远之"。①

杨绛曾说过,杨荫榆长相不美,可也不让人感到丑,"皮肤黑黝黝的,双眼皮,眼睛炯炯有神"。让人印象最深刻的,是她"笑时两嘴角各有个细酒涡"。只是从北京南归后,杨荫榆的性格变得愈加孤僻和偏执,这种"笑出细酒涡儿"的场景,在杨绛的记忆中越来越少了。

在"疗伤"一年多时间后,平静下来的杨荫榆选择复出,重拾教鞭。据杨绛回忆,"一九二七年左右她在苏州女师任教。一九二九年,苏州东吴大学聘请她教日语。她欣然应聘,还在女生宿舍要了一间房,每周在学校住几天。"②1927年时,她已经40岁了。她没有结婚,更没有恋爱,当然也无儿女。

杨绛回忆中的"苏州女师",就是1909年杨荫榆从日本回国后曾经任教的江苏省立第二女子师范学校。该校创立于1912年,校址位于苏州盘门附近。就在1927年这一年,江苏省实行中(学)师(范)合校制,学校改称江苏省立苏州女子中学。杨荫榆在苏州女子中学讲授教育测验、数学等课程。

两年后的1929年,杨荫榆到东吴大学教授日语。在回忆文章中,杨绛记录

图26 中年杨荫榆

---
① 杨绛:《回忆我的姑母》,《杨绛全集》(2),第157页。
② 杨绛:《回忆我的姑母》,《杨绛全集》(2),第161页。

了有关杨荫榆的这样两件事。这两件事,都有其他材料可作佐证。

  一件事,是东吴大学附中老师组织学生郊游,有位学生遭遇不幸,溺死于黑龙潭。事后,校长召开校务会议,讨论该事的善后,会上,杨荫榆责难领队美籍教师许安之,随后又因责人过苛而自责。杨绛写道:"大学附中一位美国老师带领一队学生到黑龙潭(一个风景区)春游,事先千叮万嘱不许下潭游泳,因为水深湍急,非常危险。有个学生偷偷跳下水去,给卷入急湍。老师得知,立即跳下水去营救。据潭边目击的学生说:老师揪住溺者,被溺者拖下水去;老师猛力挣脱溺者,再去捞他,水里出没几回,没有捞到,最后力竭不支,只好挣扎上岸。那孩子就淹死了。那位老师是个很老实的人,他流涕自责没尽责任,在生死关头一刹那间,他想到了自己的妻子儿女,没有舍生忘死。当时舆论认为老师已经尽了责任,即使赔掉性命,也没法救起溺者。校方为这事召开了校务会议,想必是商量怎样向溺者家长交代。参与会议的大多是洋人,校方器重三姑母,也请她参加了。三姑母在会上却责怪那位老师没舍命相救,会后又自觉失言。舍生忘死,只能要求自己,不能责求旁人;校方把她当自己人,才请她参与会议,商量办法,没要她去苛责那位惶恐自愧的老师。"①

  那次事故发生在 1929 年中秋节后一个周末。学校组织了一次郊游,采取自由报名参加的方式,人数有五十六人。带队的是初中部英语教师、童子军教练、美国人 D. L. Sherertz,中文名为许安之。郊游的路线是石湖、上方山、七子山、天平山、天池山、石矿山,做环山爬登锻炼,时长两天。当时,有一位名叫殷恭毅的学生与另一位同学合撰了一篇小文,发表于 1930 年前后的《中国童子军月刊》。2008 年之际,他又将

---

① 杨绛:《回忆我的姑母》,《杨绛全集》(2),第 162 页。

第二章 姑母杨荫榆

那桩往事重新写出,回忆了这次不幸事故的前后经过。据他的回忆:"许安之先生是一位非常好的老师,人品纯正,和善可亲,学生一向尊敬他。"春游的第二天下午,这帮学生来到了一个名叫石矿山的地方,那里有一山涧开辟成池。"许安之先生和个别善泳的南洋结侨同学是准备来此涧池游泳的。许安之先生下水前千叮万嘱同学们不可下水试泳,可以在池边浅水处洗脚,看人游泳。水池浅滩宽阔约四、五尺,深约二、三尺,可看清水底小石子,约有一二十人围坐池边地上玩水闲聊。""许功铣、功锐胞兄弟俩坐在池边。说来也蹊跷,平日里举止比较沉静的许功铣,忽然显得很兴奋,嚷着要在浅水滩一试'狗爬式'游泳,不怕自己完全不会游泳。我望见许功铣脱了近视眼镜,赤身想下水了,我不知道许功锐怎么没有阻住他哥哥下水? 我正望远处两个农夫走近,突然惊闻呼救声,回头一看,望见许功铣在深水处露出上半身,双臂摆动,脸容万分惊惶,张口大声呼救,转瞬间沉没水中了。岸上同学都惊呼救命,许安之先生和会游泳的同学都在水中抢救。瞥见许安之抓到了许功铣手臂往岸边游,突然许安之也没顶,大家一阵惶惑紧张,又见许安之浮出水面,怆然游回岸边,精疲力竭。原来许功铣紧握许安之的手往下沉,许安之迫不得已挣脱许手,独自出水。那位水性最好的同学多次潜水寻觅许功铣未得。我找来两个农夫请求救人……。农夫数次潜水打捞才摸到尸体。尸体倒立,头嵌在岩石缝中,拔出不易。据农夫们推测,水底明亮,大概许向明亮处求生,故头部嵌入水底岩石缝中,不得动弹了。"①

还有一件事,则直接导致了杨荫榆从东吴大学辞职。杨绛回忆:"学校里接着又出一件事。有个大学四年级的学生自称'怪物',有意干

---

① 殷恭毅:《一次乐极生悲的郊游》,《苏州杂志》2008 年第 3 期。

些怪事招人注意。他穿上戏里纨绔少爷的花缎袍子,镶边马褂,戴着个红结子的瓜皮帽,跑到街上去挑粪;或叫洋车夫坐在洋车上,他拉着车在闹市跑。然后又招出一个'二怪物'。'大怪物'和大学的门房交了朋友,一同拉胡琴唱戏。他违犯校规,经常夜里溜出校门,半夜门房偷偷放他进校。学校就把'大怪物'连同门房一起开除。三姑母很可能吃了'怪物'灌她的'米汤'而对这'怪物'有好感,她认为年轻人胡闹不足怪,四年级开除学籍就影响这个青年的一辈子。她和学校意见不合,就此辞职了。"①

那个自称"怪物"的人是谁呢?有资料表明,他名叫陈乃圣,苏州人,早年就读东吴大学,因行为怪异,被校方开除。当时此事曾被一些报刊广为报道。他到底有哪些怪言异行呢?"据说陈乃圣曾租用一辆人力车,为人拉车,不计车资。一次坐车人正是自己学校的校长,下车时被校长认出,斥为有辱斯文。他日常生活也不合常规,每日只食一餐,餐必大饱。他又喜救济穷人,见有冻饿之人,辄生恻隐之心,解衣倾囊相助,而自己每每衣食不周。……""他还有一'怪',便是喜结交书画家,乞求他们赐予墨宝,因而自称'艺丐'。遇有求之而不得的,必屡次上门或写信相求,最终书画家没有不被感动而赐予的。即使如挂有润例的齐白石,不轻易给人画画的吕凤子,也都有作品相赠。其他如徐悲鸿、沈尹默、王个簃、惠孝同等一时名家,都有书画相赠。他求得书画,除自己欣赏外,还选择部分请人刻成石碑,集中陈列,广为传播。""这位因行为怪异而被人目为'怪物'的陈乃圣,后来大概因其谐音,或因其慈爱心肠,'人都称之怪佛'(像赞中语)了。解放后,陈乃圣移居上海。他

---

① 杨绛:《回忆我的姑母》,《杨绛全集》(2),第163—164页。

终生未娶,晚年生活由亲属照顾,1976年病逝。"①

虽然有杨荫榆的反对,陈乃圣还是被东吴大学开除了学籍。陈乃圣不久去往上海求职。结果,他在上海的日子并不好过。迫于生活压力,他意欲投江自尽。《申报》对此有详细的报道:"苏州人陈乃圣,又名怪佛,年二十二岁。去年曾在苏州东吴大学内肄业时,曾经改其装束,头顶箬帽,并赤脚穿着草鞋,在市间各处街头拉黄包车,为铲除阶级制度起见。苏沪人士闻知后,无不轰动一时。去冬十二月间,得其友人介绍来申,执业于某处,仅阅三日。因不合于本人所怀志愿,遂告辞,于二十四日返苏。至本月十七日,又经相识者,荐引至沪北上海印书馆内当校对之职,月修仅十元。陈以身为大学生,而未能得志,今反于社会上遇到如是环境,对于志愿上既无希望,而经济间又抱恐慌至此,抑郁更甚,终觉了无生趣,决计投浦自尽。即于前晚十时许,步至南市外马路顺泰码头,预备纵身一跃,以了残生。适该处警士叶永泉见其身穿假哔叽羊皮袍,外穿青色老布马褂,下穿青色西装裤,脚上穿有黑皮鞋,头戴紫酱色罗宋帽,形式仓忙,立即上前诘问来历。陈支吾以对。始知其为投浦自杀之所为,当即带回该管一区一分所。经张所长诘其何故投浦自杀,陈称:'因本人办事不力,并无他故。'旋在其身畔搜检一过,得有绝命书三书。一致苏州福星桥二号卫一萍收,内称:'一萍:我来申后,办事仍不顺利,今决不继。人生大梦。幸不为我悲哀。特此告知。'二致苏州乘马坡巷二十八号陈太太收,内云:'祖母大人:孙来申后,未上一函。人生本是大梦,所遇都是烦恼。我今不欲继存。特此上条告知,幸不为我悲哀。孙乃圣上。'三致苏州胥门内西支家巷十四号陈太太收。内云:'祖母大人:来申后,未上一函。孙此次来申,又不顺利。孙

---

① 俞子林:《"怪佛"陈乃圣》,《世纪》2011年第2期。

故决计不再继存,今特上片告知。幸不为我悲哀。孙乃圣上.'所长察阅其函文后,因案关自杀举动,饬即备文,连同起获绝命函三件,一并申解市公安局第三科讯发落。"①过了不到一年,《申报》又有了陈乃圣的消息。"苏州《新苏导报》为邑人王兆杰所创办。兹江苏省党部查得该报有反动嫌疑(一说有人告发),特咨照省政府密令吴县公安局勒令停版,并拘捕该报编辑人员讯究。郑局长奉令后,于三十日夜间十时许亲率警察队士,会同西四分所派警,至该报馆当将编辑人员华有文、王渭生、徐渭宾、俞岳云、茶房周根棠及适在该报馆游玩之陈乃圣等六人逮捕,搜获刊物五十五件,尚有陈乃圣所有之裸体照片等,当即一并带至县公安局。……所有被捕之七人,均押看守所。该报馆业由西四分所派警看守。"②此事引发了一定的社会影响。从《申报》的后续报道看,陈乃圣最终保释。

"一朝被蛇咬,十年怕井绳。"女师大事件,使杨荫榆的自信心受到了打击。在此阶段,一旦说错话或做错事,她会陷于自责中难以自拔。用杨绛的话来说,"我当时看到的是一个伤残的心灵。她好像不知道人世间有同情,有原谅,只觉得人人都盯着责备她,人人都嫌弃她,而她又老是那么'开盖'。"③

在东吴大学,杨荫榆与她的"粉丝"苏雪林相识。据苏雪林回忆:"我与荫榆先生相识,系在民国十七八年间。"④

回溯历史,杨荫榆在1914至1918年这四年间,在北平女子高等师范学校任学监。当她受派去美国留学之后的1919年,苏雪林进入该校

---

① 《申报》,1929年2月26日。
② 《申报》,1929年12月2日。
③ 杨绛:《回忆我的姑母》,《杨绛全集》(2),第163页。
④ 苏雪林:《悼女教育家杨荫榆先生》,《苏雪林文集》第2卷,第383页。

就读,听到同学们的介绍后,对杨荫榆产生敬佩之心,但两人此后数年间并无交集。直至 1926 年,苏雪林到苏州任教,1928 年进入东吴大学任教,一年后杨荫榆来校,两人成为同事。

应该说,苏雪林与杨荫榆两人的关系比较密切。杨荫榆早年受母命而有过一段短暂而痛苦的婚姻生活,而此时的苏雪林也因为遵母命嫁给了一个不爱的男人,两人同病相怜,成为挚友。不久之后,苏雪林写下了《几个女教育家的速写像》,其中有关杨荫榆的部分,就着重提到了她那段不幸的婚姻生活。

1930 年夏,苏雪林去往安徽大学任教,继而在一年后又接受武汉大学之聘,任"特约讲师",教国文和中国文学史。从此,苏雪林与杨荫榆再无职业上的交集,但二人的友谊一直维系到杨氏在抗战期间被日军杀害。

杨荫榆在东吴大学待了四五年时间,离职后去了哪里?1933 年后,她去了省立苏州中学,在初中部教英语和数学。

先进苏州女中,再进东吴大学,再进苏州中学,这是基于杨绛回忆基础上对杨荫榆这一阶段任教轨迹的一种说法。杨荫榆在苏州中学任教时因不满督学王骏声在视察报告中对其的评语,曾爆发一场激烈的笔战(后文将详细叙述)。当时杨荫榆的学生曾投书《苏州明报》以示对老师的支持,其中就提及杨氏回归后的履历:"南回后,曾任苏女中首席教员、东吴大学教授"。这一说法,与杨绛的回忆相吻合。但是,苏州中学校史资料有着另外一种说法:1927 年 9 月,苏州中学刚组建时,杨荫榆任高中教员,至 1929 年离职。1933 年 7 月,复来苏州中学初中部任教。[1] 简而述之,就是先进苏州中学,再进东吴大学,重回苏州中学。

---

[1] 周春良、冯黎、周祖华主编:《草桥春秋》,古吴轩出版社 2007 年版,第 53 页。

对于杨荫榆回到苏州后直至 1935 年这八九年时间的行状，杨绛的回忆、《苏州明报》的消息基本一致，但与苏州中学校史两相比较，最初的两年是不同的。

说起苏州中学，必须先提起校长汪懋祖。

汪懋祖，字典存，苏州吴县人，1891 年出身于书香门第。少年时代曾就读于上海广方言馆、苏州府中学堂、江苏省高等学堂。1912 年入天津北洋大学工矿科，肄业两年后，因需赡母抚弟，不得不辍学，到陕中三秦公学执教。1916 年考取官费留学美国，入哥伦比亚大学专攻教育学，与陶行知、胡适等为同学，受教于美国教育家杜威。1919 年获硕士学位，并被哈佛大学聘为研究员。1920 年回国，任国立北京师范大学教授、教务长、代理校长。1925 年起，任北京女子师范大学教授、哲教系代主任。在此时，他与杨荫榆有过一段同事经历。

在当年"女师大风潮"中，汪懋祖反对学生驱逐杨荫榆。6 月 2 日，汪懋祖在《晨报》发表致全国教育界的意见书，其中有这样一段替杨辩解的话："在学生感情偾兴之际，以为能助我，攻击校长者为爱我，虽破坏学校，亦非所惜，良堪痛心。杨校长之为人，颇有刚健之气，欲努力为女界争一线光明，凡认为正义所在，虽赴汤蹈火，有所不辞，宁为恶势力所战败而去也。……今反杨者，相煎益急，鄙人排难计穷，不敢再参末议。"[①]

"相煎益急"一语，典出曹植的《七步诗》，把杨荫榆和学生的关系，喻为兄弟争斗的关系。这引起了鲁迅的反感，他随即写了《咬文嚼字》一文，模仿传说中曹植的《七步诗》写了一首打油诗予以嘲讽："煮豆燃豆萁，萁在釜下泣。我烬你熟了，正好办教席！"

---

① 《汪懋祖与女师大》，《晨报》，1925 年 6 月 2 日。

不久，汪懋祖辞职南下。但鲁迅对汪懋祖的怨恨，并没有因此而消减。1934年6月，汪懋祖在《申报》发表《中小学文言运动》一文，鼓吹中小学尊孔读经和课本改用文言，并以"此生或彼生"为例，说明文言经济省力。鲁迅就此作《"此生或彼生"》，继续抨击和否定汪懋祖所提倡的"文言运动"。

汪懋祖在当年"女师大风潮"中辞职南下，任国立东南大学教授、教育系主任、江苏省督学等职。1927年，南京国民政府成立，教育部改成大学院，院长蔡元培决定将全国分为16个大学区，各区内的办学与教育事务都由大学校长管辖。江苏作为第一批试点区，实施了一系列的中小学合并举措。其中位于苏州的省立一师与省立二中等学校合并成"国立第四中山大学区苏州中学"（此后第四中山大学先后改名为江苏大学和中央大学，苏州中学的前缀亦随之变动过两次，到1929年学制改革后归教育厅管辖，更名为江苏省立苏州中学）。兼任江苏督学的汪懋祖负责学校组建，并被正式聘为苏州中学首任校长。

苏州中学设普通、师范、农师三科，并有实验小学。汪懋祖引申美国杜威提出的"教育即生活"观点，提出了"教育原于生活"的学说。同时广延名师执教，如国文教师钱穆、陈去病，英文教师吕叔湘，美术教师吴作人、颜文樑，历史教师孙起孟等。1933年，全省实行高中毕业会考，苏州中学学生囊括了前三名，轰动教育界。汪懋祖颇为自豪："四方负笈来此，远自陕、滇，毕业生考升国立大学者，岁有增加。就业服务，无一人向隅……体育竞赛，连年冠军。于是声誉鹊起，满国中矣！"[1]

1927年秋，钱穆从无锡来到苏州，担任苏州中学的首席国文教师，

---

[1] 汪懋祖：《苏中事业之回顾与展望》，《苏中校刊》第86期，1933年9月。

一待就是三年,直到1930年夏转入燕京大学任教。钱穆晚年有这样的回忆:"苏州中学乃前清紫阳书院之旧址,学校中藏书甚富。校园中亦有山林之趣。出校门即三元坊,向南右折为孔子庙,体制甚伟。其前为南园遗址。余终日流连徜徉其田野间,较之在梅村泰伯庙外散步,尤胜百倍。城中有小读书摊及其它旧书肆,余时至购书。彼辈每言昔有王国维,今又见君。盖王国维亦曾在紫阳书院教书也。"①

汪懋祖的长女汪安琦曾在一篇回忆文章中提到了杨荫榆。她写道:"离我家不远处,就是杨荫榆的旧居(在盘门城根处)。那时期杨荫榆在一所中学教英文,听说她的日文很好,英文却不怎么行,不时还来请我母亲辅导。我母亲有一本《韦氏大辞典》,我们小时候总觉得它硕大无比,像茶几面那么大。杨荫榆一来,母亲就常与她一起翻辞典。"②汪安琦的母亲袁世庄,出身名门,后考取清华庚款留学生,进入美国著名的威尔斯莱大学学习,当时任教于苏州女师。汪安琦说杨荫榆"英文却不怎么行",与当年留学美国时徐志摩评论杨荫榆英语有无锡口音和使用时"竭蹶万分",倒是吻合的。

1931年,汪懋祖应中央政治学校之聘,任该校教育系主任,遂辞去苏州中学校长之职。而后至抗战前的历任校长为胡焕庸、吴元涤、邵鹤亭。吴元涤任校长任期为1933年7月至1935年7月。

1933年7月,正是杨荫榆进入(或再次进入)苏州中学任教的时间点。

当时很多人认为杨荫榆担任过国立大学校长,有着"女教育家"的名声,到中学任教是"大材小用"。但杨荫榆不这么认为,她认为"教育

---

① 钱穆:《八十忆双亲·师友杂忆》,三联书店1988年版,第143页。
② 汪安琦:《懋庄旧话——记苏州中学创始人汪懋祖先生》,《苏州日报》,2011年3月3日。

实施,当自下层排基础,程度愈低,功效愈多",因而"怡然自乐"。①

图 27　苏州中学校门

当年在苏州中学的学生,如此回忆杨荫榆:

> 她每次上课才来,下课即走,很少在办公室内逗留。我人长得小,坐在靠窗第一排第一位,上课钟响过之后,就能看到她从走廊尽头,慢慢地向教室走来。她挟着一个特大的公文包,装束有时极怪,因为她外面披了件黑色大氅(后来知道是博士衣),放大的小脚,穿着高跟鞋,走起路来,扭扭捏捏,很是滑稽。上课时她非常严肃,课堂内的用语,全部用英语对话,不准说中国话。她每次上课时,在打开大公文包取出课本以后,还要拿出一个有柄的大单照(即放大镜),足有大饭碗大的口径。她虽戴眼镜,但还须拿着这样

---

① 《苏州明报》,1935 年 8 月 12 日。

一个大单照才能看清课文。因为我坐在第一排位置上,所以只要一抬头,就能从她的大单照里看出她放大的鼻子。因此我有时在同学面前,背底里叫她"比个诺斯",意思就是英语里的"大鼻子"。但她教课的时间不长,不久就离开学校了。

杨荫榆住在苏州养育巷的道堂巷内,她是一位终身未嫁的老处女,后来她私人招收了十来个女学生教课。这些女学生的文化水平,本来已很不差,从杨荫榆学习,主要是锦上添花而已。①

此文读来,不禁让人忍俊不禁。学生背地里揶揄她的大鼻子,给她取了个"比个诺斯"的绰号,这正是此文的饶有趣味处。想起杨绛在回忆文章中也曾提到过三姑母的大鼻子,请看:"祖母一次当着三姑母的面,拿着她的一张照片说:'瞧她,鼻子向着天。'(她鼻子有上仰的倾向,却不是'鼻灶向天'。)三姑母气呼呼地说:'就是你生出来的! 就是你生出来的!! 就是你生出来的!!!'当时家里人传为笑谈。"②

文中所提及"杨荫榆住在苏州养育巷的道堂巷内",略有舛误。经查,养育巷,是一条与庙堂巷成"十"字交叉的街巷。在此"道堂巷"应为"庙堂巷"之误。

杨绛回忆:"她在一个中学教英文和数学,同时好像在创办一个中学叫'二乐',我不大清楚。我假期回家,她就抓我替她改大叠的考卷;瞧我改得快,就说,'到底年轻人做事快',每学期的考卷都叫我改。"③杨绛这里所说的"一个中学教英文和数学",也许就是苏州中学吧。

---

① 吴趋:《姑苏野史》,江苏文艺出版社1990年版,第183—184页。
② 杨绛:《回忆我的姑母》,《杨绛全集》(2),第151页。
③ 杨绛:《回忆我的姑母》,《杨绛全集》(2),第166页。

"大战"王骏声

1935年秋季开学,杨荫榆没有接到苏州中学的续聘聘书。她被辞退了。原因很简单,缘于省督学王骏声对她教学的批评。

这一年春,在镇江的江苏省教育厅厅长周佛海派出督学王骏声和编审唐道海,前往苏州督察省立苏州中学。

王骏声,字亦文,浙江乐清人氏,1894年生。1918年留学日本,进东京高等师范学校教育系学习,1923年学成归国,任温州省立第十中学师范部教员兼附小主任。1927年,王骏声任省立高级中学训育委员会主席。1935年任江苏省教育厅督学,此时正是他的日本同学周佛海在江苏省教育厅厅长任上。很明显,王骏声由浙江转江苏,并在教育厅出任省督学,与老同学周佛海不无关系。

1935年暑假,王骏声视察苏州中学的报告出笼,此文长达一万余字,对学校的教学、行政等提出了指导意见。这些意见琐碎且严苛,其中涉及杨荫榆的有如下几点:

> 杨荫榆课初中春二英文文法,指各造句练习,费时一小时之久,方法殊嫌板滞,且自始至终,板书未见只字,尤为不合。
>
> 杨荫榆任秋三甲及春二丙英文,学生习作内容,杂乱不堪,毫无中心,而导师订正,亦仅作 ABC 等记号,殊属玩忽之至![1]

这份视察报告,分期刊登在1935年8月的《苏州明报》。这样的评语,对于杨荫榆来说无疑是个公开羞辱,对她的自尊心是一个极大的打

---

[1] 《省督学王骏声等视察苏中报告全文》(续),《苏州明报》,1935年8月17日。

击。一向喜欢硬顶硬撞的杨荫榆,认为王骏声的视察报告内容失实,谬误事实,难以甘服。一场杨荫榆与王骏声、与省教育厅之间的"大战",由此展开。

很快,杨荫榆的得意学生顾庆华、许绳武等投函《苏州明报》,代鸣不平:"(师)教训学生,纯出真挚态度,督率用功,尤极严厉,学生敬畏之,爱戴之,得益甚多,受训责者,鲜有怨言。庆华等先后均受教于杨先生,故知之甚详。今者省督学王骏声先生,乃以数十分钟时间之观察,而遽断其优劣,其不正确,不言而喻。且杨先生乃教育专家,其教学方法,种类极多,能因地制宜,临机应变,故平日不专一法,教授英语,利用图画,不读死书,对图发问,而引导学生,练习会话,实最有兴趣之方法也。而王督学反以为板滞,实所不解。查官费遣派国外留学之女学生,回国后,对于社会国家、服务效率之最大者,当首推杨先生。杨先生为女界之泰斗,后学者之表率。年来杨先生避居苏城,退让贤路,担任初中教科,知之者皆为杨先生惜。有提倡教育责任者,应如何鼓励之,劝导之,不出此而反诬之若此,实不可解矣。今读报载,杨先生指摘王督学误会之点甚详,王督学若能师君子'知过必改'之态度,更正其评语,此事或可告一段落,否则杨先生蒙冤莫白,王督学有遂过之讥,吾侪为杨先生之学生者,亦不能袖手也。"①

接下来,许绳祖、顾庆华等二十一位市民又直接上书教育厅周佛海,称:"厅长钧鉴:读报载杨荫榆先生,上钧长书,知杨先生对于督学王骏声先生处惩评语,未能屈服。事关教育,且杨先生亦教育界有相当资望之教师,教厅对此,似不应以含糊了之。绳祖等以公民之资格,特联名请求钧长,予杨先生以相当答复,以便早日解决此案,至纫公谊。再

---

① 《苏州明报》,1935年8月12日。

贡献者，此后凡省督学视察学校，参观教员上课，宜选其学识、经验及资格之高出于该被视察教员者，最小限度亦须选其与该教员程度相埒者，否则不能使人甘服，徒多纠纷而已。又若有督学认为应处惩之教员，不宜以短时期一二人之私见为定，宜特组审查委员会，会同该校当局，与该教师开诚商榷，使其改良，然后重行视察，若不能改良，然后将事实呈报厅长，由厅长决断，以商榷式之书函，通知校长，由校长通知本人，如此予教师以改良之机会，事实确凿，不致发生误会及冤狱矣。又为督学者，出外视察时，不宜任意游玩，不宜受任何人之招待与宴请，不宜受任何人之请托与指使，以避嫌疑，而重公务，不识钧长以为然否？尚乞明以教我，绳祖等幸甚，教育幸甚。"

这封信写得要言不烦，绵里藏针。认为王骏声资格、学识、经验都不足与杨荫榆相提并论，而偏要指指点点，不能使人心服。而且督学没有权力直接惩戒教员，更不能以一个人的私见好恶决定一个教员的奖惩。最后还暗示王骏声在苏州"任意游玩""受人之招待宴请""受人之请托与指使"，直指王骏声的人品和官德。

图28　王骏声

事关名誉，事关职业，作为当事人的杨荫榆自然不能甘居幕后，她先后五次上书周佛海，为自己辩解，以求纠正，同时要求撤除王骏声的职务。

杨荫榆起先的两封上书目前没有见到。在第三封信中，杨荫榆说，前后两函，都没有回信，只有教育厅职员易君左复函称"厅长赴沪未归"。杨荫榆自然知晓此乃托词，所以说："荫榆知厅长办事认真迅速，决不致逗留沪渎,置厅事于不顾,推究其故,或为王督学之徒所蒙蔽隐藏,不然何致寂无音讯耶?"她请求"立予王督学以撤职查办之处分","为吾国教育除一蟊贼,去一凶顽",不然就要正式提起行政诉讼。①

此信上后,周佛海还是避不出面,更不表态,一方面着王骏声致函杨荫榆,进行解释和沟通,另一方面央请教育部次长段锡朋抚慰并说服杨荫榆,告诉她适合大学教育,会帮助她进大学教书。

然而,杨荫榆生就不依不饶的性格,她不扳倒王骏声,不能消气,更不会罢休,于是又有了第四次上书。全文三千余字,同时发表于《苏州明报》。其中写道:"……惟此事关于榆个人事小,关于教育事大。厅长派遣督学视察,为欲促进教育,指导教职员,使之改进,意至善,用心至苦也。然而王督学不能仰体钧长改进教育之至意,一意妄为,蒙蔽钧长,摧残教界服务人员如此,是而可忍,孰不可忍,故敢冒昧上言耳。"接着,杨荫榆逐条驳斥了王骏声对其教学的指责,列举王骏声为人为官的不端行为,并愤怒地指出:"盖荒谬妄为如王督学,是非既无标准,褒贬多出情感,学识既甚浅薄,人格又极卑陋,且不能开诚布公,予同人以积极之指导,更不能光明磊落,在教职员前下评语,加以颠顸糊涂,错误迭出,然而狐假虎威,以钧长为后盾,教师之一经被贬者,宛如被噬于疯犬,绝无生路;其同情者,亦惟敢怒而不敢言,恐其见恶于督学,已亦难免被噬也。综上所述,王督学非特万不胜督学之重任,且即谓为教界蟊贼,又岂云过?"②

"蒙蔽钧长,摧残教界服务人员""狐假虎威,以钧长为后盾",杨荫榆这次的矛头直指厅长周佛海。周佛海一向察察为明,自诩聪明,哪能

---

① 《苏州明报》,1935年8月13日。
② 《苏州明报》,1935年8月24日。

忍受被"蒙蔽"的指责？如果把王骏声撤职，不是正好坐实了被蒙蔽的指责？杨荫榆以后的悲剧，在这一刻已经注定。

面对愤怒的杨荫榆，周佛海这次依然不置答。而由秘书室复函，对"王督学谬误事，仍未解释，仅对榆褒誉有加，并历叙榆之学历经验及办学成规，以致其仰慕之意。且云王对榆之学问资格，并未加以訾议，又云苏人士语及荫榆曩日办学之成规，靡不深加钦仰云云"。

在杨荫榆看来，她的学历经验及办学成绩，有目共睹，没有必要一再重复褒誉，她要求的答复是如何处理王督学。第三、四封信，都刊登于当年的《苏州明报》之上。据黄恽先生考证，此后，杨荫榆还有第五次上书省教育厅。

这次上书，分析详密，步步进逼，有不达目的决不罢休的决心。"考督学之职务，系视察中小学而尽其指导改进之责，教师之进退，系校长之职责，督学可以贡献意见，以供校长参考，报告厅长，俾厅长得悉学校状况，如此而已……王督学于其分内职务，未能胜任，而于荐举私人于其所视察之学校，却极热心，实太不避嫌疑矣。"而且，她毫不避讳，直言：（督学报告）"不但毫无价值，且有大害，吴稚老譬为狗咬，榆之为疯犬噬人，大有害于人类。或曰：其被噬者，可以及早打针救治之（实例甚多，兹故从略）。直道而行如荫榆，平日除尽心尽力，为学校教课而外，向不研究打针之道，教界同人之类榆者甚多，故一旦被荒谬之观感所及一解聊进，则宛如被判死刑；而其聊进之一解，竟较专制帝王之诏饬，尤为尊严。虽被害者婉转呼号，声嘶力竭，举国之人，虽流同情之泪，教厅诸公，竟置不顾。秘书室诸公之来函，一如临刑犯人之酒食，被害者如榆，实已不能饗食之矣。"

在这封信中，她还不忘几年前在北师大所受的屈辱，说了这么一句："榆以前办学状况，凡知识阶级正人君子类皆知之……"看得出，她对鲁迅赐给她"正人君子"帽子仍有些放不下,心目中犹有"学匪"鲁迅的影子。

第五次上书后,一切就没了下文。1935年10月,江苏省教育厅明确下达指令,指责杨荫榆藐视督学,要求辞退公职。南京教育界曾致电江苏省教育厅,联名要求继续聘任杨荫榆,电文中写道:"咸以杨女士为教育界不可多得之人材,以曾任国立大学校长之资格,屈就初中教职,教育当局应如何奖励。乃凭一督学之片面报告,遽令退职,其影响于教育前途者甚巨……"上海教联会也致电杨荫榆表示慰问,电文如下:"苏州中学转杨荫榆先生鉴:先生学验宏富,桃李满门,诅上次督学视察未周,报告失实,同人等闻之骇异,经本届代表大会议决,特电慰问。"从两则电文中可以看出,杨荫榆辞去中学教职一事,在南京、上海教育界引起的反响是较大的。

王骏声终究未能被扳倒,依然风光,担任省立镇江中学校长,后又成为省督学。1951年,王骏声以恶霸地主的罪名,在"镇反"中被枪毙,这是后话。

这里还要提一下,据《苏州明报》所刊报道可见,南回的杨荫榆段还担任过"外交部苏州交涉员公署顾问"的职务。杨绛的回忆里提到,1929年左右,苏州市政当局为了青阳地日本租界还请杨荫榆出面与日本人交涉,"好像双方对她都很满意"①。

创办"二乐"

从苏州中学去职以后,杨荫榆自己绝了重获教职的路,从此开始自起炉灶,自办学校,取名为二乐女子学术研究社。

---

① 杨绛:《回忆我的姑母》,《杨绛全集》(2),第153页。

"二乐"创办之初,声势甚旺,张一麐、张一鹏、李根源、唐文治、金松岑以及陈鹤琴、黄炎培、江恒源、沈恩孚、杨卫玉、李登辉、胡敦复等名流百余人,"或慨允捐款、或尽力匡襄"、"兹闻名人有继续加入赞助者、仍源源不绝"。①

同时,二乐女子学术研究社在《申报》、《新闻报》、《苏州明报》刊登"征求社员广告",于1936年7月5日起招生,学额80名。"二乐"以"集中专修,务求精进实用,而又有选修伸缩余地"为宗旨,设师资班和普通班,并内设国学、家政、英文、日文、图画五科。"招收已经服务社会而学问上尚想更求精进的或有志读书而无力入校的女子,援以国文、英文、算学、家事等有用学问。"②在招生条件上,师资班须师范高中毕业相当程度,普通班资格不限。③ 该社系一专科学校性质之研究机关,以造就专门人才、职业师资为目的。④

"二乐"显然是杨荫榆实践其教育理想的一个试验品,自然倾注了全部的精力。她昔日在女二师的学生谢巾粹,见到"二乐"的广告后,上门拜访。"适有客在内,入室方知即吾俞师庆棠,杨、俞二老师正在商议社务之推行,分任教务,闻俞师亦为发起人之一,且家政科课程即由俞师及其他著名教界人士如汤国梨女士等七八人分任。"⑤

1936年9月4日,二乐女子学术研究社开学。聘定之教授,"有东吴大学教授凌敬言,陶慰孙博士,韩砚朋硕士,王佩净,杜鲁林,汤国梨,林彪夫人,孙永谦,名画家冯寅,西画家颜文樑,法学家薄公雷等"。⑥

---

① 《申报》,1936年7月5日。
② 苏雪林:《悼女教育家杨荫榆先生》,《苏雪林文集》第2卷,第383页。
③ 《二乐女子学术研究社招生广告》,《苏州明报》,1936年7月10日。
④ 《苏二乐女子学术研究社讯》,《申报》,1936年9月1日。
⑤ 谢巾粹:《读了白雪先生的一个女教育家之后》,《苏州明报》,1936年7月8日。
⑥ 《苏二乐女子学术研究社讯》,《申报》,1936年9月1日。

图 29　田野中的杨荫榆住宅

"二乐"社址原定藕园杨宅。据杨绛《回忆我的姑母》说:

> 那时我大弟得了肺结核症。三姑母也许是怕传染,也许是事出偶然,她"典"了一个大花园里的两座房屋,一座她已经出租,另一座楠木楼留着自己住。我母亲为大弟的病求医问药忙得失魂落魄,却还为三姑母置备了一切日常用具,而且细心周到,还为她备了煤油炉和一箱煤油。三姑母搬入新居那天,母亲命令我们姐妹和小弟弟大伙儿都换上漂亮的衣服送搬家。我认为送搬家也许得帮忙,不懂为什么要换漂亮衣裳。三姑母典的房子在娄门城墙边,地方很偏僻。听说原来的园主为建造那个花园惨淡经营,未及竣工,他已病危,勉强坐了轿子在园内游览一遍便归天去了。花园确还像个花园,有亭台楼阁,有假山,有荷池,还有个湖心亭,有一座九曲桥。园内苍松翠柏各有姿致,相形之下,才知道我们后园的树

木多么平庸。我们回家后,母亲才向我们讲明道理。三姑母是个孤独的人,脾气又坏——她和管园产的经纪人已经吵过两架,所以我们得给她装装场面,让人家知道她亲人不少,而且也不是贫寒的。否则她在那种偏僻的地方会受欺,甚至受害。①

看来,杨绛不知道杨荫榆典的园林就是沈秉成的耦园,正是她准备创办"二乐女子学术研究社"的社址。耦园原名"涉园",顺治年间保宁知府陆锦初建。咸丰年间,苏松太道道台、两江总督沈秉成购得废园,易名"耦园",寓意夫妇偕隐意。沈秉成夫妇在园内偕隐八年,伉俪情深,十分恩爱。

杨绛还回忆:"我记得那时候她已经在盘门城河边买了一小块地,找匠人盖了几间屋。不久她退掉典来的花园房子,搬入新居。"②这个新居就是杨荫榆自购的瑞光塔南居宅。关于瑞光塔南居宅,据苏州市房地产档案表明,目前为盘门内庙湾街1-4号。

杨绛说:"三姑母是个孤独的人,脾气又坏——她和管园产的经纪人已经吵过两架"。③ 事实的确如此,因为吵架,"二乐"没有在预定的社址耦园开学,而是搬到了萧家巷志恒里,在那里坚持了一年。

萧家巷志恒里有"洋房二所,宿舍宽敞,花园草地,并有洋式浴间、抽水便桶。一切设备完善,颇合学生寄宿"。④ 在当年,苏州的房子,具备抽水马桶、浴盆、自来水的相当少,更何况还有草皮、花园、电话了。这与她留学美国的经历有关,她接受的西方生活方式,要求她的学校必

---

① 杨绛:《回忆我的姑母》,《杨绛全集》(2),第164页。
② 杨绛:《回忆我的姑母》,《杨绛全集》(2),第166页。
③ 杨绛:《回忆我的姑母》,《杨绛全集》(2),第164页。
④ 《二乐女子学术研究社招生广告》,《苏州明报》,1936年8月31日。

须具备这些。

关于"二乐"的教学情况，目前未见详细的一手资料。但想来，生源不多，经营不佳。当年秋天，杨荫榆就搞了个学校基金募款队，并修函一通，请县党部的特派员孙丹忱当队长，请他代向各方募捐，"俾集腋成裘，而利发展"。杨荫榆未免一厢情愿，孙丹忱收到信后，即刻以本人系现任党务人员，充任该校队长殊有未妥为借口予以拒绝。而且，"女师大风潮"的余波，也牵涉到了"二乐"的运行。据苏雪林回忆："她挥斥私财办理二乐学社，而竟有某大师私淑弟子们故意同她捣乱，像苏州某报的文艺副刊编辑某君，就曾屡次在报纸上散布关于她不利的谣言。将女师大旧事重提，指她为专制魔君、女性压逼者、教育界蟊贼，甚至还是什么反革命分子。一部分无识女生受其蛊惑，竟致退学。所聘教员也有不敢与她合作者，致校务进行大受妨碍。"①

到了 1936 年底，杨荫榆依然为"二乐"奔波、求援。据《黄炎培日记》载，1936 年 11 月 29 日，星期日，"杨荫榆来，以一女子将历年所绩教薪数万圆在苏创一女学，自教课。偕荫榆到惠兼家"。②

1937 年 6 月，又到了"二乐"招生的时候，杨荫榆在《苏州明报》频繁打出招生广告。不过，从这些招生广告的内容看，校址变成了"娄门内小新桥巷十一号耦园，电话一八七"。看来，"二乐"在萧家巷志恒里坚持了一年后，又计划迁回耦园。不过，此时离日本发动卢沟桥事变已经不到一个月时间了。

"二乐"这个理想主义的实验品，最终成为杨荫榆教育生涯的绝唱。

1937 年 7 月，苏雪林回到苏州，拜访了杨荫榆。由于"正值暑假期

---

① 苏雪林:《悼女教育家杨荫榆先生》，《苏雪林文集》第 2 卷，第 383 页。
② 《黄炎培日记》第 5 卷，华文出版社 2008 年版，第 224 页。

内,学生留校者不过寥寥数人,一切规模果然简陋"。"因经费支绌,无法租赁校舍,校址就设在她盘门小新桥巷十一号住宅里。"①苏雪林这一回忆,有个小小的舛误。小新桥巷,不在盘门,是在娄门,也就是在耦园。

杨荫榆之死

  三姑母住在盘门,四邻是小户人家,都深受敌军的蹂躏。据那里的传闻,三姑母不止一次跑去见日本军官,责备他纵容部下奸淫掳掠。军官就勒令他部下的兵退还他们从三姑母四邻抢到的财物。街坊上的妇女怕日本兵挨户找"花姑娘",都躲到三姑母家里去。一九三八年一月一日,两个日本兵到三姑母家去,不知用什么话哄她出门,走到一座桥顶上,一个兵就向她开了一枪,另一个就把她抛入河里。他们发现三姑母还在游泳,就连发几枪,见河水泛红,才扬长而去。②

这是杨绛在《回忆我的姑母》一文中对杨荫榆死难情形的记载,现场感很强。不过,当时杨绛不在国内,正在英国读书,以上文字内容显然取诸于亲朋之间的口传。

  许多年来,记叙杨荫榆死难情状的文章很多,而其中的许多细节,

---

① 苏雪林:《悼女教育家杨荫榆先生》,《苏雪林文集》第 2 卷,第 383 页。
② 杨绛:《回忆我的姑母》,《杨绛全集》(2),第 166—167 页。

各家所记却有着不小的差异。现摘录几篇——

一是屈彊(字弹山)的《记杨荫榆女士死事状》。此文刊于1947年6月15日《锡报》和《国防月刊》1947年第2卷第4期。文曰:"……方虏兵入吴,搜索财物,掠夺妇女,女士见辄怒詈,或诉于其长官,虏兵大憾之。一日晨妆未竟,忽有二虏兵诣室,胁之行。未数武,二虏出凶器自后击毙之,弃尸平门外城沟。有识之者,曰此杨女士尸也,始收殓之。"作者交代,上述情节是王佩诤的夫人薛氏向他叙述的。

二是无锡籍诗人杜兰亭的长诗《哀榆曲》。《哀榆曲》序云:"吾邑杨荫榆女士,卜筑苏州,敌酋占其居,杨不服,竟遭残杀。侯先生病骥为文记之,吾又于吴先生迅如处闻悉杨平生行事,有感其人,为作《哀榆曲》。"诗中有句云:"城市山林小筑新,鹊巢自古恨难伸;飞飞一对堂前燕,犹向当筵觅主人。旧主杨家女学士,军门怒去争情理;捋须虎口语铮铮,却得胡酋声唯唯。奴隶如何有主权,回头性命片时捐;淙淙桥下清波浅,凄咽声嘶说可怜。铜驼荆棘悲如许,彤管何人传烈女?白发侯生洒泪书,空垅吴季伤心语。"文中提到的侯病骥(名鸿鉴,字保三,号病骥)记杨荫榆之死的文章,目前不见存世。这首《哀榆曲》的序言及诗的正文,都说杨荫榆是因为自己的住房被日寇强占,据理力争,因而惨遭杀害。前四句用鸠占鹊巢的典故,点明杨荫榆的房舍被日寇强行占据,后八句描述杨荫榆前去军营据理力争,日寇佯装答应她的要求,却将她骗到吴门桥上,从背后开枪,然后将她踹入冰冷刺骨的河水中。杨荫榆身受重伤,尚自扑腾,兽兵又连开数枪,致使杨荫榆顷刻殒命。

三是俞啸泉的记录:"草桥中学教员杨荫榆女士,家住盘门城内。一日有日兵叩门,启之入,势汹汹,意在财物。女士谙日语,知非畜语可遣,只得听其劫掠。次日走告其部队长官,长官耻纪律之不肃也,不免加以训责。该兵被训责后,不自悔悟,转愤女士之递泄其事,即觅女士枪杀之。"①俞啸泉是苏州知名文人。1937年冬,日寇占领苏州,俞啸泉亲历痛事,有《抗日时期苏城沦陷记》。关于杨荫榆死难情状的描述,即取自该手稿。文中的"草桥中学",就是苏州中学的别称。

四是苏雪林写于抗战时期的《悼女教育家杨荫榆先生》一文。文中说她接到一位旧同学从桂林寄来的信,信中叙及杨荫榆"办了一个女子补习学校,苏州危急时,有家的女生都随父母逃走了,还有五六个远方来的学生为了归路已断,只好寄居校中。荫榆先生本可以随其亲属向上海走的,因要保护这几个学生,竟也留下了。'皇军'进城,当然要照例表演他们那一套烧杀淫掳的拿手戏。有数兵闯入杨校,见女生欲行非礼,荫榆先生正言厉色责以大义,敌人恼羞成怒,将她乱刀刺死"。后来,苏雪林从另一个朋友那儿听到,杨荫榆"是真死了。不过并非死于乱刀之下,而是死于水中。是被敌军踢下桥去,又加上一枪致命的"。②苏雪林文中提到的"一个女子补习学校",就是二乐女子学术研究社,提到的"亲属",就是杨绛的父母。

五是现代音乐理论家廖辅叔的《关于杨荫榆之死》一文。廖曾向其同事曹安和打听杨荫榆死难的情况,曹对他转述了从自己父亲那里听到的说法:1937年日本侵略军占领苏州之后,奸淫抢掠,无恶不作。有一天杨荫榆在街上看见日本兵行凶杀人,她忿然上前干涉,日本兵蛮不讲理;于是她跑进了日本的指挥部,要求其官长制止这种野蛮的行为。"到她从日军指挥部出来之后,日本兵立即追上去,把她乱刀捅死了,并把她的尸体投到河里去。"曹安和,无锡人氏。当杨荫榆执掌女师大时,曹安和正在该校音乐系就读。在"女师大风潮"中,音乐系的学生保持

---

① 张英霖:《关于杨荫榆殉难的一些情况》,《苏州文史资料》第16辑,政协苏州市委员会文史资料研究委员会编,1987年,第48页。
② 苏雪林:《悼女教育家杨荫榆先生》,《苏雪林文集》第2卷,第382页。

了中立。

六是包天笑听杨荫杭的转述。包天笑抗战期间在上海与杨荫杭屡有交往,听杨荫杭说:"那个时候,已在日寇侵袭时期了,荫榆在苏州的一家邻居,为日寇所强占。荫榆仗义执言,说她可以向日本领事馆去代他们控诉,因为她留学日本多年,可以说日语。老远的跑到盘门外青阳地日本领事馆,向之责问,领事很客气,说定要查办。回来走到高高吴门桥上,谁知有人蹑其后,一个日兵,一脚把她踢下吴门桥死了。越数日,我在公园又遇见补塘,他对我只说了四个字:'我的阿妹……'已泪如雨下,泣不成声了。"①

七是一位名叫吴勤生的作者,在他写的《杨荫榆史料补遗》一文中,曾引述了一些杨氏亲友的说法。其中杨绛的弟弟杨保俶说:"在日寇进驻苏州后,日兵奸淫掳掠,无恶不作,三姑母曾到宪兵部抗议,指控某某士兵暴行。据说,被控士兵受到了长官的惩罚,又一次,几个日兵抓了一些妇女,欲行非礼。一些妇女逃到我姑母家,日兵追到姑母家。我姑母为保护同胞,与日兵交涉并痛骂其无耻。此后,于一九三八年初,日兵把我三姑母押到盘门外桥上,说他蔑视皇军,把她枪决。"杨荫榆姐姐杨荫枌的继女杨培玄说,杨荫榆是因为不肯出任维持会的伪职,被日本宪兵队逮捕,并被押至苏州盘门外城河边枪杀。其中杨保俶的说法与苏雪林相似。

八是有一位名叫张英霖的作者写的《关于杨荫榆殉难的一些情况》一文,叙及有一名吴兆奇者,是杨荫榆的学生,并和杨住在"贴隔壁"。吴兆奇在和哥哥、姐姐一起回忆后,曾写了一个材料给该文作者。材料中说:"1937年11月上旬,因对日作战情势日紧,我们全家均迁至乡间

---

① 包天笑著、刘幼生点校:《钏影楼回忆录 钏影楼回忆录续编》,第393页。

避难,只留下自幼带领我的保姆薛妈和一个男佣工老杜看守家园。11月中旬苏州快沦陷时,城内更加混乱。杨荫榆因独身一人,就临时住到我家来,以便有人作伴。日军进城后,对居民骚扰甚烈,亦到我家来翻箱倒箧,抢走财物。我五哥兆基房中一张长沙发已被日军抬至大门口,后由杨与日兵说理,日兵理屈无奈,又将沙发搬了回来。之后杨荫榆又到城外日驻军处苏纶纱厂,找日军头目谈附近日军扰民事,大约后来日军头目对部下有所申斥约束,而肇事的日兵由此对杨怀恨在心。几天后来了几个日兵,声称城外日军头目要杨马上去谈一谈,杨在胁迫下不能不去,同时又心存疑惧,便一再要薛妈陪其同往,薛妈便和杨一起去了。走到吴门桥顶,日兵突然举起手持的枪刺,将杨挑落桥下,随又朝其开了几枪,杨坠河中即刻殒命。"①吴兆奇兄弟姐妹虽然当时不在现场,但杨荫榆被害的最初因由,却与吴家财物被抢有关。所以,上文中的记叙,可信度应该是比较高的。

图30 苏州吴门桥,杨荫榆遇难处

---

① 张英霖:《关于杨荫榆殉难的一些情况》,《苏州文史资料》第16辑,第51页。

一件事情，只能有一种真相。为何各家的记载，是如此的大相径庭？可能是这件事情发生时，其目击者、见证者并不多，对杨荫榆的死因及死难情状，有不少事后推测的成分；再加上众人的辗转相传，于是便演化成了许多种不同的版本，如杨绛就曾说过，这件事情发生时，她正在国外，连她的父亲和二姑母都是事后得知的传闻。不过，可以肯定的是，杨荫榆在强寇面前仗义执言，奋然抗暴，乃至以身殉之，表现了一个中国人的凛凛风骨。

抗日战争胜利后的1946年11月16日，苏州女子师范学校召开了杨荫榆追悼会，远近师友参加的有200多人。经与会者议决，这次追悼会所得收入四百万元，全部用来在苏州女子师范设立"杨荫榆奖学金"，还油印了《哀思录》，以资纪念。她得到了这样的评价："慷慨孤怀，颠危不惑；遑恤身家，唯念邦国，是知识分子在国难期间觉醒并为国捐躯的杰出人物！"

附：伯父、叔父与其他姑母

说完最为"有名"的三姑母，再说说杨绛的伯父、叔父与其他姑母。

关于大伯父，杨绛回忆："父亲有个大哥在武备学校学习，一次试炮失事，轰然一声，我大伯父就轰得不知去向，遗下大伯母和堂兄堂姊各一。"①

杨绛的大伯父名叫杨荫桓，生于1875年，毕业于湖北武备学堂。1901年，他26岁时死于中国近代军工史上一次赫赫有名的事故，且与

---

① 杨绛：《回忆我的父亲》，《杨绛全集》(2)，第102页。

另一位无锡籍名人徐建寅的命运紧密联结。

徐建寅（1845—1901），字仲虎，其父徐寿为中国近代化学先驱。1861年，徐建寅随其父在安庆军械所供职，1875年在山东机器局任总办，1879年出使德、英、法等国进行技术考察，1886年在会办金陵机器局时，采用西法制成新式后膛枪和铸钢，1889年维新变法时任农工商总局督理，后任福建船政局马尾造船厂提调。1900年6月，张之洞调徐建寅到湖北，先总办全省营务，后委办省城保安火药局，负责仿造黑色火药。徐建寅"自造机器，精思仿制，历时三个月，造成洋黑药，试验击力，几与英、德各国所造无异"。又因汉阳炼钢厂、无烟火药厂均经造成，而原定聘请的洋匠久未到位，致使钢药厂无法投产。当时无烟火药比栗色火药更为迫切需要，而制造方法更难。张之洞"焦急殊甚"，特委派徐建寅总办钢药厂，设法仿造。"该道（徐建寅）以大局未定，时事日紧，军火尤为要图，毅然以设法造成为己任，极意研求化学，将强水、酒精、棉花等物，自行配制，本年正月造成无烟药数磅，试验药力颇称充足，惟烧后稍有渣滓。该道复殚精竭思，穷加研炼，于二月初六日手自造成数磅，试验竟无渣滓。"1901年3月31日，"该道在厂监工，亲至拌药房，督同委员、工匠人等拌和药料，不意机器炸裂"，在场的十四人同时轰毙，包括徐建寅和五品顶戴、监生杨荫桓，"尸骸焦烂碎裂，收检不全，惨不忍睹"。"详查失事之由，因机器开关枢纽均在墙外，墙外司机人等未经听明，开机过快，以致机器磨热生火炸裂，致在场员匠人等同遭轰毙。"张之洞上奏清廷，请求徐建寅等"敕部照军营阵亡例从优议恤，以励忠勤"。皇帝朱批："徐建寅等均着照军营阵亡例从优赐恤。"①

不过，对于徐建寅等人的死因，徐氏的亲属一直心存疑虑。其子徐

---

① 张之洞：《为徐建寅等请恤折》，《张文襄公全集》卷五十二，奏议五十二。

尚武在他撰著的《徐氏火药学·自序》中就明确写道:"先公殉难,其事可疑,莫能昭雪。叔父(徐华封)闻信,即取西人造药之法详细研究,制药极佳,并无危险。"徐建寅的姻弟孙景康在他所写的徐氏传记中,暗示其中别有隐情。但是怀疑终归只能是怀疑,事件的真相已经永远湮没在历史的迷雾之中了。

补充一点,无锡历史上第一所新式学校竢实学堂1897年初创之时,杨荫桓为首批教习之一,教练体操。

图31 留学美国时的杨保康

杨荫桓遗下一子一女,女儿名叫杨保康,也写作杨葆康。杨保康生于1895年。父亲早逝后,她与母、弟,赖杨绛之父杨荫杭照顾。1918年,杨保康作为第三届庚款留学生由清华学校选派美国留学。先入韦斯理女子学院,1922年获得教育及植物学士,后入哥伦比亚大学,获幼稚教育及教育硕士。1923年回国,在上海大同大学任教授,后任中央大学区南京女子中学校长,因学潮去职。三十年代起任上海大夏大学附设女子幼稚师范学校主任。后不久进入清华大学,在图书馆任职。其丈夫沈履(沈茀斋)是著名学者,曾任浙江大学秘书长、清华大学秘书长和西南联大总务长,解放后在北京大学任教。钱锺书、杨绛夫妇在1949年北上任教清华大学时,最初就借住在杨保康家。

杨绛的叔父名叫杨荫樾,生于1889年,在兄弟姐妹中排行最末。1899年,杨荫樾进入南洋公学外院(相当于小学)读书,1902年升入中院（相当于初中），1905年从高等预科毕业，升入商务专科。1907年11月，新任总督（校长）唐文治停办商务专科，13名学生肄业。包括杨荫樾在内的五名优秀学生被派赴美留学。"本校选派大学生出国留学，自此始。"①杨荫樾进入威斯康辛大学商业经济科就读，获硕士学位。据《鸿山杨氏宗谱》载，杨荫樾在回国后任江苏省公署统计科科长、江苏审计处科长。那么，此后他又去往何处任职呢？从零星的资料可以得知，杨荫樾后来曾在北洋政府的农商部和交通部任职。1915年6月14日，农商部长周自齐饬准办事员杨荫樾"辞差"；②1916年7月27日，因为"久不到署"，杨荫樾被交通部"开除"。③

何以"辞差"，又何以"久不到署"？原因不详。杨荫樾被交通部"开除"之时，正是许世英在交通总长任上。1917年5月，许世英因涉嫌津浦路租车购车案而被迫辞职，辞职后的第二天，即被时任京师高等检察厅长的杨荫杭下令拘押。

此一事件爆发后，社会上传言四起，纷扰一时。这在前文已经叙述。其中有人将此事与一年前的杨荫樾被"开除"联系在一起。《顺天时报》有一篇社评，这样写道："闻其远因，杨荫杭在江苏厅长任，因受有司法总长警告之令斥；近因其弟杨荫樾裁撤办事员之挟赚，居然勾摄监禁人。"④

与其兄杨荫杭一样，杨荫樾善于思辨和写作。1913年8月上海神州编译社发行的不定期刊物《神州》，他为主要撰稿人之一。1914年，旨

---

① 霍有光、顾利民编著：《南洋公学—交通大学年谱》，陕西人民出版社2002年版，第30页。
② 《政府公报》第1133期，1915年7月4日。
③ 《政府公报》第208期，1916年8月2日。
④ 《呜呼，司法界之黑暗》，《顺天时报》，1917年5月12日。

在宣传"实业救国"政治思想的《中华实业界》创刊,杨荫樾与实业界巨子张謇、穆湘玥等为主要撰稿人。

对于叔父,杨绛也有简短的回忆:"我叔叔在美国学统计,学成回国,和订婚多年的婶婶结婚,在审计院工作。不久肺病去世,遗下妻女各一。"①查阅民国时期的报刊资料,1921年的《东方杂志》和《民心周报》上尚有他的文章,此后就不再有署名文章。看来,杨荫樾正是这一年因病去世的。这一年,他才32岁。

除了杨荫榆以外,杨绛还有两位姑母。"我父亲兄弟姊妹共六人。大姑母最大,出嫁不久因肺疾去世。……听说我的大姑母很美,祖父母十分疼爱。"②杨绛的大姑母名叫杨荫枰。

杨绛在《回忆我的姑母》一文中,对二姑母杨荫枌也多有着笔。杨荫枌,也是一个新型的知识分子。"二姑母上海启明女校毕业,曾在徐世昌家当过家庭教师,又曾在北京和吉林教书。"杨荫枌的婚姻同样不幸,"据我父亲讲,二姑母无声无息地和丈夫分离了,错在二姑母。我听姐姐说,二姑母嫌丈夫肺病,夫妇不和。反正二姑母对丈夫毫无感情,也没有孩子,分离后也从无烦恼。她的相貌确也不美"。③"二姑母(荫枌)和三姑母都比我父亲小,出嫁后都和夫家断绝了关系,长年住在我家。"④

杨绛还写道:"我的二姑父名裘剑岑,是无锡小有名气的'才子',翻译过麦考莱(T. B. Macaulay)的《约翰生传》(*Life of Johnson*)(并有脚注:中英对照,在商务印书馆出版的《英文杂志》(*English Student*)第一

---

① 杨绛:《回忆我的父亲》,《杨绛全集》(2),第110页。
② 杨绛:《回忆我的姑母》,《杨绛全集》(2),第150页。
③ 杨绛:《回忆我的姑母》,《杨绛全集》(2),第151页。
④ 杨绛:《回忆我的姑母》,《杨绛全集》(2),第150页。

卷第一期起连载,后由商务出单行本)。这个译本锺书曾读过,说文笔很好。"①裘剑岑,本名裘锴,字剑岑,生于1889年。毕业于南洋公学。除了《约翰生传》外,还撰有《论女警察》(译十九世纪报)一文,载于《东方杂志》1915年第12卷第5号。其族叔祖父裘廷梁(又名可桴),是中国近代史上提倡白话文的先驱之一,1898年5月创办了中国第一份白话文报纸《无锡白话报》(后改名为《中国官音白话报》。二十世纪二十年代初,新文化运动引发了白话文、文言文之争,裘廷梁提倡白话文,与主张文言文的学者钱基博等反复论争。钱基博,正是钱锺书之父。

有资料表明:裘剑岑与杨荫枌两人自1905年起至1934年间,都曾在侯鸿鉴创办的私立无锡竞志女子学校任教,同为英文教员。②

这里提一下:1903年,侯鸿鉴与顾倬赴日留学,入弘文学院师范科。侯鸿鉴曾得到杨父杨志泳的资助。侯在《继室夏夫人行述》中说:"杨涵修(即杨志泳)先生假余60元,余以30元交冰兰(即夏夫人)作家用,以30元作赴东川资。"③侯鸿鉴回国后先到竢实学堂任教,后来创办了竞志女学。

---

① 杨绛:《回忆我的姑母》,《杨绛全集》(2),第151页。
② 参见《无锡私立竞志女学三十周年纪念刊》,1935年。
③ 李虹岗:《对〈无锡历史名人传·侯鸿鉴〉一文之订正和补充》,《无锡文史资料》第26辑,无锡市政协文史资料委员会1992年版,第232页。

第三章 杨绛:读书时光

幼年季康

1911年7月17日,杨绛出生于北京。杨绛在家排行第四,取名季康。杨绛出生之时,父亲杨荫杭刚从美国留学回国,在北京的法律学堂任教。

此后,杨荫杭先后任江苏、浙江省高等审判厅厅长,年幼的杨绛随着父母辗转苏州、杭州两地。到了1915年,杨荫杭再次来到北京,出任京师高等检察厅厅长。四岁的杨绛,先在贝满幼儿院上幼儿班,后与三姐一起在西单牌楼第一蒙养院上学前班。1917年秋季,杨绛在第一蒙养院学前班毕业,在辟才胡同女师大附属小学上一年级。那时,三姑母杨荫榆正在女师大任学监,杨绛成了众多姐姐那里的"小公主"。

1919年秋冬之际,杨荫杭辞职,全家南归无锡,租住沙巷裘氏宅。杨绛在巷口的大王庙小学上学。大王庙小学很小,只有一间大教室,双人课桌四五直行,学校的四个班级都在这一间大教室里,男女学生大约有八十人。杨绛和两个弟弟是在学期半中间时插班进去的,她原是初小三年级,在这里插入最高班。

杨绛在大王庙小学就读的时间很短,半年后就随父母去上海了。杨绛对大王庙小学的学生生涯曾有回忆,她说:"在大王庙读什么书,我全忘了,只记得国文教科书上有一部是:'子曰,父母之年,不可不知也……','孙光头'把'子曰'解作'儿子说'。念国文得朗声唱诵,称为'啦'(上声)。我觉得发出这种怪声挺难为情的。"①

在启明女校

杨绛在启明的成绩

1920年2月间,9岁的杨绛来到上海,进入启明女校读书。对于这段学习岁月,杨绛在2002年时写有《我在启明上学》长篇散文。在《我们仨》中,杨绛对启明的学习生涯也有至性至情的回忆。

启明女校创办于1904年,校址在上海徐家汇天钥桥南圣母院内,"系天主教会中西女修士所创办,专收教外学生,课以各种应用学科"②,属于小学到中学程度。"程度之高,校风之美术,足为全国模范。"③

杨绛在《我在启明上学》一文中说:"我爸爸向来认为启明教学好,管束严,能为学生打好中文、外文基础,所以我的二姑妈、堂姐、大姐、二姐都是爸爸送往启明上学的。一九二〇年二月间,还在寒假期内,我大

---

① 杨绛:《大王庙》,《杨绛全集》(3),第7页。
② 《申报》,1914年8月20日。
③ 陈荣广:《上海轶事大观》,泰东图书局1942年版,第99页。

姐早已毕业,在教书了。我大姐大我十二岁,三姐大我五岁。"①

图32　启明女校校园

在此之前,她的大姐寿康、二姐同康和三姐闰康,还有堂姐保康也就读此校。二姐杨同康1917年在启明女校读书期间得病去世。

关于大姐杨寿康,杨绛在《回忆我的父亲》中说,"我大姐在上海启明教书,她是校长姆姆(修女)宠爱的高足,一直留校教法文等课",并加脚注:"杨寿康,曾翻译法国布厄端(P. Bourget)《死亡的意义》(商务版,一九四〇年)"。② 在《我在启明上学》中,杨绛还说:"大姐姐毕业时中文第一名,法文也是第一名。参加法语口试的法国公使(那时候没有法国大使,公使就是最高的使官)奖赏她一只长圆形的小金手表,还有能松能紧的表链。大姐姐经常戴着。"③

---

① 杨绛:《我在启明上学》,《杨绛全集》(3),第8页。
② 杨绛:《回忆我的父亲》,《杨绛全集》(2),第124页。
③ 杨绛:《我在启明上学》,《杨绛全集》(3),第23页。

这件事，《申报》也略有记载。1915年7月9日《申报》刊登《启明女校之毕业式》一文，提到杨寿康是在图画预科毕业。1919年12月5日，《申报》之《启明女校游艺会志盛》中，提到杨寿康、蔡文媛、刘龙生三女生的钢琴合奏。这一年，杨寿康以法文中级最优毕业。

杨绛的三姐杨闰康，杨绛回忆早先一直在无锡家乡，后来和她一起在启明读书，于1922年毕业。1922年6月18日《申报》的新闻《启明与沪江两校毕业礼记》中，杨闰康的名字出现在"勤准上课，得到特别奖励"的名单中。

杨绛在启明女校读了三年书，1922年6月毕业。启明女校的成绩，分最优、优等和次优等等。当年6月18日《申报》的新闻《启明与沪江两校毕业礼记》中这么说：

……其毕业生名单如下：……（丙）国民科：罗金铃、丁联珠，以上最优等；郁柔宝、徐文选、秦莲宝、陈琴芳、王彩娟、杨季康、沈佩亚、钱凤英，以上优等；陈素娟、吴福英、张秀娥、……以上次优等。

可见，当年杨绛读的是国民科，以优等毕业。

"酒丐"与劳神父

启明女校是一所教会学校，教师和管理人员大多数由姆姆（修女）担当。杨绛在《我在启明上学》一文中，用较大笔墨描绘了礼姆姆（法国人，校长）、列姆姆（苏格兰人）、依姆姆、珍姆姆等的情状，"另外有五六位女教师，还有一位男老师，他就是白胡子邹先生，全校惟一的男人"。[1]

---

[1] 杨绛：《我在启明上学》，《杨绛全集》(3)，第23页。

"她聘请的邹先生是一位上海名士,五十年前,我还曾在何其芳同志的文章里见到他的名字,现在已看不到有谁提起他了。我只记得他别号'酒丐',他的名字,连我这个做过他学生的也记不起了。"①

那么,这位邹先生到底是谁呢?

他名叫邹弢,字翰飞,号酒丐,又号潇湘馆侍者、瘦鹤词人,晚号守死楼主,1850 年生,无锡县后宅人氏。先后任《申报》、《益闻录》等报刊编辑,仿《聊斋志异》笔调,著《三借庐笔谈》、《浇愁集》、《蛛隐琐言》等,在上海报刊上连续刊载,风靡一时。后辗转陕西、湖南、山东、北京,任幕府记室,戊戌政变几被株连,避居教堂才得幸免。从此以后不问政事,在启明女校任教达 17 年之久。当时上海教会学校都是用法文课本,唯有国文用中国课本,如四书五经之类,邹弢在校期间编著一套新的国文教科书,统一运用于教会学校。

邹弢是《红楼梦》老一辈研究者中的核心人物。他将曹雪芹的籍贯锁定为江苏,并认定是无锡人。杨绛在回忆录中写到"五十年前,我还曾在何其芳同志的文章里见到他的名字"。那么,何其芳在哪篇文章提到了邹弢呢?

1956 年,何其芳写下了著名的《论〈红楼梦〉》。这篇文章洋洋数万言,是其多年《红楼梦》研究的成果。在这篇文章中,何其芳引用了这样一段文字:

> 许伯谦茂才(绍源)论《红楼梦》,尊薛而抑林,谓黛玉尖酸,宝钗端重,直被作者瞒过。夫黛玉尖酸,固也,而天真烂漫,相见以天,宝玉岂有第二人知己哉?况黛玉以宝钗之奸,郁未得志,口头

---

① 杨绛:《我在启明上学》,《杨绛全集》(3),第 33 页。

吐露，事或有之。盖人当历境未亨，往往形之歌咏。《诗》三百篇，大抵圣贤发愤之所为作也。圣贤且如此，况儿女乎？宝钗以争一宝玉，致矫揉其性。林以刚，我以柔，林以显，我以暗，所谓大奸不奸，大盗不盗也。书中讥宝钗处，如：丸曰冷香，言非热心人也；水亭扑蝶，欲下之结怨于林也；借衣金钏，欲上之疑忌于林也。此皆其大作用处。况杨国忠三字，明明从自己口中说出，此皆作者弄狡狯处，不可为其所欺。况宝钗在人前，必故意装乔；若幽寂无人，如观金锁一段，则真情毕露矣。己卯春，余与伯谦论此书，一言不合，遂相龃龉，几挥老拳，而毓仙排解之。于是两人誓不共谈《红楼》。秋试同舟，伯谦谓余曰："君何为泥而不化邪？"余曰："子亦何为窒而不通邪？"一笑而罢。嗣后放谈，终不及此。

这段文字正是引用于邹弢的《三借庐笔谈》（清光绪七年刊本）。所叙述的是邹弢的亲身经历，读来有趣，说：邹弢和许伯谦（绍源）是一对好朋友，他们都阅读了《红楼梦》这部小说，并对之爱不释手。许伯谦崇拜薛宝钗而贬抑林黛玉，是彻头彻尾的"薛迷"。他批评黛玉太过尖酸，认为不如宝钗的端重。邹弢欣赏林黛玉，是林忠实的"粉丝"。他认为黛玉固然有一些尖酸的表现，但天真烂漫，心地也非常善良，不似宝钗那么有心计。一天，邹弢和许伯谦两人会面了，寒暄不久，不知不觉又谈论起《红楼梦》。意见不合，两人就争执起来，甚至互相谩骂，进而几乎挥动老拳，后来还是另一朋友毓仙才把他们劝解开。从此以后，两人绝不共谈《红楼》。

两位老朋友，在钗黛孰优孰劣的问题上，产生分歧竟然互不相让。看得出，他们就像我们今天的许多影迷、戏迷、歌迷一样，也是如此的疯狂，为捍卫自己崇拜的偶像，失去了应有的理智，做出如此迷狂的举动。

图 33 启明女校校舍

图 34 劳神父

在启明上学期间,杨绛还结识了劳神父。"我在启明上学时,大姐姐带我去看劳神父,他就和我讲有趣的故事,大概这就是他的休息。"①已过 90 岁高龄的杨绛,还写了《劳神父》一文,讲述了劳神父所传递给她的那份由信仰而来的慈悲关怀,一直在影响着她的生命。后收于《走到人生边上——自问自答》。

这位劳神父(Aloysius Froc)是法国传教士,洗名类思(Lonis),中文名

---

① 杨绛:《走到人生边上》,《杨绛全集》(4),第 228 页。

为劳积勋。1883年来华,入徐家汇天文台,为台长的助手。1887年回法国修习天主教教义及数学,并在当地天文台实习。1895年回上海,次年12月接任徐家汇天文台台长。1926年2月,因身体原因辞去台长职务,1929年回到法国。掌管徐家汇天文台30年,所著有关中国海洋水文著作,曾被法国海军部水文地理部出版,作为法国海军在远东航行的指南。

"小鬼"好友

据吴学昭的《听杨绛谈往事》讲,"阿季十岁上结交的小鬼朋友朱书清,在阿季转学苏州后还互相通信,直到1949年春上海解放前夕,有一天,两人在霞飞路上碰见,这位当年的启明小友,附在阿季耳朵上对她说:'我得走了,我的boss是董显光。'两人这才失去联系。"①

杨绛十岁时,正在上海启明女校读书。

"我的boss是董显光",对于普通读者来说,可能不解此句内涵。这其中就牵涉到中国抗战秘密战线的往事——

1937年七七事变后,日本大举进犯中国。为了应对严峻的形势,争取世界舆论的同情,国民政府决定设立国防委员会第五部,主管宣传,部内下设国际宣传处,作为战时国际宣传政策的执行和管理机构。在1937年到1945年的八年时间里,国际宣传处负责国统区的抗日对外宣传、外国记者的管理以及外电的审查。第一位主持人正是董显光。董显光,1887年生,浙江奉化人,是中国最早的留美新闻学子,先后毕业于密苏里新闻学院和哥伦比亚新闻学院。二十年代归国后曾在北平、天津办报,后移师上海主持《大陆报》,三十年代接受政府委任主持外电检查处(国际宣传处前身)。该处最初只有四人,精通俄文、法文的朱书清

---

① 吴学昭:《听杨绛谈往事》,第55页。

就是这四人之一。该处实行严格的军事化管理，致力于揭露日军的凶残，宣扬抗战英雄事迹，特别是成功地向国际社会揭发了南京大屠杀的真相，在中国当代新闻史上留下了特殊的痕迹。

在振华女校

1923年，杨荫杭全家迁居苏州，杨绛与三姐杨闰康又一同进入振华女校读书。

当时杨绛的父亲让杨荫榆给自己的女儿推荐学校，最开始她推荐的是自己的母校——景海女中。但恰巧杨荫榆去振华女子中学讲演，觉得振华女校在办学和学风上更好，杨绛从此就进入了振华女校。

苏州振华女子学校创办于1905年。王谢长达与友人陈星昭、蒋振懦等人捐募千余元在苏州严衙前东小桥创办女子学堂，以"振兴中华"为办学目的，定校名为"振华"，王谢长达任校长。翌年，增设简易师范科，培养小学师资。1912年，简易师范科并入省立第二女子师范学校，校址也迁到了十全街王宅，又增设了幼稚师范科。1926年10月，王谢长达以年老为由卸任校长一职，由其三女王季玉接任校长职务，由王佩诤任副校长，实施新教育，并推举长女王季昭专门办理学校内部事务。王季玉、王季昭都有留学背景，学成回国后献身于女子教育事业。其中王季昭先期留学日本，是与杨荫榆一同被两江总督端方选派的。

振华女校是私立学校，设有校董会。校董会成立于1920年12月，主要负责征集学校的建设资金。章太炎、蔡元培、李根源、叶楚伧、竺可桢、王佩诤、许博明等都曾经担任过校董。杨荫杭以及无锡同族兄弟、实业家杨翰西，还有女婿何德奎也列名其中。

图35　1927年在苏州老宅内拍的全家福。七妹杨桼、八妹杨必站立母亲两旁，小弟保俶站在父亲身边。后排左起为三姐闰康、杨绛、大姐寿康和大弟宝昌。

当年的振华十分破旧，对于见过"世面"的杨绛姐妹来说是很难接受的，像上海启明女校那样的基督学校设备设施和办学条件都是十分优越的，不过在后来的读书过程中，杨绛慢慢发现了属于振华的优势，让她一生受益。2005年，当苏州市第十中学（振华女校即其前身）的师生拜访她时，她说："季玉先生办学有方，想方设法延聘名师来校任教，教科书采用外国教科书最新的版本，学业成就是一流的，学风朴实务实。"①

---

① 柳袁照：《我们的杨绛》，《西花园的雨》，唐岚主编，文汇出版社2013年版，第176页。

图 36　振华女校校门

读书时候的杨绛便与众不同,有着"清水芙蓉"的性格,文笔的功力也初露锋芒。1927年振华女校推出了《振华女学校刊》,在第一期中就有杨绛的五言古诗《斋居书怀》:"松风响飕飕,岑寂苦影独。破闷读古书,胸襟何卓荦。有时苦拘束,徘徊清涧曲。俯视溪中鱼,相彼鸟饮啄。豪谈仰高人,清兴动濠濮。世人皆为利,扰扰如逐鹿。安得傲此游,翛然自脱俗。染丝泣杨朱,潸焉泪盈掬。今日有所怀,书此愁万斛。"又《悯农诗》:"日出荷锄作,日暮归家中。间立柴门外,叙话数老翁。年年收成薄,无以度残冬。苦耕了一世,何岁免饥穷。鸟类一饮啄,较吾或犹丰。今年复明年,嗷嗷皆哀鸿。世事舟移壑,天道太不公。"对于一个十六七岁梦幻年纪的少女来说,能有这样淡泊明志和悲天悯人之心实属难能可贵。

记章太炎谈掌故

1926年,杨绛上高中一、二年级的暑假期间,章太炎来苏州作演讲,主要是谈掌故。当时台上有五个人作记录,一位是王佩诤,一位是金松岑,两位国文老师,另一位就是杨绛。王佩诤和金松岑都是当时名士,前者还是振华女校的副校长兼教务长。杨绛坐在台上,迟到了。章太炎演讲时,杨绛一句话也听不清楚他说什么,看着章太炎,只是傻傻地坐在台上,也不动笔。第二天,苏州报上登载一则新闻,说章太炎先生谈掌故,有个女孩子上台记录,却一字没记。

杨绛后来回忆道:"我出的洋相上了报,同学都知道了。开学后,国文班上大家把我出丑的事当笑谈。马先生点着我说,'杨季康,你真笨!你不能装样儿写写吗?'我只好服笨。装样儿写写我又没演习过,敢在台上尝试吗!"①杨绛在《记章太炎先生谈掌故》一文中对此事有很详细的记载。

章太炎到苏州演讲,是应一个名为平旦学社的学术团体的邀请。杨绛回忆:"我校教务长王佩诤先生办了一个'平旦学社'(我不清楚是否他主办),每星期邀请名人讲学。"从《苏州明报》的报道看,平旦学社的最初创始人是张一麐和李印泉两位耆儒。"平旦之意,取讲学之时均在每日黎明。"②

平旦学社创办于1926年夏,甫一成立就显示出与众不同的学术特色,遍邀国内著名学者到苏州演讲。从《苏州明报》的报道来看,从7月19日到8月28日,六周时间举办了28场演讲,每场演讲一般由两名学

---

① 杨绛:《记章太炎先生谈掌故》,《杨绛全集》(3),第63页。
② 蒋吟秋:《平旦讲学记》,《沧浪》,受古书店1928年版,第80页。

者主讲。7月19日首场演讲由张一麐、朱稼秋担纲。章太炎的演讲，与王季昭安排在8月28日的最后一场。据蒋吟秋《平旦讲学记》一文记载：章太炎来苏演讲，颇费周折。当时，正值酷暑，加之苏州地区爆发了时疫，所以当书社排定日期相邀之时，他却以惮暑屡屡延期。"太炎先后计有两书到苏，第一书中有'此时酷暑逼人，又有时疫，竟不能动，如得雨阴凉，当荷蓑戴笠以趋也。老夫耄矣，谅之'等语，第二书中又有'若天赞我行，必降澍雨，当巾我柴车也'云云。于是章之来苏，遂与天之降雨发生连带之关系。"到了18日晚，果然大雨倾盆，暑气顿消。19日中午，章太炎抵苏，确定此后两日为讲学之期，"平旦讲期只此两日，即将终止。"①

章太炎讲学之日，"是日到者，座为之满，迟到者几难容膝，实为六周以来所未有，足征号召力之大"。那一天，"章御白夏布长衫，手执大蒲扇，短视而微髭"。"台上速记列五席之多，亦为前次所不及。"②由五人作纪录，这与杨绛的回忆是相同的。

那么，章太炎讲了什么内容？"首谓文学重气节。明末清初，顾亭林先生之文学，为后世所推崇，亦以其气节耳。后人文章或能及之，而节操品概，往往不逮远甚。即如古人扬雄、韩愈，其文章虽好，而一则崇拜王莽，为当时帝王所雇用，志气消沉，一则重视富贵利禄，乞怜求援，廉耻丧失，气节皆不高超也。""次谓昔之黉舍，所以造就人才；今之学校，则凡所教授仅为吃饭地步耳。其实吃饭与学文另一问题，彼粗莽工人不需学问，而亦能吃饭，故吃饭、学问未可混为一谈也。又谓今之学校，往往沾染邪说流言，仿佛吸食鸦片，流毒何堪设想；但戒鸦片后，亦

---

① 蒋吟秋：《平旦讲学记》，《沧浪》，第81页。
② 蒋吟秋：《平旦讲学记》，《沧浪》，第82页。

须道之以正当之学，否则吃烟时身弱，其害仅损其志气，戒烟后体强，则杀人效火，不可不防，其祸殃及社会矣。""末谓古来豪杰之士，未必尽有学问，如唐之房杜，为一代名相，而读书可必其无多。读书多而能行善政者，实属无多；且读书亦不在多，而在能知用，所谓知行合一也。学问之博，浩如烟海，书籍之多，数比恒沙，而欲求其简单直捷、切实扼要者，惟有《论语》一部，即半部或数则亦无不可著。《论语》一书，仿佛军中之口号，取其简要纲领也。政体今古不同，社会随时变迁，而《论语》为活从之论，可以活用无尽。今日所讲，无所贡献，敢即以半部《论语》为赠。"①

后来，陈独秀读到了章太炎此次演讲的报道，针对其中有关"气节"的内容，写下了《好一个有节操的章炳麟！》的短文，发表在1926年10月12日第175期《向导》上。这篇文章只有区区四百余字，陈独秀在文中并不是在褒扬章太炎的节操，而是大大地嘲讽章氏"荣任筹边使大摆勋章""为区区一千元替孙传芳摇旗呐喊"之类无节操的表现。②

关于章太炎演讲的日期，《平旦讲学记》记为8月20日，而《苏州明报》记为8月28日，应该以《苏州明报》为准。

杨荫榆，也是应邀演讲学者之一，原定演讲日期是8月16日。但"杨女士因事仍不能出席，改由王佩诤演讲国学门径"。③ 此时，杨荫榆刚因"女师大风潮"辞职南归，尚处于"疗伤"之时。可能因为心理阴影的缘故，她以"事多"为由婉拒了演讲邀请。遍览《苏州明报》的新闻，直至学社演讲活动结束，也未见到杨荫榆登台演讲的消息。

杨绛说"我出的洋相上了报"，那么报纸对她的"洋相"又是如何报

---

① 蒋吟秋：《平旦讲学记》，《沧浪》，第82—83页。
② 胡明编：《陈独秀选集》，天津人民出版社1990年版，第212页。
③ 《苏州明报》，1926年8月17日。

道的呢？8月29日《苏州明报》的一则消息《平旦学社散学志盛》记录了章太炎讲学的情状。但由于年代久远的缘故，苏州图书馆所藏此份报纸下半部已经残缺，此则消息的内容不全，未有有关杨绛"洋相"的内容。但从《苏州明报》对平旦学社演讲活动的历次报道来看，此类消息比较正统、严肃，应该不会有此类内容。或许，杨绛"洋相"另有"花絮"报道发表，可惜因为报纸的残缺，而无法让今人一观究竟。

杨绛当年虽然只是一名学生，但古文功底也非如今一般国文老师堪比，故而学校委以记录的重任。但面对章太炎的天马行空，她只字未记，又可见章太炎的掌故之冷僻之艰涩。章太炎讲课之艰涩难懂，倒另有记载。

那是在1933年3月章太炎到无锡国专讲学。当地报纸有过报道："章先生为浙江余姚人，乃有清俞曲园先生之门徒，对于经学、法律及释氏诸学，尤所擅长。演讲时，语音甚低，又以缺齿关系，开口微有走风，兼之绍兴国语，故坐位稍远者，颇难辨别。章先生讲话，频吸纸烟，又时饮茶，遇有人名之生冷者，辄即起立粉笔书之黑板。一次，误以纸烟当粉笔，遽向黑板上写，听者咸不觉报以一笑。"①

杨绛在回忆中提到的国文老师马先生，名叫马介之，是金松岑的学生，当时在振华女校、东吴大学附中教课。马介之十分喜爱杨绛这位黠慧的学生，杨绛在他的教导下成为国文尖子。《振华女学校刊》刊登了杨绛的五言古诗《斋居书怀》与《悯农诗》，其中应该有马介之的指导之功。在《听杨绛谈往事》一书中，杨绛还回忆了这位马先生的一件轶事：国文课上，马先生讲胡适的《哲学史大纲》，"白马，非马也。"杨绛故意说："不通，就是不通。假如我说'马先生，非人也'，行吗？"马先生立即

―――――――
① 《章太炎讲学琐记》，《新无锡》，1933年3月14日。

回敬:"杨季康,非人也;杨季康,非人也。"①

从振华女校转入东吴附中的费孝通,同样从他那里获益非浅。费孝通晚年回忆:"当时最重要的是三门课,国文、英文和数学。我们有很强的师资队伍,那是不容易的。国文老师马介之,早已故世了。他是金松岑的学生,我也跟他学过一段时期。"②马介之要费孝通多读龚自珍诗文。1927年夏,费孝通荣获学校评出的"国文猛进奖"第一名,他的名字被刻在了一个象征策马猛进的银镫上,这使他在接连发表作品之外受到了又一份鼓舞。费孝通因此而产生了倾向于文学的志向。

在杨季康毕业三年后,又一届学生从从振华女校毕业。在这一届学生所编印的《二十级毕业刊》上,就是由马介之和苏雪林分别作序。

当伴娘

1927年春,三姐杨闰康结婚,还在振华女校读书的杨绛做了一回伴娘。

关于杨闰康订婚、结婚,《申报》分别在2月15日、5月13日、5月26日刊登过三则简讯。

杨闰康当年22岁,丈夫名叫何德奎,31岁。"何君字中流,初毕业于北京大学,民国六年以第一名官费生赴美留学,毕业于威斯康辛及哈佛大学,得有商科硕士学位,并曾任太平洋会议中国留美学生代表。现除任光华商科主任外,并兼任大同大学教授。"③"何君为浙江金华望族,杨氏为无锡世家,何君在美国哈佛大学毕业,得商科硕士学位,曾任太

---

① 吴学昭:《听杨绛谈往事》,第47页。
② 《费孝通校友的讲话摘要》,《燕大校友通讯》第十八期,1994年7月。
③ 《申报》,1927年5月13日。

平洋会议代表，人极干练。"①这是《申报》对何德奎的报道。何德奎，1896年出生，浙江金华人。结婚以后的1931年，以公共租界纳税华人会秘书身份入工部局总办处任帮办，1936年升任副总办，负责工部局华人事务及卫生、教育和人力车问题，为工部局中为数极少的华人高级职员。抗战胜利后，1945年11月至1946年5月任上海特别市副市长。1946年5月至1947年11月任上海特别市秘书长。1949年上海解放前去香港办苏浙公学。1974年回沪定居，1977年任上海市政协委员，1983年去世。

《申报》的报道，称杨闰康"为前北京高等检察厅厅长杨荫杭君之女公子，上海启明女学及苏州振华女学高材生，才华既富，貌尤秀丽云"②，"系上海启明女学及苏州振华女学高材生，年华正富，貌极秀丽"③。

在苏州举行的订婚仪式上，两家的亲戚朋友十七八人聚在一起，在庙堂巷杨家花园拍了一张大合照。

照片上，坐在最中间的就是两位新人何德奎和杨闰康。第一排最右边的就是16岁的杨绛，梳着齐耳短发，带着珍珠项链，又优雅又时髦，一副大家闺秀的样子。一排左起第四位就是杨荫杭。坐在杨荫杭右手边的就是何德奎的堂叔何炳松，"何氏三杰"之一，是与梁启超齐名的"中国新史学派奠基人"，抗日战争时期任暨南大学校长十年，被誉为"最富民族气节的民主治校的教育家"。后排右起第四位是杨荫榆。在这张照片中，杨荫榆的穿着得体大方，不像杨绛回忆文章中所讲述的那般奇形怪状。

关于杨闰康订婚和结婚的日期，杨绛在生平大事记中记为："三姐

---

① 《申报》，1927年5月26日。
② 《申报》，1927年5月13日。
③ 《申报》，1927年5月26日。

图 37　何德奎、杨闰康订婚仪式上家人、宾客合影

(1927年)12月间订婚",(1928年)"4月春,三姐结婚,我做伴娘"。而据《申报》报道,两人订婚是在1927年5月12日之前的某一天,5月16日在苏州庙堂巷65号举行结婚典礼,由张一麐或江苏高等检察厅长周心约(两次报道不同)证婚。然后于5月24日又在上海南京路大东旅社摆喜筵,遍请沪上名人。

特殊的"女同学"

杨绛在振华读书时,有一位特殊的"女同学"——费孝通。

费孝通,1910年11月出生于江苏省吴江县。1920年,10岁的费孝通随全家迁至苏州,进入振华女校读书。"当时上女校,是因为我小时候身体多病,这个学校是妈妈的朋友开办的,她叫王季玉,是美国留学生。我从小学就开始学习英文,是由王季玉亲自指教的,那是一个私立学校,是按照教会学校的方式开办的。""在振华女校读到初中一年级,就到东吴大学第一附中上学,我的童年就到这里为止。"①

1923年,费孝通升入了该校附中。振华女校附小是男女同学,但中学只收女生,所以费孝通成了中学唯一一名男生。这样,他与杨绛等一干女生成了同学。

吴学昭的《听杨绛谈往事》里,谈到了他们早年相识的情景:

> 阿季初入振华,苦于没有玩伴。上课时间还好,下午四点以后自由活动,同学们喜欢在寝室扎堆儿说闲话:谁家小姐受聘礼了,翡翠有多绿,珍珠大而圆……阿季听着无聊。学校操场不大,设施不多,地面薄薄铺上一层沙土,翻筋斗都嫌硬。操场沿墙沙子厚些,却多猫屎,没法玩儿。起先她跟与她差不多大的费孝通玩过几次游戏,可是没劲,他呆头呆脑,女孩常玩的游戏什么也不会,就不再找他玩儿了。阿季用树枝在沙地上给他画过一个丑像:胖嘟嘟,嘴巴老张着闭不拢。使劲问他:这是谁?这是谁?费孝通只憨笑,不作声。②

杨绛在晚年之时还回忆起费孝通在体操课上的一段趣事。上体操课时,因为杨绛个儿最小,排在靠队尾,费孝通因为是男孩,排在最后。老师教大家跳土风舞,双人跳的时候需挽着舞伴的胳膊转圈,费孝通不肯跳,杨绛就说,你比我高,排前面去。③

---

① 费孝通:《全球化与文化自觉:费孝通晚年文选》,外语教学与研究出版社2013年版,第292页。
② 吴学昭:《听杨绛谈往事》,第43—44页。
③ 柳袁照:《我们的杨绛》,《西花园的雨》,第178页。

很快,费孝通不想再做"女学生"了,于1924年转入苏州东吴大学第一附属中学就读,四年后的1928年,费孝通考入东吴大学医预科。

同一年,杨绛也考入东吴大学,两人又成了同学。或许从那时候起,费孝通似乎就爱上了杨绛。吴学昭在《听杨绛谈往事》里写道,东吴许多男生追求杨先生,费孝通对他们说:"我跟杨季康是老同学了,早就跟她认识,你们'追'她,得走我的门路。"①费孝通背后的小算盘乃是阻止其他男生追求杨绛而已,爱情永远具有排他性。可惜,对于费孝通的爱慕,杨绛似乎一直无动于衷,诚可谓是"落花有意,流水无情"了。

不过,那时,杨绛与费孝通在学说上还是有交流的。杨绛回忆:"年轻时曾和费孝通讨论爱因斯坦的相对论,不懂。"②

> 1930年,杨绛读二年级第二学期时,校方偶查得塞在某处的一份名单,开除了一批不知什么政治倾向的人,据说与共产党无关。费孝通胆小,怕受牵连,自己忙转到北平燕京大学去了。③

这是吴学昭《听杨绛谈往事》中对费孝通从东吴转学燕京一事所作的描述。吴学昭将转学贸然地说成是对方的胆小怕事之举,似乎有不够严肃之嫌。

据张冠生《乡土足音:费孝通足迹·笔迹·心迹》一书所记:"一九二九年,一件小事引发了他们和学校当局的冲突。一个校医在口角中动手打了一个同学,学校当局袒护校医,学生愤极而罢课。后来校方要

---

① 吴学昭:《听杨绛谈往事》,第44页。
② 杨绛:《坐在人生边上——杨绛先生百岁答问》,《杨绛全集》(4),第354页。
③ 吴学昭:《听杨绛谈往事》,第66页。

开除学生会的闹事者,费孝通也在名单上。他平时专业成绩优异,一向被教师称许和爱护,这使费孝通实际上免遭开除,只是被令转学。这一转,转出了费孝通人生经历中的一大转折。"①

　　费孝通在东吴大学学的是医学专业,进入燕京大学后却选择了社会学系专业。他说:"我对国家的关心又复活了。我不再满足于仅仅帮助个人,治疗身体上的疾病的这个目标。人们的病痛不仅来自身体,来自社会的病痛更加重要。所以我决心不去学医为一个一个人治病,而要学社会科学去治疗社会的疾病。"②

　　1931年秋冬,东吴大学因学潮而停学。杨绛政治学系毕业在即,不能坐等,浪费时间,就想到燕京大学借读,借读手续由她的同学孙令衔请费孝通帮忙办理。等杨绛和几位同学抵达北京时,又是费孝通接站。

　　杨绛去清华大学读书,为防其他男生追求杨绛,费孝通让他的好友孙令衔宣传"杨绛已有男朋友"的消息。结果,当钱锺书与杨绛第二次见面时,钱锺书的第一句话是:"我没有订婚。"在杨绛面前,钱锺书针对别人传言他已订婚所做的澄清,其意不言自明。对此,杨绛跟钱锺书说:"我也没有男朋友。"彼此钟情的才子佳人很快陷入热恋。

　　陷入热恋的杨绛还专门给费孝通写了一封信,告诉他自己有男朋友了。费孝通很失望也很无奈,只得接受现实,但却激发了他努力向上的动力。二十世纪五十年代初的思想改造运动中,费孝通自我检讨说他有"向上爬"的思想,最初是"因为女朋友看不起他"。③

　　费孝通与杨绛的故事,也让人想起歌德在他的名剧《浮士德》里的

---

① 张冠生:《乡土足音:费孝通足迹・笔迹・心迹》,群言出版社1996年版,第22页。
② 张冠生:《乡土足音:费孝通足迹・笔迹・心迹》,第22页。
③ 吴学昭:《听杨绛谈往事》,第255页。

那句名言:"永恒之女性,引导我们上升。"

1935年7月,钱锺书与杨绛结婚。一个月之后,费孝通与女友王同惠在未名湖畔的临湖轩结婚。

钱锺书、费孝通、杨绛三个人,日后对于当初的那段"三角"感情都没有直言明说。据童元方《初恋》说,最先提到这件往事的是美国历史学者阿古什(R. D. Arkush)在哈佛的毕业论文,阿古什是费正清的学生,后来写了一本费孝通的英文传记。费老的秘书张冠生在怀念钱锺书的一篇文章中也提到。①

图38　杨绛(左二)在振华女校毕业时与同学合影

---

① 童元方:《初恋》,《世界华人学者散文大系》(10),大象出版社2003年版,第270页。

《振华校友》卅周年纪念特刊中的杨绛

1937年4月,杨绛曾经就读过的苏州振华女校校友会编辑出版了《振华校友》的第六、七合刊,这是振华女校卅周年的纪念特刊,也是《振华校友》抗战前出版的最后一期。在这期杂志"校友通讯录"里有杨绛的讯息:

  杨季康 苏州庙堂巷六十号转 苏州东吴大学文学士 上海工部局小学级任教员
    她在留学英国的通信处:Mre. Chi-Kang Y. Chien Howth 16, Notham Gondene Oxford, England

杨季康是振华十七级学生,具体说来,是中学第七届、新学制第二届的学生。在这期纪念特刊出版的1937年,杨绛已经随着钱锺书留学英伦两年了,钱锺书已经拿到副博士学位,准备到法国去"取经",而夫妻俩的孩子也即将出生了。

在这本刊物中,校长王季玉给同学们写了一封信,信中报告了振华毕业生的情况,其中有专门一节,讲国外校友,谈到了在英国学习的杨绛:

  杨季康在英国曾有信来,此信虽已甚久,但我想诸君或者仍喜一观。今将此信附后。昨日其妹杨桼来校,谈及季康不日将随钱先生至法国研究,且不日将做母亲。今尚能从事研究,如此好学,甚不容易。

"如此好学,甚不容易",是王季玉校长的欣喜之语。作为女校的校长,培养出的学生免不了为人妻,为人母,在出嫁后仍然好学,确实值得欣喜,值得赞扬。

杨绛给王季玉的信附在后面,这封信原是王季玉校长来函的复信,主要回答校长在信中提出的她关心的问题,乃是关于英国的教育现状。今抄录如下:

  生来英后,于英法及吾国文学,致力甚勤,无一日闲。自恨从前浮光掠影,未能探本穷源,冀于此三数年间,埋头炳烛,倘小子可造,庶几不负师门属望之殷也。二年后拟赴法国,小作研究。暂时计划如此,未知得如愿以偿否?

  来示所讯各节,自惭门外汉,道听途说,一知半解,无以上益高明。牛津顽固陈旧,依老卖老,教育乃新兴科学,不足挂齿,初无专门(剑桥尚有"教师训练班"Training of school masters)。Bodleian图书馆,虽备有各种流行杂志,而以为通俗刊物,非高文典册之比,束置地室(Basement),不能公开浏览。伦敦《太晤士报》每周有《教育副刊》(*Education Supplement*),迎合潮流;校中如已定阅此报,可供翻检,毋待他求。又有《教育杂志》(*Journal of Education*),注重学理,较为专门。生于此道,素未究心,所言必多不尽不实处,奈何奈何!

  英国学制,亦颇复杂,吾国步趋北美,更多格闲。大致初等学校分教会与非教会两种(Denominational and Undenominational),皆强迫教育,不取学费,公家设立,分七班(Standards)。中等教育,名目繁多,有Grammar School、County School、Municipal School种种,皆公立。又有所谓Public School者,反非公立,较贵族化;相传人才多产此中。商务印书馆前出版一译本小说,曰《拉哥比在校记》(原名*Tom Brown at school*[*Tom Brown's Schooldays*],译名颇欠斟酌)。拉哥比者,即英国有名 Public Schools 之一也。中等学校,凡分六班(Forms)。英伦三岛大学,数凡十八,制度各异,未遑殚述。若职业教育,则有所谓 Technical College,生亦不甚了了。闻有《女子教育年报》(Girls' School Year Book)记载详尽。山海之藏,取资不竭。师若得此书,诸问题迎刃自解。……

杨季康
廿五年三月

信主要分两部分,一述自己生活,一回答王季玉校长的问题。杨绛在信中显得非常恭敬,看得出她对校长的爱戴,不但自称"生",且凡提到王季玉校长之时,都空一格,以示敬意。第一次提到时,甚至换行顶格,崇敬之情由此可见。

在该期刊物中,有蒋恩钿的一篇《振华忆旧》,她在振华校友中属于第十八级学生,但她当年又是以特别生资格招入振华的。她在文章第三节怀念振华旧友时,只写到了两个人:杨绛和左绮芸。写杨绛的两节,全录如下:

我已经说过,因为我是一个特别生的原故,和许多同学都有过同班之谊,相熟的人也就比较多了。想起那些熟识的脸,我真愿时光倒流到十年前!让我在此世间,第一次识得深厚的友谊的是季康。我可以一点不含糊地记起,我们怎么认识起来,我们曾说过怎样痴呆的话。虽然那时振华的校舍,那样湫隘,那样少有赏心悦目的地方,然而它留给我们的是多少难于忘怀的回忆!那豆腐干大的操场上,我们踏着月,数着星星,多少痴话在嘴里流出。我们的心像云那样轻飘,我们的幻想,比五月的黄昏还绮丽。星辰偷换着,我们躲在振华的怀里度着欢欣不变的日月!

那时学校特允我课余可到校外散步。我同季康几人,常爱到天赐庄一带。特别是天赐庄的大河滩上,常有我们的足迹。几人一坐下,看水面来去的船,看隔岸的苇草,看闲飞的白鸽,看城墙上吐出的云霞,太阳已在西下了,我们再在说些诉不完,听不厌的梦话。等候着天上第一颗星从水底出现,这才一路迎着黄昏,走进满街灯火深处,回到学校。

蒋恩钿(1908—1975),江苏太仓人。在苏州振华女校毕业后,就读于清华大学西洋文学系,与钱锺书、曹禺是同班同学。后来,蒋恩钿的成名,并不是因为她的西洋文学专业,而是缘于对月季花的栽培。二十世纪五十年代初,她与丈夫一同从美国回到北京,与北京的一位旅欧华侨吴赉熙关系很好。吴赉熙是一位月季花爱好者,花园中种有从国外引进的两百多个月季花新品种。不久,吴赉熙病逝。蒋恩钿接受他的重托,将吴家的400株月季花移植到了自己北京家中的花园里。从此,她便与月季结下了不解之缘。后来,她的丈夫调到天津工作,这400株月季花也随之从北京迁往天津。为迎接国庆10周年,1958年,她将自己珍爱的400株月季花全部捐给国家,在人民大会堂建起了月季园。后来,她又成功地主持建造了天坛月季园,成为全国最大的月季园。陈毅元帅在参观这个月季园时,对蒋恩钿的技艺和贡献大为赞赏,称她为"月季夫人"。从此,"月季夫人"的美名便传开了。后来,她又主持建起了陶然亭月季园和天津睦南道月季园。

陆家兄弟

在中学时,杨荫杭还跟女儿杨绛讲起一个有关陆家兄弟的事。

我在中学的时候,听父亲讲到同乡一位姓陆的朋友有两个在交通大学读书的儿子,"那两个孩子倒是有志气的,逃出去做了共产党。"①

此条,原无注释,在收入 2004 年《杨绛文集》和 2014 年《杨绛全集》时,杨绛增加注释:"指陆定一同志兄弟"。

在叙述陆定一兄弟之前,必须了解其父的行状,他与杨荫杭有过数段交集。

兄弟俩的父亲,名叫陆澄宙(1874—1929),字松琴。1910 年在京师法律学堂毕业,在清廷法部任主事。辛亥革命后,携全家回到无锡,当起了挂牌律师。1913 年初,陆澄宙只身去往南京,出任江苏第一高等审判分厅推事兼民庭庭长。同一年,杨荫杭任江苏高等审判厅厅长,成了陆澄宙的上司。第二年,江苏高等审判第一、二分厅裁撤。此时,恰好杨荫杭去往浙江任职,邀他同往。1914 年上半年,陆澄宙转任浙江高等审判厅推事。1917 年,又追随杨荫杭去往北京,任京师高等检察厅检察官。1917 年 5 月 4 日,奉令拘传许世英的两位检察官,一位是张汝霖,另一位就是陆澄宙。杨荫杭辞职回南后,他继续在北京任职,屡有升迁,直至 1927 年南京国民政府成立,辞职回乡。

陆氏世居无锡西漳陈家桥,陆定一 1906 年 6 月 9 日就诞生在这里,在四个兄弟中排行老二。陆澄宙在京师读书、任职之时,夫人携子女由无锡去往北京,就包括了年幼的陆定一。辛亥革命后,他即随父亲从北京返回无锡,读了一年多的家塾后,进入无锡市第一国民初等小学

---

① 杨绛:《回忆我的父亲》,《杨绛全集》(2),第 115 页。

读书。1914年,陆澄宙在浙江任职,全家随行。陆定一未进入正式学校读书,只是在家自学。1917年因母丧,回到家乡,考取江阴南菁中学,但不久因病辍学。1918年夏,他考取了交通大学附中,后又升入该校电机工程科(系)学习,直至1926年夏毕业。

陆定一就读交通大学期间,正值国共两党实现合作,全国工农革命运动蓬勃发展。1925秋,陆定一加入中国共产主义青年团,同年冬转为中国共产党党员,从此开始了他作为无产阶级革命家的波澜壮阔的一生。

陆定一的弟弟陆亘一(1910—1968),在四兄弟中排行第三,1932年夏毕业于上海交通大学电机科(系),后在无锡县立初级中学、上海高昌庙一家电机厂、杭州觅桥警官学校、国家资源委员会等单位工作。1937年九十月间,陆定一因患病到南京治疗,乘机鼓励亘一参加革命。陆亘一经他的教育、启迪,跟随哥哥到了八路军总部。自此,加入中国共产党,在八路军、人民解放军从事通讯工作。"文化大革命"中,陆亘一被残酷迫害,于1968年8月含冤去世。

从陆氏兄弟的生平经历来看,当杨绛在中学读书的时候,陆定一正在交通大学读书,且参加了革命。而他的弟弟亘一参加革命,应该在多年以后。所以杨绛的回忆略有舛误,将后事记作了前事。

在东吴大学

《东吴年刊》上的杨绛

1928年暑假,杨绛从振华女校毕业,考取南京金陵女大及苏州东吴大学。原本杨绛想考清华大学,但此年不到上海招生,只好作罢。于是,杨绛进入东吴大学文理学院政治学系就读。

对于在东吴大学的学习生涯,吴学昭的《听杨绛谈往事》作了详细的叙述,不赘。这里来谈谈《东吴年刊》上的杨绛。

入学伊始,杨绛这个刚满 17 岁的女孩就踌躇满志地用英文写下《Class of 1932(College of Arts and Science)》(《1932 年级文理学院》)

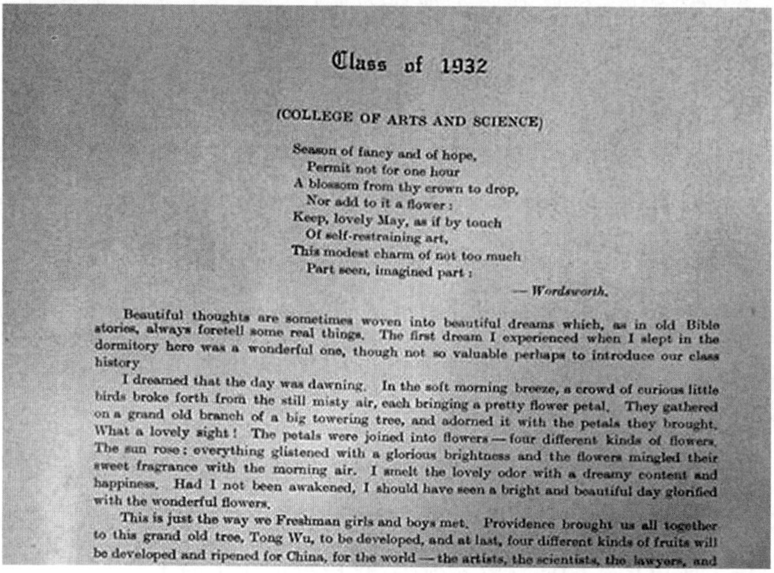

> Class of 1932
>
> (COLLEGE OF ARTS AND SCIENCE)
>
> Season of fancy and of hope,
> Permit not for one hour
> A blossom from thy crown to drop,
> Nor add to it a flower;
> Keep, lovely May, as if by touch
> Of self-restraining art,
> This modest charm of not too much
> Part seen, imagined part :
> — Wordsworth.
>
> Beautiful thoughts are sometimes woven into beautiful dreams which, as in old Bible stories, always foretell some real things. The first dream I experienced when I slept in the dormitory here was a wonderful one, though not so valuable perhaps to introduce our class history.
> I dreamed that the day was dawning. In the soft morning breeze, a crowd of curious little birds broke forth from the still misty air, each bringing a pretty flower petal. They gathered on a grand branch of a big towering tree, and adorned it with the petals they brought. What a lovely sight! The petals were joined into flowers — four different kinds of flowers. The sun rose; everything glistened with a glorious brightness and the flowers mingled their sweet fragrance with the morning air. I smelt the lovely odor with a dreamy content and happiness. Had I not been awakened, I should have seen a bright and beautiful day glorified with the wonderful flowers.
> This is just the way we Freshman girls and boys met. Providence brought us all together to this grand old tree, Tong Wu, to be developed, and at last, four different kinds of fruits will be developed and ripened for China, for the world — the artists, the scientists, the lawyers, and

图 39 杨绛用英文撰写的《1932 年级文理学院》

发表在 1929 年的 1 月校刊《东吴年刊》之上。在这篇以英文写就的文章中,她以大学一年级学生的视角描述了新生们对新生活的期待与对东吴大学的赞美。她写道:"太阳升起了,万物在灿烂的阳光下闪烁,鲜花在清晨的空气里发出甜蜜的芬芳。我闻着香气,心中充满了梦幻般的愉快。"当然梦境是隐喻,大树是指东吴大学,而四朵花代表了东吴大学文理学院的四门学科及其未来将结出的四种果实——艺术家、科学家、律师与医生。在这篇文章中,她描绘了四种专业人士的梦想,期待同学们在吸取东吴美丽永恒的精神后,学文学的将展示时代新的风采,"为宇宙增添新的魅力";学工科的将以科学的方法,去探索未知世界,揭开未来的神秘面纱;学法学的将利用法律这个武器解决"灾难性的政治问题",以保护人民与国家;学医学的则"以熟练的医道,用知识和爱心去救治病人和穷人"。她还俏皮地把时间比作留着长胡须的历史老人,要求他不要"将历史写得太快"。或许为了达到前后呼应的效果,文末以英国诗人华兹华斯的诗句作为结语:"靠近我,不要飞走!让我多看你一会。"

图40　东吴大学文理学院全体女教师、女学生合影(前排右三为杨绛)

杨绛在东吴大学求学时,就是班上的"笔杆子"。在1930年《东吴年刊》上的一篇文章《倒影》,作者署名"含真",正是杨绛。下面,节录此文的部分内容,从中可见杨绛的文学功底和人文情怀。

几阵冷雨后，柳梢已染上新黄，秋风断续地吹，如今是黄叶也将落尽，落叶上已有人来去踏遍了。枯条疏疏垂着，薄雾似的把河滨一带，隔在凄清寂寞里，只有对岸城脚的长草随风俯仰时，发出沙沙低声。

轻云已化作暮气，沉沉下垂，将满的月，树隙中隐约可辨。莳溪水，还是和几年前一样的流——不断的流。莳城上草儿又几度荣衰，往时的欢情，已随着过往时的草儿枯了。现在又是新黄的秋草，伸头在岸边摇曳，绿波上，明细地映出了长短倒影，水尽他滚滚东流，倒影还是不变的倒映水上流水似的过程中，回忆啊，恰似倒影般悄悄映上心来。

好像是不多几天以前，我还垂着短辫，和友伴在河滨"削水片"。我拾得大砖小砖，尽往河心抛，守着水花飞溅，拍手嬉笑，端还说："这河终有一天，要给我们填满。"懇嗔我拉痛了她辫子，泼起水花溅我。權尽在浅水处扒泥，弄了一手泥浆。皓似大姐姐般守着我们玩，玩疲了，大家聚坐在河桥上，说些要说的话。

皓说，她愿做水鬼，人静后，清幽的月色里，她将从水里钻出来，独自在水侧徘徊。她轻歌，她低泣，不会有人扰她。我们的话，的确太孩子气。我怕鬼，我说我是水上的神仙，因为我差不多每晚做梦在水面上行走，睡眠是又滑又软，把脚用力踏时，也踏不破。端和懇说我梦里行走水上，不稀奇。她们将来要发明船似的大鞋子，穿了走到水里去，和陆地上一样。權抢着说："第一要紧，要把腿拔得长点，可把两脚分开，跨在船似的大鞋子上。"皓微笑，我们也随心嬉笑。暮气渐渐加浓，一片欢情，也渐渐隐入了回忆里去。

还似是不多几天前——黄昏时，我和皓并坐在河桥上。我无语,皓也无语。十三四里的月亮,早早就透出了城墙。两个脸,悄然相对着,是几时飞来了丝丝缕缕的清愁,萦缠着一个活泼的童心。

在东吴大学文理学院1932级执行委员会的名单上还可见到,杨季康是1932级级史的英文书记,说明她的英文文学水平也不差。

大学期间,杨绛除了爱好文学之外,还积极参加各种校内活动,演讲、体育,无一不是兴趣所致。在1929年《东吴年刊》中有东吴大学女子篮球队和女生排球队的合影,里面都有杨绛的身影。队员集体穿着宽松的夹克式上衣、黑色短裙、白色或黑色长袜,整齐划一,青春活泼。照片中的杨绛,留着短短的童花头,笑靥如花,充满朝气。

图41　女生排球队员合影(左二为杨绛)

图 42 女子篮球队员合影（左一为杨绛）

由于杨绛平时梳个娃娃头，活泼可爱，同学们给她取了个"洋囡囡"的绰号，并以此闻名全校。这在 1929 年的《东吴校刊》也有反映。在一张图片中，底下一堆洋囡囡玩具，顶上一个杨绛的娃娃头像。

图 43 1929 年《东吴年刊》，杨绛头像和洋囡囡拼在一起

在1929年《东吴年刊》上,还刊登了东吴大学无锡同乡会会员合影,里面又有杨绛。

在这张合影之下,有《无锡同乡会会史》的文字,内称:"男女同学的声浪,弥漫着全国教育界。本校事事开内地学校风气之先,所以本学年起,本校也正式招收女生。我们无锡一向被人家称道是教育发达的地方,在较有声望的学校里,都有我们男女同乡的踪迹。本校招生女生,自然也须有无锡人的份儿。在本校二十多位的女同学中,本会到占了三席——薛正、杨季康、严梅和三女士——开本会会员录上的新纪元,并且可以证实无锡教育发达,非人家过誉之词咧。"

图44　东吴大学无锡同乡会会员合影(前排左六为杨绛)

《申报》中的杨绛

前文已述,杨绛在东吴大学时是女子篮球队的队员。杨绛由于身材并不高大,应该来说不算队内主力。《申报》1929年7月27日刊有一篇"愚士"的《评东吴大学女生篮球队的球艺》,对主力队员的球艺作了短评，其中没有提及杨绛的名字，对薛正和周芬倒有中肯的评价。"左前锋是队长薛正小姐，薛小姐善于办事，每晨六时已见率领全队队员至场练习，殊为热心，队员无不服从。比赛时薛小姐善用一手投篮，得分而归。""左后卫是周芬小姐，周小姐善演讲，人又高大，比赛时态度极其镇定，不慌不忙的将险球救出，与苏小姐又极能配搭，所以人们称她俩是铁门，真是名不虚传。"文末，作者作了以下总评："东吴大学女子篮球队的队员，个个高大，所以比赛时往往用高传递法以攻以守，该队联络功夫是很好，所以能战胜慧灵女校篮球队及振华、景海两女校的联合队，名满全苏，为东吴争光不少。前锋后卫，俱属上乘，惜中锋稍稍弱了一点，否则沪上各女校篮球队，难与其敌也。"

在这篇文章中，写到了东吴女子篮球队战胜慧灵女校篮球队。不过，在4个月前的一场比赛中，东吴女子篮球队却是以10比36铩羽而归。《申报》对此也有报道，那是苏州女子体育会组织的一次女子篮球赛。"东吴之得锦标，本为一般人所预料，……竟适得其反"，"东吴攻守并施，但不及慧灵之短小灵巧，故毫无发展"，直到开场五分钟时，才由薛正掷进一球。①

不过，杨绛的大名，还是上了《申报》的新闻，不是因为她的球艺，而是因为她的肤色。

1930年5月11日《申报》上有一篇苏州女子运动会的报道，其中一节是会场花絮：

> 开幕之前，举行运动员与职员总摄影。东吴、成烈女生完全裸

---

① 《申报》，1929年3月28日。

跣及袴，其前日之穿灯笼裤，已略改前态。摄影时，并坐场地，酷似一肉腿比赛会。其间以东吴杨季康之腿最白，成烈陈临珠之腿最黑。盖前日预赛时，一斛计创口未愈也。

东吴自然是东吴大学，成烈是成烈体育学校的简称，都在苏州。

这则报道，虽不无轻薄之嫌，但因为是花絮，也无需苛责。三十年代初，女性很少露臂露腿，要在大庭广众之下看光臂裸腿，只有运动会了。因此，也怪不得记者不放过这样的时机，顺便涉笔成趣了。

除了杨绛自己，对于皮肤，最有发言权的大概是丈夫钱锺书了。他赠夫人的七绝十章里，就有这样的句子："缅眼容光忆见初，蔷薇新瓣浸醍醐；不知靧洗儿时面，曾取红花和雪无？"说的正是杨绛皮肤白里透红，就如红花和白雪，醍醐浸蔷薇。看来钱锺书对杨绛一见钟情，与她的白皙肤色不无关系。

吴学昭的《听杨绛谈往事》也说到杨绛肤色白皙：阿季天生的脸色姣好，皮肤白是白，红是红，双颊白里透红，嘴唇像点了唇膏似的鲜亮。①

杨绛的大名，还有一次见于《申报》。1932年10月10日《申报》《捐助东北义军昨讯》，杨季康捐洋五元。据报道所载，东吴大学学生捐助大略有这么几等，十元、五元、三元、一元，五元算家庭经济中上者。

---

① 吴学昭：《听杨绛谈往事》，第54页。

图 45 1932 级东吴大学文理学院全体同学合影(后排左三为杨绛)

东吴学潮中的杨绛

1931年9月18日,日本关东军突然袭击沈阳北大营。东北驻军奉命不抵抗,一夜之间沈阳沦陷敌手,是为"九一八"事变。9月23日起,南京、上海等大中城市群众举行反日救国大会,整队游行示威。沪宁一线的大中学生开始罢课,大规模集结,前往南京请愿。外交部长王正廷去职,顾维钧接任,调东吴大学校长杨永清为机要秘书兼典职科科长(仍兼校长)。内外交困中的蒋介石,被迫"下野"。事态渐趋平息,各地学校开始复课。1932年1月5日,东吴大学复课,并登报招考新生。谁知就在1月11日这天,学潮再次突然爆发。

图46　东吴大学校园

事后,江苏省教育厅长周佛海曾向教育部呈文。这里,不妨引用此份呈文内容,以还原那几天的情景。

一月十一日上午，（东吴大学）举行扩大纪念周，请耆硕张公仲仁演讲既毕，杨校长报告校政部决议三点：一、大中学学生集合，宜分别举行。盖以两校学生，程度参差，所商事项，容有不同；且礼堂狭小，不能全数容纳。二、为避免妨碍学业及与上课时间冲突起见，学生集合，宜在课后举行，并希将议事程序，先期公布，俾全体学生得以参加。三、学生开会□□□重要事件，为求郑重起见，有五份之一出席人数之要求，得以无记名投票决定之。杨校长报告既毕，学生朱宗喜擅自登台，宣布大中学学生会取消。言时作拭泪状，且愤然离场，致引起一部份学生之反抗情绪，认学校此种举动，系分化学生力量，立即表示反对，发出呼吁之声。时杨校长与张公仲仁犹未离场。嗣朱宗喜反在上课时间，召集大中学全体大会，议决罢课，并欢送杨校长离校，且致回校政部，立即停止杨校长职权。当日下午教职员即集会讨论，议决三点，敬告学生。一、今晨杨校长报告，系根据校政部之决议，非杨校长个人之意旨，该项决议，本校教职员之意见一致赞同。二、晨间学生朱宗喜及其他学生十余人对于杨校长之举动，有失学生应有之态度，实属侮辱学校当局，同人等深致不满。三、学生代表擅自在上课时间召集会议，同人等认为有违校政部之决议，宜各反省，并建议校政部开除学生朱宗喜，以重校纪。当晚校政部亦议决三点：一、晨会中校长报告之各项，均系本部通过之议决案，并非校长个人之意见，故对于校长个人有侮辱举动，本部认为即侮辱本校最高行政机关，为维持学校行政系统起见，此项学生，本部即须令其立即退学。二、各课仍须照常上课，如有用威吓方法，阻止他人上课者，必须开除。三、如学校不得已不能维持上课时，即须停课放假，本学期学分不能如数照给。并通知朱宗喜家长,请其来校将该生领回。是夜朱宗喜复至各报馆擅造事实,登载侮辱学校当局之言词。

十二日晨,大学多数及中学少数学生,仍照常上课,而其他学生,又集会反对校政部所示各点,威迫上课学生与会。午前,教职员再行召集大会,决定请求校政部维持原案,时朱宗喜之家长已到,立促离校,而该生口虽应允,盘踞校内。是晚依然参加大会,鼓动学生向校政部要求收回开除成命。并派学生五十余人集队至代理教务主任徐景韩家,请求徐君连夜召集校政部开会,立即通过收回成命。一面学生等复分队至各校政委员家,要求工作,同时□□□□□楼,李庆贤二人自动前往学生大会劝告,亦不服从。迟至深夜十二时,□□□□□□□□出入要道,包围教务处,并有代表四人,强迫校政部代理主席徐景韩立即签认下列三点:……

十三日晨,校政部开会,一致认为处此情形之下,无法维持校政,全体辞职。并宣布即日起,不负校政之一切责任。……下午,教职员重行集会,金以学校已陷于无主张状态,而学生运动越轨愈甚,一致认为不能继续上课。议决一面正式报告校长,一面将经过情形敬告各学生家属。时学生纷集会议室之四周,当教职散会时,学生即将教职员谢仲文、施季言、孙蕴璞、夏宪译等扣留,迫令交出家长通信处及保证书等重要文件,且把守前后各门,禁止教员出入,又看守电话,不许通信,并强迫门房交出钥匙。

十四日晨七时,一部分学生包围校监施季言住宅,逼令出见,同时起把守校门,并不许家长领其子女出外。同时晚间,又将各办公室钥匙强迫校役交出,并除大门外,其余边门等锁门,均用泥土封塞,形势严重,已达极端。①

学生采取了针锋相对的态度,在几天前也有呈文致国民政府行政院,陈述"东吴大学暨一中内部压迫学生运动之真相及腐窳情形",请求"为国家教育前途计,即日饬令教育部撤惩校长杨永清,收回东吴大学自办,永绝帝国主义者在苏文化侵略之武器"。呈文开首即言:"苏州东吴大学暨一中自创办以来,多方压迫学生运动,钳制学生思想,专作帝国主义者文化侵略之工具。既往情形,因国内教育制度未能统一,教会学校得以肆其毒焰,固已无法补救,最近时代变更,国内教育制度渐趋统一刍形,学校当局应如何努力革新,以符众望。乃自杨永清长校,腐窳情形仍蹈前辙,而对于学生运动之压迫,学生思想之钳制,更变本加厉。"随后列举了杨永清的六大"罪状",称"自日寇侵边,辽吉相续失陷,属校学生激于爱国热诚,曾罢课宣传,促国人之觉悟。而杨永清对于此种爱国运动,不但不加爱护,反多方压迫,去信恫吓学生家长,并阴命学监施季言威胁利诱,迫令学生离校,破坏学生团结力量,使爱国工作无法进行。嗣蒋氏下野,新政府成立,属校曾一度复课,继因东北军撤退关内,锦州失陷,平津危急,同学等以时局愈益紧张,应有相当表示,由二百五十余人签名请求开全体大会,讨论救国方针。而杨氏先则二次撕毁学生布告,继则在大礼堂用高压手段驱散学生全体大会,大会主席朱宗喜不得已忍痛垂泪而离会场,并无所谓侮辱举动。尤有进者,杨氏除以高压手段压迫外,并用敷衍方法蒙蔽真相,定每星期一、星期四召集国事讨论会,凡在会场内欲发言者,须事先至教务处签名并报告发言

---

① 《周佛海致教育部呈》(1月22日),《中华民国史档案资料汇编》第五辑第一编"政治"(四),中国第二历史档案馆编,江苏古籍出版社1994年版,第347—349页。

内容,方得允准。此种钳制学生思想,摧残学生运动之组织,而美其名曰国事讨论会,殊堪痛心。夫集会与言论自由,明载约法,而杨氏竟违法乱纪,力施毒辣手段于高等学府之中,此与勾结日本帝国主义压迫摧残爱国运动之卖国贼何异?""当时全国各界纷请政府撤惩顾维钧,属校全体学生亦曾电请杨校长回校脱身政治,专理教育。乃杨校长不特不允所请,且肆其如簧之舌,为顾维钧之卖国外交政策辩护,更谓彼之赴京,将为在校学生多方活动将来位置,欺骗引诱,冀遂其做官与卖国求荣之野心。来校数日,仍即返京,及至顾氏被黜,始狼狈归苏。"①

1月14日,东吴大学宣告学期终止,并通告各家长将子弟领回。通告称:"惟目前尚一部分学生未去,其中暴烈分子盘踞校内,续行种种越轨举动,诋毁校誉,淆惑闻听,抑且对于学生行动自由,横加干涉。"②

值得注意的是,经历"女师大风潮"的杨荫榆此时正在东吴大学任教。杨荫榆对这次学潮的态度如何?有过何种言行?目前没有任何资料可供考证。

"女师大风潮",由于鲁迅等"局外人"的参与,最后以校长杨荫榆、教育总长章士钊的去职而收场。而东吴学潮,笑在最后的却是校长杨永清。

出身名门冒家的冒景琦是学生领袖之一,后来他取笔名舒諲,活跃于影剧界。晚年,他写了回忆录,对这次学潮的结局是这样写的:"是一·二八事变,日本帝国主义在上海又点起侵略的战火,救了在美国教会卵翼下的东吴学校当局。这时平静的'天堂',一变而为临近前线的硝烟弥漫的战区,同学们无法再滞留天赐庄。沪郊的暨南大学学生也

---

① 《东吴大学及第一附中学生致行政院呈》(1月18日),《中华民国史档案资料汇编》第五辑第一编"政治"(四),第343—347页。
② 舒諲:《微生梦断——舒諲和冒氏家族》,中央编译出版社2000年版,第140页。

相继撤退来苏州,借住东吴。东吴学生不得不迁让,纷纷走散,一场学潮的烈火最后无形熄灭。我们一部分'闹事'的同学不愿逃难回家,联合苏州各校不愿当亡国奴的学生组织战地服务团,开赴淞沪前线。于是,顽固的校当局得以称心如意地收复失去的天堂。"①

吴学昭《听杨绛谈往事》谈到东吴风潮时写道:

> 1931年秋冬,阿季已升入大学四年级。学期将终,临近大考,学生罢考,闹风潮,要求政府接管东吴,改教会大学为国立大学。学生,由几个先进分子领导,不许上课;不许上图书馆读书;不准离校;天天排队军操,学校内外有人巡逻,他们把电话线都剪断了,隔绝校内外的联系。
>
> ……………
>
> 阿季母校振华校长王季玉先生知道东吴的情况,就打电话通知阿季的妈妈,让她接阿季回家。阿季的妈妈就乘黄包车到东吴女生宿舍,上楼去找阿季。当时她和周芬两人同住一室。②

随后,杨绛让母亲把自己和同室的周芬两人的学习用品带回了家,她又和周芬乘下午四点时假装吃点心偷偷走了人,再让家里的门房把自己和周芬的箱子和铺盖领回来家。就这样,杨绛和周芬在东吴大学的风潮中金蝉脱壳,做了"逃兵"。

看来,杨绛和周芬逃离学校,应该在1月11日之前。稍晚几天,同宿舍的郁亚芬却没有那么幸运。1932年1月27日,苏州地方报纸《大

---

① 舒諲:《微生梦断——舒諲和冒氏家族》,第142页。
② 吴学昭:《听杨绛谈往事》,第67页。

光明》有《东吴女生铺盖搬出搬进》一文,文中说:"日前女生郁亚英(按:应为郁亚芳)家长,私赴该校搬取行李,为学生所阻。事已散见各报,不赘。"还有一位爱摄影的大三学生杨士芳,为了掩护一位张姓女学生离校(未成),还被学生自己组成的法庭进行了开庭审判。最后,杨士芳被判处驱逐出校,审判长就是冒景琦。

冒景琦在回忆录中还用揶揄的口气提到"逃"了的杨绛:

> 我的大四高班的一位女同学,前些年偶尔和我哥哥谈起当年学潮的事,戏称:"令弟舒諲可算'老牌红卫兵'了,去南京闹事,把国民党中央党部都砸了。后来。又在东吴搞夺权。"其实,她是抬举我。我当年不过是一个参加者,而不是组织者。话说回来,如果不是东吴学潮,学校停课,她北上借读,又如何会认识后来的那位著名的学者,并结为百年之好呢? 她应该感谢我们才是。①

他那个"大四高班的一位女同学",指的正是杨绛,"那位著名的学者",自然是指钱锺书。

杨绛与周芬

《听杨绛谈往事》说,杨绛和周芬是就读东吴大学时一对形影不离的好朋友。两人同住一个宿舍,又同是学校女子篮球队和排球队的队员。书中叙两人的故事很多。

《听杨绛谈往事》写周芬,有这样的话:"周芬来自苏女中,是一位朴素文静、非常用功的优秀生,曾获苏州全市演讲第一名。周芬身材高

---

① 舒諲:《微生梦断——舒諲和冒氏家族》,第137页。

图 47　杨绛曾在《东吴校刊》上发表作品

挑,阿季长得小巧,两人一高一矮,同出同进,谈天说地,很投缘。"①黄恽先生特地在地方《大光明》中翻找有关杨绛的新闻,却压根儿就没有一篇,与此相反,周芬却在报上出现的频率很高。《大光明》有一篇报道,题目是《周芬女士相定终身》,其中说到:"上星期六,记者过玄妙观牛角洪,见东吴大学生篮球健将周芬女士,乃亦偕女友三数,顾某术士相定终身。闻术士谓:周面团团,气色颇佳,主吉星往止。周闻之,频频点首。周之同伴,闻术士语,皆掩口葫芦。周乃赧然。术士时正拟谈及其他,而周已探怀出相金,俯首离座,促其同伴他去,徜徉于观前道上矣。"该文作者"骨人",多记东吴大学新闻。这里周芬的三数女伴,纷纷掩口葫芦者,里边会不会就有杨绛在呢?

1931年秋,江南四大学东吴、沪江、金陵和之江曾有辩论会,东吴派出的选手中就有周芬,还提到周芬"前届全省中学辩论会获得首席"。这个说法与《听杨绛谈往事》中略有不同。《听杨绛谈往事》是说"全市演讲第一名",这里则是全省,规格大多了。

周芬与杨绛未等毕业就北上,后来周芬入了燕京,杨绛则进了清华。

---

① 　吴学昭:《听杨绛谈往事》,第56页。

老师苏雪林

说起杨绛在振华、东吴这段读书岁月,又必须提到一个人——苏雪林。

苏雪林,籍贯安徽省太平县,出生于浙江省瑞安县。1915 年,苏雪林考入安庆省立初级女子师范。1919 年,毕业后即留在母校附小教书。后离开安庆,考入北京女子高等师范学校国文系。1921 年秋,前往法国留学。1925 年,苏雪林因母病及催婚等缘故,只好辍学,提前回国,与从未谋面的张宝龄完婚。婚后不久,母亲病故,她便随丈夫去苏州安家。其夫在苏州东吴大学执教,苏雪林则在景海女师任中文系主任,并在东吴大

图 48　在东吴大学执教时的苏雪林

学兼授古典诗词课。1927 年,苏雪林随丈夫返回上海,在沪江大学教书,一年后又和丈夫一起重返东吴大学。到 1930 年秋就聘安徽大学,苏雪林在苏州生活了差不多四年时间。

其间,苏雪林出版了学术专著《李义山恋爱事迹考》、散文集《绿天》和长篇自传体小说《棘心》,一时闻名。不大的姑苏城,谁人不知东吴出了个女作家绿漪女士(苏雪林的笔名)。文名及才名,让她成了无数文

艺青年心中的偶像。

1949年后,苏雪林离开大陆去中国香港和海外工作、求学,后又回到台湾重执教鞭,先后在台湾师范大学和"国立成功大学"执教。

苏雪林在振华、东吴授课之时,杨绛也正在这两所学校读书,所以两人之间有着师生之谊。杨绛回忆:"当时我正自习法文。我大姐假期里教了我基本读音,开学后她有工作,叫我自习。我学文法,记生词,作练习,私心希望有老师指点指点。那时候苏雪林先生在我们大学教课,她和我大姐是好友,知道我有意求师,就给我介绍一位比利时夫人。……经苏雪林先生约定日子,我就按地址找到她家去相见。"①

杨绛大姐杨寿康此时也在东吴大学外文系任教,她是苏雪林的好友,两人同为天主教教友。

杨绛在回忆中没有提及苏雪林的授课情况,但杨绛的同学朱雯却深受其益。有文章称:"如果说吴献书老师是朱雯在翻译上的启蒙者,那么文学教授苏雪林则是朱雯踏上文艺创作道路的引路人。……也许是说话乡音太重之故,苏雪林上课讲得很少,写得很多,她用清秀的字迹几乎把整堂课的内容都写在黑板上。在苏雪林的教育和启发下,朱雯对词发生了浓厚的兴趣……。苏雪林讲授的是中国古代文学,但在课余,朱雯向她请教最多的却是新文学创作,苏雪林热情地指导朱雯阅读了一些英译的法国小说,如伏尔泰的《老实人》、雨果的《悲惨世界》、福楼拜的《包法利夫人》等等。"②

苏雪林与杨绛一家的深厚友谊长达70年。到了晚年的苏雪林,"临老思故人"的心情非常强烈,用日记、书信的方式倾吐对友人的怀念

---

① 杨绛:《临水人家》,《杨绛全集》(3),第70页。
② 《朱雯传》,《师道永恒:上海师范大学名师列传》(一),上海人民出版社2009年版,第112—113页。

与牵挂。1995年4月,苏雪林迎来百龄华诞,精印了一册她平生得意的山水画作,名《苏雪林山水》。她从报上得知钱锺书病重住院,写去一封长函问候,并惠寄画册至北京。杨绛收到信后,随即回函。函中云:"锺书去岁七月底重病住院,卧床将近九个月,病中得赐山水画册,展玩喜爱,不胜钦慕。近《槐聚诗存》出版,嘱寄奉一册请正。"落款"学生杨绛"。

苏雪林一生有两个特别之处:一是高寿,她从1897年一直活到了1999年,享年102岁;二是"反鲁",苏雪林素有"骂鲁第一人"之称,她自己也曾说过:"'反鲁'几乎成了我半生的事业。"

苏雪林的"反鲁"始于鲁迅病逝之后。1936年10月19日,鲁迅在上海病逝。11月12日,苏雪林写了《与蔡孑民先生论鲁迅书》,揭开了她半生"反鲁"的序幕。在这封信里,苏雪林一反常态,对曾高度评价过的鲁迅颇多指责,言辞之激烈,令人叹为观止:

> 鲁迅之为人,又复好谄成癖,依傍门墙者,揣其意旨,争进谀辞,所谓"青年导师"、"思想界权威"、"革命斗士"、"民族解放战士"、"中国萧伯纳"、"中国高尔基"、"东方尼采"各种徽号,不可以屈指数;此风传播,报章杂志,语及鲁迅,必有一段滥恶不堪歌功颂德之词,读之殆欲令人胸次格格作三日恶。身死之后,颂扬尤烈,甚有尊之为"中国列宁"者。王莽篡汉,吏民上书者四十八万;魏忠贤秉政时,生祠遍天下,配飨孔庙。林昔读史,常窃耻之,不图今日乃躬逢此盛也!
>
> 窃尝谓中国政界固多争妍取怜之风,文坛亦有奔竞之习,然今日青年之于鲁迅,几于鲁迅颦而颦,鲁迅笑而笑,鲁迅嚏而亦嚏

嚯，则诚过去文史所少见。①

其实，这封信并没有交到蔡元培手上。因为苏雪林当时不知道蔡元培在上海的通信处，故委托一位南京的朋友转交。这位朋友感觉内容欠妥，自作主张把信扣下，没敢交给病中的蔡元培，建议苏雪林考虑考虑再说。恰好这时武汉《奔涛》半月刊约稿，苏雪林就把这封信交了出去，载于1937年3月16日《奔涛》第一卷第二期。该信公开发表后，苏雪林立即成为左翼文人攻击的靶子。据她自己说，"骂我的漫画、诗歌，无所不有"，"凡有报纸者，对我必有骂声"，甚至还有恐吓信。

从1936年秋末至1937年春，苏雪林连续写了《说妒》《富贵神仙》《论偶像》《论诬蔑》《论是非》《过去文坛病态的检讨》《对〈武汉日报〉副刊的建议》《论鲁迅的杂感文》等多篇文章，其内容均是针对鲁迅而作。去往台湾之后，苏雪林也没有停止"反鲁"的脚步，从上世纪五十年代开始，不停地撰文，先后写了《对战斗文艺的我见》《琵琶鲍鱼之成神者——鲁迅》《新文坛四十年》《鲁迅传论》等。

1966年，苏雪林将自己半生"反鲁"的主要文章结集出版，定名为《我论鲁迅》。苏雪林对鲁迅的攻击，在这部集子中得到了最系统、最淋漓尽致的表现，可以说是苏雪林"反鲁"的一个总结。

那么，苏雪林为什么对鲁迅如此仇恨，以至耗用半生时光对其进行口诛笔伐？

说法很多，有人说鲁迅曾经冷落过她，苏雪林自己在《关于我的荣与辱》一文中也证实了这个说法：

---

① 苏雪林：《与蔡孑民先生论鲁迅》，《被亵渎的鲁迅》，孙郁编，群言出版社1994年版，第191页。

> 我是受过五四时代理性主义熏陶的人,凡事都要讲个理性。现在看见新文坛忽然大变,一派蛮不讲理、气焰逼人的行帮作风,当然深感痛苦,尤其对于鲁迅那种一口咬上了人至死不放的行为,更为不平。虽然没有明目张胆地对鲁迅攻击,但也曾屡次表现我的不满。鲁迅心胸何等仄狭,对我岂肯轻饶。有一回上海北新书局老板李小峰先生为联欢起见,宴请曾在他书店出书的文人,鲁迅与林语堂先生齐出席,我亦敬陪末座。我对鲁迅固极冷淡,他对我也昂头天外,不屑理睬。①

可是就因为这么个过节就造成如此的深仇大恨,苏雪林未免也太小气了。

或许被鲁迅冷落只是个引子,最令苏雪林反感的,或许正是鲁迅对杨荫榆、胡适等人的攻击。她与杨、胡两人私谊甚笃,情感上自然就站在他们一边,对鲁迅反感也是必然的事情——这才是苏、鲁结怨的主要原因。

1931年,她到武汉大学任教,与在武大任教的另一位女作家凌淑华交往甚密。一次闲聊时,苏雪林将当年鲁迅为何冷落她这个困扰多年的问题告诉了凌淑华,希望对方能答疑解惑。

凌淑华给出这样的答案,涉及到了鲁迅与现代评论派之间的纷争。凌淑华的先生陈源,字通伯,笔名西滢,江苏无锡人,时任武汉大学文学院院长。凌淑华告诉苏雪林,因为苏曾在陈源主编的《现代评论》上发表过《李义山恋爱事迹考》,又与胡适、陈源、王世杰等交往密切,自然被鲁迅划入了现代评论派——这就是苏雪林遇冷的原因。

---

① 苏雪林:《我的学生时代》,《苏雪林文集》,第62页。

当然凌淑华的想法,其实是她自己的推测,并无证据证实此事。

在1925年"女师大风潮"中,鲁迅对杨荫榆和章士钊进行声讨。陈源在《现代评论》上替杨、章二人说话,结果也遭到鲁迅的迎头痛击。两人针锋相对,相互笔战,掀起了一场"闲话"之争。苏雪林认为"替女高师校长杨荫榆说公道话,陈源教授多说了几句,鲁迅骂他足足骂了半年"。① 杨荫榆因"女师大风潮"去职,避居苏州,后在东吴大学任教,与苏成为同事。1938年苏州沦陷后,杨荫榆被兽兵推入河中枪杀。远在四川乐山的苏雪林闻讯写下了《悼女教育家杨荫榆先生》一文,文中写道:"我曾在一篇《几个女教育家的速写像》中介绍一二,提到北京女师大风潮,曾替荫榆先生说了几句公道话。她原是已故某文学大师的对头,而某大师钦定的罪案是从来没人敢翻的,我胆敢去太岁头上动土,岂非太不自量?所以这篇文字发表后,居然吃了人家几支暗箭。这也是我过于爱抱不平,昧于中国古贤明哲保身之道的结果,只好自己骂一声'活该'!"②

而鲁迅对恩师胡适的批判,更令苏雪林不能容忍了,她在文章中写道:"他盘踞左翼文坛时候,痛骂'正人君子'不算,连与他毫无恩怨,只因同'正人君子'接近的胡适之先生也遭了大殃。他骂胡先生为'高等华人''金元博士''伪学者''皇权的保卫者',在抗日怒潮正高涨时,他又乘势骂胡先生为'汉奸''卖国贼'……血气方刚的青年们,听了鲁迅这种话,胡先生生命岂不是危乎殆哉了吗?"③

对于苏雪林"反鲁"的真正理由到底是什么呢?我们也不得而知,她不说,谁的说法都只是猜测。苏雪林在《我论鲁迅》自序中坦承:"我

---

① 苏雪林:《鲁迅传论》,《被亵渎的鲁迅》,第250页。
② 苏雪林:《悼女教育家杨荫榆先生》,《苏雪林文集》,第383页。
③ 苏雪林:《鲁迅传论》,《被亵渎的鲁迅》,第255页。

的那几篇反鲁文字,原来从鲁迅学来,正所谓'以其人之道,还治其人之身'。鲁迅一辈子运用他那支尖酸刻薄的刀笔,叫别人吃他苦头,我现在也叫这位绍兴师爷吃吃我的苦头,不算不公道吧?"

1999年4月,102岁的苏雪林驾鹤远行。一切是是非非,皆随风而逝。

再说一说苏雪林的婚姻。苏雪林与张宝龄的婚姻持续了24年,其间聚少离多,聚在一起加起来也不过寥寥三四年时间,无论怎么说这一婚姻都算悲剧。1949年,苏雪林去了香港,张宝龄留在了大陆,天各一方,这对冤家就永远分开了。

与钱锺书在一起

初次见面

1932年初,杨绛去往北京。在那里,她认识了钱锺书。两人一见钟情,迅速陷入了热恋。

关于这段经历,杨绛在回忆文章中多次提及。这里引用了她自述生平大事中的一段话:

> 1932年东吴大学因风潮停课。开学在即,我级是毕业班。我与同班学友徐、沈、孙三君(皆男生)及好友周芬(女生)结伴到燕京大学借读。当时南北交通不便,过长江,须由渡船摆渡过江,改乘津浦路火车。路上走了三天。2月28日晚抵北京,有我们旧时东吴学友转燕京的费君来车站,接我们一行五人到燕京大学东门外

一饭店吃晚饭,然后踩冰走过未名湖,分别住入男女宿舍,我和周芬住二院。我们五人须经考试方能注册入学。3月2日(日期或小有舛错),考试完毕,我急要到清华看望老友蒋恩钿,学友孙君也要到清华看望表兄,二人同到清华,先找到女生宿舍古月堂,孙君自去寻找表兄。蒋恩钿见了我大喜,问我为何不来清华借读。我告诉她:东吴、燕京同属美国教会,双方已由孙君居中接洽,同意借读。蒋恩钿说,她将代我问借读清华事。孙君会过表兄,由表兄送往古月堂。这位表兄就是钱锺书。他和我在古月堂门口第一次见面。偶然相逢,却好像姻缘前定,我们都很珍重那第一次见面,因为我和他相见之前,从没有和任何人谈过恋爱。钱锺书自回宿舍,我与孙君同回燕京。蒋恩钿立即为我办好借读清华手续。借读清华不需考试,只需有住处。恩钿的好友袁震(后来是吴晗夫人)说,她借口有肺病,可搬入校医院住,将床位让给我。我们一行五人在燕大考试及格,四人注册入燕京,我一人在清华借读,周芬送我搬入清华。周芬和恩钿、袁震等也成了朋友,两校邻近,经常来往。①

吴学昭的《听杨绛谈往事》对此段往事,还特别写道:"这是钱锺书和杨绛第一次见面,偶然相逢,却好像姻缘前定。两人都很珍重这第一次见面,因为阿季和钱锺书相见之前,从没有和任何人谈过恋爱。"②

在钱锺书与杨绛此番见面之前,二人并非彼此陌生。杨绛的好友蒋恩钿早已在给杨的信中对同班钱锺书的聪明和才华夸赞不已,给她留下了很深的印象。保不准蒋恩钿早就有意把钱大才子介绍给这位据

---

① 《杨绛生平与创作大事记》,《杨绛全集》(9),第465—466页。
② 吴学昭:《听杨绛谈往事》,第70—71页。

传"娇滴滴"的杨妹妹。如果还要附会姻缘的话,那么杨在童年时就已进过钱家的大门。杨绛在《记钱锺书与〈围城〉》中说过,1919年秋天,杨家由北京搬到无锡,"我父母不想住老家,要另找房子。亲友介绍了一处,我父母去看房子,带了我同去。锺书家当时正租居那所房子。那是我第一次上他们钱家的门,只是那时两家并不相识。"①那个宅子,是留芳声巷朱氏宅。五年后,钱家搬入七尺场他们自建的新屋,即目前无锡市中心的"钱锺书故居"。

钱锺书在清华的同学常风有这样的回忆:"我们班有位女同学名叫蒋恩钿,是苏州人。她比较活泼,见了大家总是笑嘻嘻的。一般女同学

图49　杨绛与好友蒋恩钿在清华大学大礼堂前草坪上合影

① 杨绛:《记钱锺书与〈围城〉》,《杨绛全集》(2),第183页。

很少跟男同学说话,她是见谁都说话。有一天她带来一位女伴。锺书告诉我那个女同学是从东吴大学来的,她和蒋恩钿是中学同学,她现在住在蒋恩钿的房间里,这位女同学后来跟我们一个班上课,她就是杨季康。她要补习法语。蒋恩钿介绍钱锺书给这位杨季康补课,他俩就有了交往。"①

杨绛在回忆文章中提及的同班学友徐、沈、孙三君,是指徐献瑜、沈福彭、孙令衔;接站的费君,是费孝通。

后来,不管时局如何变化,杨绛与他们之间友情的底色却始终未有褪色。

孙令衔(1911—1970),出自无锡望族孟里孙氏。钱锺书的祖母,正出自孟里孙氏,所以孙令衔称钱锺书为表兄。孙令衔,后来成了杨绛七妹杨㭗的丈夫。1934年,孙令衔获燕京大学理学硕士学位,同年被清华大学招考录取第二届中美庚款生。赴美后,孙令衔进入康奈尔大学专修化工专业,至1937年获博士学位。回国后,曾任东吴大学教授、化工系主任,并在上海、无锡等地工厂任职。1948年进入母校燕京大学化工系执教,并担任系主任。1952年随全国高校院系调整到天津大学任教,并任图书馆馆长。"文化大革命"期间的1970年6月13日,孙令衔不堪折磨和凌辱,自杀去世。

徐献瑜(1910—2010),浙江吴兴人。1922年,徐献瑜考入东吴大学第三附属中学(又称湖州海岛中学)。1928年,他以第一名的成绩高中毕业,保送东吴大学并获免学费奖。1934年毕业于燕京大学物理系。1938年获美国华盛顿大学博士学位。回国后,曾任燕京大学讲师、数学

---

① 常风:《和钱锺书同学的日子》,《中外名家经典作品选·大学卷》,兰东辉主编,当代世界出版社2012年版,第51页。

系主任,辅仁大学讲师。新中国成立后,历任燕京大学教授、数学系主任,北京大学教授、高等数学教研室和计算数学教研室主任,任中国科学院计算技术研究所三室主任,中国科学院计算中心研究员。在特殊函数、函数的数值逼近方面深有研究。

其女儿徐泓有回忆:"1928年,杨绛先生从苏州振华女中,父亲徐献瑜从湖州海岛中学,同时考入设在苏州天赐庄的东吴大学。第一年入学的新生只分文理科。一年的学业修成,杨绛先生是文科第一名,父亲是理科第一名。"①

沈福彭(1908—1982),江苏苏州人。沈福彭因少年时患脊椎骨结核卧床四年,而立志学医。1932年在燕京大学化学系毕业后,赴比利时布鲁塞尔大学医学院攻读医学。1939年7月,以优异成绩获医学博士学位,并留校任教。1939年,沈福彭返回祖国,受聘于云南大学医学院。1946年应聘到青岛,任山东大学医学院教授,主讲解剖学、骨外科学。1956年山东大学医学院独立建院,称青岛医学院,沈福彭任教授、附属医院院长、解剖学教研室主任。

"情敌"叶崇范

晚年的杨绛在回忆与钱锺书初定终身时,还"节外生枝"透出一条钱氏拒婚的"秘闻"。

当年,杨绛与钱锺书相识并一见钟情,孙令衔却莫名其妙地告诉双方:杨季康早已有男朋友,钱锺书也已订婚。说杨绛有男朋友,大概是误会她与费孝通;说钱锺书已订婚也并非无中生有。

讲清这一"秘闻",先讲一讲孙令衔。孙令衔,出身自孟里孙家,孙

---

① 《财新周刊》,2016年第21期。

家是无锡望族。钱锺书祖母的娘家，也是孟里孙家，所以孙令衔称钱锺书为表兄。而孙令衔有个远房姑妈（称叶姑太太），嫁给了民国名人叶恭绰。在民国时期，叶恭绰是一个了不得的人物，历任路政司司长，交通部次长、总长，并兼理交通银行、交通大学等要职，于交通、财政、经济、文化、教育诸方面均有建树。有了孙家这一层关系，钱家和叶家早年应该或多或少有些交往。

除此之外，叶姑太太的亲兄弟孙奕英，却又是杨绛父亲杨荫杭的好友，孙奕英的女儿、叶姑太太最宠爱的内侄女孙燕华，与杨绛从小也是闺中密友。叶家关于钱锺书的很多话，就是通过孙燕华告诉杨绛的。更让人骇笑的是，钱氏父子后来到苏州杨家提亲，找的媒人居然就是孙奕英！

孙奕英，名孙巩圻，《孙氏宗谱》标明字挹英。早年留学日本学习法律，回国后与杨荫杭一样，在上海做挂牌律师。1913年3月，署江苏高等审判厅推事、民庭第一庭长。同一年，杨荫杭从江苏省高等审判厅厅长任上离职，暂令孙巩圻代理。① 1914年，孙巩圻奉命北上，署大理院推事。1927年，任江苏第一高等审判分厅监督推事。南京国民政府成立后，孙巩圻署最高法院推事。1930年任宜兴县长。后在上海重操律师职业，与杨荫杭等人一同在《申报》刊登律师启事。全面抗战爆发后，孙巩圻没有如杨荫杭那样保持民族气节，而是出任日伪维新政府司法行政部参事、高等法院院长、浙江省高等法院院长，汪伪政府成立后又任司法行政部总务司司长。

叶恭绰叶夫妇有个养女名叫叶崇范，洋名Julia，据说是宋庆龄的干女儿。这位叶小姐其实是杨绛的"先后同学"，"叶小姐是启明学生，是

---

① 《申报》，1914年3月10日。

我的先后同学。我常听到大姐寿康和后来又回启明上学的三姐闰康谈起她的淘气。姐姐们说,这位叶小姐皮肤不白,相貌不错,生性很大胆淘气;食量大,半打奶油蛋糕她一顿吃完,半打花旗橙子,她也一顿吃光。所以绰号'饭桶'('崇范'二字倒过来)。一次养母叶姑太太到永安公司买东西,叫她小坐等候。她乘间吃了三十客冰淇淋,吃得病了。她在启明,曾自己编造请假信,请得假回家,换上男装,骑自行车在大马路(今南京路)一带玩上一圈,吃了个足够,再回学校"。①

从《申报》报道可见,叶崇范是现代派女性,活泼开朗,淘气调皮,在启明女校时也算是一个优秀学生,特别在文艺方面有天赋。1929年11月29日,启明女校举行二十五年庆典,一帮学生上演了英文剧《The Lady of The Lake》,叶崇范就是演员之一,杨绛的"小鬼"好友朱书清也出演了一个角色。第二天,在女校的游艺活动中,叶崇范又与一干同学上演了英文戏剧《神笛》,这一次朱书清则与其他同学表演了音乐合奏。②

从朱书清出现在新闻中这一角度而言,叶、杨两人在启明女校的级次相差不会很大,或许也就一二年吧。可以推测,叶崇范和杨绛在读书时,有一段时间同在一个校园,应该相互认识,只是没有深交而已。

谁想到,这位叶姑太太看中了钱锺书,亲自带女儿到钱家去,想招钱锺书为女婿。叶恭绰很赞成,钱基博夫妇也很乐意。唯独钱锺书和叶小姐两位当事人不同意。叶小姐早已有男朋友,是一位律师的儿子。不久,这位叶小姐竟然和这位男友私奔,最终结了婚。杨绛说:"我第一次见到钱锺书时,就想到了这位淘气的'饭桶',觉得和眼前这个穿一件

---

① 吴学昭:《听杨绛谈往事》,第76页。
② 《启明女学念五周纪念》,《申报》,1929年12月1日;《启明女学二十五周年纪念续记》,《申报》,1929年12月2日。

青布大褂,一双毛布底鞋,戴一副老式大眼镜的书生是不合适的。当时只闪过这个念头而已。"①看来心里还在吃那没影儿的醋呢!

据说后来叶小姐和私奔的男友正式结婚时,把一口不整齐的牙齿全拔掉了,换上了整齐的假牙,看起来还不错。能看得出,这位叶大小姐并非传言的"饭桶",是一位敢爱敢恨的豪爽女子。

据了解,叶崇范的婚姻之路并不顺利,后来带着两个孩子改嫁了。解放后,叶崇范一家由香港来到美国,又定居在加拿大。二十世纪九十年代,叶崇范将叶恭绰生前收藏的一批文物(如《清词钞》、《五代十国史》的部分底稿,一大叠陶器拓片,明人手札以及部分书籍)都无偿赠送给中国历史博物馆。

钱锺书拒婚之举,自然得罪了叶家。叶家及其亲友都认为钱锺书不好,说他狂妄、骄傲等等。不过,钱锺书和差一点成为他岳丈的叶恭绰之间仍"藕断丝连"地有过联系。兹举几例。

1933年早春,钱锺书将他从中学毕业后1930年春到1932年冬所写的诗,编写成《中书君诗》(手抄自订本)一册,分送杨绛及诸师友。老夫子钱基博竟不通世故地送了一本给叶恭绰"教正",还将儿子的家信也拿给叶看!叶恭绰看到钱、杨的唱和往来之作,气不打一处来,愤愤然道,钱锺书不肯与叶家联姻,还说什么"齐大非偶"(按:指辞婚者表示自己门第或势位卑微,不敢高攀)。

1935年,钱锺书考得第三届中英庚款公费留学,新婚妻子杨绛只能以自费生身份出国。杨绛似乎有意强调一点:"由于当时任中英庚款董事会董事的叶恭绰规定,庚款学生出国留学不得携眷同行。"②有趣的

---

① 吴学昭:《听杨绛谈往事》,第76页。
② 吴学昭:《听杨绛谈往事》,第102页。

是，这条规定，杨绛怎么知道就是叶董事提出的呢？难道就是针对钱锺书么？当时中英庚款董事会董事有朱家骅、李书华、叶恭绰等14人（其中4人为英籍），朱家骅是董事长。

1946年，钱锺书开始任国立中央图书馆总纂，英文馆刊《书林季刊》（*Philobiblon*）主编，在《书林季刊》的第二期刊载了叶恭绰名为《汉刻佛藏》的论文一篇。同年，钱锺书开始发表《围城》，在小说中，钱锺书描述方鸿渐在欧洲游学的经历时写道："方鸿渐到了欧洲，既不钞敦煌卷子，又不访《永乐大典》，也不找太平天国文献，更不学蒙古文、西藏文或梵文。"这里不知有无揶揄、影射叶恭绰？叶恭绰曾在1920年于欧洲偶得《永乐大典》中戏文三种，此后一直为中国敦煌学的建立与发展贡献着自己的力量。

新中国成立之初，叶恭绰从香港回到大陆，1957年错划"右派"，1968年8月逝世。

钱锺书的清华老师叶公超（字崇智）是叶恭绰的侄子，也正是叶崇范小姐的堂兄。叶公超早年失去父母，主要由叔父叶恭绰抚养成人，和叔父关系很好。钱锺书与叶公超也有一些后续"花絮"。

1938年，钱锺书留学回国，当时不少大学想聘他，最后还是他的母校清华大学占了上风。当时清华大学已经内迁，与北京大学、南开大学合组西南联大，在昆明开课。钱锺书告别妻女，只身远赴昆明任教。西南联大对他十分器重，破格聘请他为外文系教授，与昔日的老师叶公超、吴宓成为同事。据王佐良的回忆，钱锺书第一天上课时，联大外文系主任叶公超亲自至教室介绍钱锺书，说钱是他的学生，得意之状，喜形于色。①

然而，钱锺书在西南联大只教了短短一学年，第二年暑假结束后由上海去往湖南蓝田国立师范学院执教。当时他父亲钱基博已在蓝田师院任教，想让钱锺书同往任教，同时照顾自己。杨绛晚年撰文回忆说："锺书的母亲、弟弟、妹妹，连同叔父，都认为这是天大好事。"②于是，钱锺书写信给叶公超，说他因老父多病，需他陪侍，这学年不能到校上课了。杨绛说："锺书没有给梅校长写信辞职，因为私心希望下一年暑假陪他父亲回上海后重返清华。"③

叶公超没有回信答复，而是将此事向校长梅贻琦作了汇报。梅贻琦爱才心切，发了两次电报予以挽留。然而，钱锺书没有收到电报，"十月十日或十一日，锺书在无可奈何的心情下，和蓝田师院聘请的其他同事结伴离开上海，同往湖南蓝田"。④ 谁知，钱锺书刚走一两天，杨绛就收到沈茀斋（沈履，杨保康的丈夫，杨绛的堂姐夫）来电，好像是责问的口气，怪钱锺书不回复梅校长的电报。

不知哪个环节出了问题，钱锺书和杨绛夫妇没有收到梅贻琦的第一封电报。杨绛立即写信将此事告诉钱锺书，并附去沈茀斋的电报，一起邮寄到蓝田师院。12月5日，钱锺书致信梅贻琦和沈茀斋，说明事情的原委。在信中，钱锺书说自己去往蓝田的原因，在于"老父多病，远游不能归，思子之心形于楮墨，遂毅然入湘，以便明年侍奉返沪"⑤。不过，

---

① 参见范明辉：《杨绛〈钱锺书与围城〉笺证稿》，《记钱锺书先生》，牟晓朋、范旭仑编，大连出版社1995年版，第254页。
② 杨绛：《钱锺书离开西南联大的实情》，《杨绛全集》(3)，第96页。
③ 杨绛：《钱锺书离开西南联大的实情》，《杨绛全集》(3)，第97页。
④ 同③。
⑤ 杨绛：《钱锺书离开西南联大的实情》，《杨绛全集》(3)，第98页。

钱锺书与杨绛意识到,"不才此次之去滇,实为一有始无终之小人"①。

不过,也有论者认为,钱锺书离开西南联大,是因和同事关系紧张,不辞而别。据说他曾有此言:"西南联大的外文系根本不行;叶公超太懒,吴宓太笨,陈福田太俗。"②这一点,杨绛曾经撰文予以坚决反驳。那么,叶公超为何没有直接回信答复,是不屑一顾懒得回,还是得知钱骂自己"太懒"意气难平、故意不回?这是个谜团。事实上,钱锺书和叶公超之间貌不和、神已离,却是事实。据杨绛回忆,珍珠港事件后,钱、杨夫妇困守上海,生活艰苦。"锺书踌躇说,袁同礼曾和他有约,如不便入内地,可到中央图书馆任职。我不知锺书是否给袁同礼去过信。锺书后来曾告诉我,叶先生对袁同礼说他骄傲,但我也不知有何根据。"③学者李洪岩考证,《围城》中诗人曹元朗的原型是叶公超。④ 所以,当若干年后有人向叶公超问起钱锺书在联大的情况时,叶公超竟回答说他不记得钱锺书曾在那里教过书。⑤

附带一说,传说在清华时,钱锺书也曾追过叶公超的研究生赵萝蕤,不过晚年赵本人否认了此事。⑥ 钱锺书和杨绛结婚时,同学中只有赵萝蕤和陈梦家去参加了。

1991年,《读书》编辑扬之水多次拜访赵萝蕤。一次扬之水问赵是否读过《围城》,赵回答:《围城》是早就看过的,但对书中所描写种种,并不熟悉;并说当年她还和陈梦家参加了钱、杨在杨家举行的婚礼。赵萝

---

① 杨绛:《钱锺书离开西南联大的实情》,《杨绛全集》(3),第98页。
② 周榆瑞:《也谈费孝通和钱锺书》,台湾《联合报》,1979年8月2日。
③ 杨绛:《我们仨》,《杨绛全集》(4),第97—98页。
④ 参阅爱默:《鱼雁抉微》,《记钱锺书先生》,牟晓朋、范旭仑编,大连出版社1995年版,第117页。
⑤ [美]胡志德:《钱锺书》,中国广播电视出版社1990年版,第8页。
⑥ 参阅爱默:《鱼雁抉微》,《记钱锺书先生》,第118页。

蕤说,她和钱锺书的生活圈子不同,钱是有生活阅历的,而她却没有。"以后的几十年,我们几乎再没有来往,形同路人。"还有一次,赵萝蕤说起"近来对某某的宣传大令人反感",说:"我只读了他的两本书,我就可以下结论说,他从骨子里渗透的都是英国十八世纪文学的冷嘲热讽。十七世纪如莎士比亚那样的博大精深他没有;十九世纪如拜伦、雪莱那样的浪漫,那样的放浪无羁,他也没有;那种搞冷门也令人讨厌,小家子气。以前我总对我爱人说,看书就要看伟大的书,人的精力只有那么多,何必浪费在那些不入流的作品,耍小聪明,最没意思。"①这个"某某"不难猜测,当是钱锺书。

图50　杨绛与钱锺书订婚后在苏州庙堂巷花园同全家合影。中坐者为父亲杨荫杭与母亲唐须嫈。站立者从左起依次为杨绛、钱锺书、三姐夫何德奎（手牵女儿肇瑜）、三姐闰康、大姐寿康、八妹杨必、七妹杨桼、七妹夫孙令衔、小弟保俶

---

① 扬之水:《〈读书〉十年》(二),中华书局2012年版,第36、121页。

去英国留学

1935 年 8 月，新婚的钱锺书、杨绛在上海登上去往英国的邮轮，开始了两人共同的留学时光，也开始了他俩持续了 60 余年琴瑟和弦、鸾凤和鸣的幸福生活。

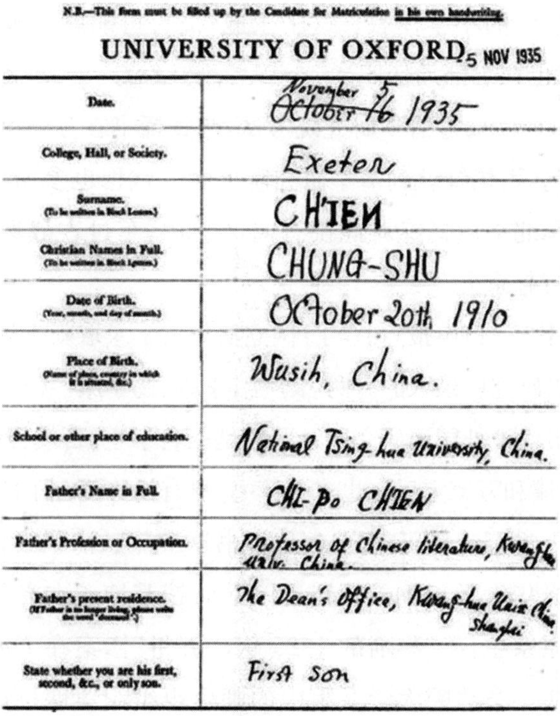
N.B.—This form must be filled up by the Candidate for Matriculation in his own handwriting.

UNIVERSITY OF OXFORD 5 NOV 1935

Date.	~~October 16~~ November 5 1935
College, Hall, or Society.	Exeter
Surname. (To be written in Block Letters.)	CH'IEN
Christian Names in Full. (To be written in Block Letters.)	CHUNG-SHU
Date of Birth. (Year, month, and day of month.)	October 20th 1910
Place of Birth. (Name of place, country in which it is situated, &c.)	Wusih, China.
School or other place of education.	National Tsing-hua University, China.
Father's Name in Full.	CHI-PO CH'IEN
Father's Profession or Occupation.	Professor of Chinese literature, Kwang-hua Univ. China.
Father's present residence. (If Father is no longer living, please write the word "deceased".)	The Dean's Office, Kwang-hua Univ. China Shanghai
State whether you are his first, second, &c., or only son.	First son

图 51　钱锺书在牛津大学的注册登记表

先说说两人在此之前的两三年间的行状。

1932 年 7 月，杨绛在清华借读大四级第二学期卒业，领到东吴大学毕业文凭。原本想考清华研究院，但清华本科四年的功课，一个暑假决计补不上，由亲戚介绍，在上海工部局华德路小学当小学教师，到 10 月因生风疹而离校养病。

工部局，即英文 The Municipal Committee 的中文翻译，意思为市政委员会，是设置于租界的相当于一种行使行政权的机构。从1928年至1939年的十余年间，当时任公共租界工部局华人教育处处长的陈鹤琴，先后创办了多所小学和幼稚园。华德路小学正是其中一所，创办于1932年4月。也就是华德路小学创办不久，杨绛经亲戚介绍，进入这所有着很好"福利"的小学任教。这个亲戚，极有可能就是她的三姐夫何德奎，他其时也在工部局任职。

1933年，杨绛通过清华研究院考试，与钱锺书在苏州由男女两家合办订婚礼。随后，杨绛就到清华研究院上学。钱穆也参加了订婚礼，与杨绛一同乘车北上。杨绛对此撰有回忆文章《车过古战场——追忆与钱穆先生同行赴京》。

当年8月25日《申报》刊登了《国立清华大学录取新生揭晓》的广告，其中被外国语研究所录取的有两名学生：李雄、杨季康。但李雄后来并未注册入学。最终被外国语研究所录取的是三名学生：石璞、万家宝（曹禺）和杨绛，但石璞和万家宝后来也未去读书，只有杨绛读完了两年。

杨绛北上进了清华研究院，而钱锺书这一年从清华本科毕业，却南下去往上海光华大学担纲英语讲师。其父钱基博正在光华大学任教，任中国文学系主任。早前的1925年，"五卅"惨案在上海爆发，各界纷纷走上街头。圣约翰大学及附中的师生也组织罢课抗议，但遭到校方阻挠。学生553人以及全体华籍教师19人，集体宣誓脱离圣约翰大学，成立新的光华大学。钱基博正是脱离圣约翰大学的华籍教师之一，可谓创校"元老"。父子两人同校执教，传为一时佳话。

钱锺书从清华大学本科毕业后，何以没有进入清华研究院，而是选择去往光华大学任教呢？杨绛在其《生平与创作大事记》中解释为："他蓄意投考英庚款留英奖学金，而应试者必须有为社会服务两年的经历，所以他急要教书,取得应试资格。"①《听杨绛谈往事》中进一步解释为,钱锺书没有进清华研究院深造的原因就是计划考留英公费生,并非如传言所说嫌弃清华老师不够格指导。② 但这与史实并不相符。1933年7月公布的《第一届招考留英公费生简章》中,应考资格为"(甲)国内外公立或已立案之私立专科以上学校毕业后曾继续研究所习学科二年以上,而有有价值之专门著作或其他成绩者;(乙)国内外公立或已立案之私立专科以上学校毕业,并曾从事于所习学科有关之职业二年以上者"③。此后几届要求相同。

图52　钱锺书清华大学毕业证书

---

① 《杨绛生平与创作大事记》,《杨绛全集》(9),第467页。
② 吴学昭:《听杨绛谈往事》,第84页。
③ 《管理中英庚款董事会招考留英公费生通告》,《申报》,1933年7月15日。

而且，据1931年修改的《国立清华大学研究院章程》，本校毕业生成绩优异者可免试进入研究院。钱锺书这届毕业生正适用，而且依钱的水平，完全可以免试入研究院。

可见，钱锺书从本科毕业后，依照相关的简章与章程，他可以直接报考，乃至可以免试。但是，钱锺书放弃进入清华研究院，而是任教光华大学，或许其间的缘由并不是如杨绛所说的那么简单。

订婚之后的杨绛，在清华研究院读书。杨绛没有选修叶公超的课。叶公超听说钱锺书的未婚妻在清华读研究生，就执意要和她见面，看看拒绝和从妹联姻的钱锺书究竟相中了一位什么样的未婚妻。叶公超要他的研究生赵萝蕤来邀请杨绛，请到他家去吃晚饭，并请赵萝蕤当陪客。"叶先生很会招待，请吃饭时，和阿季讲她儿时好友孙燕华的事，说'燕华的姑爷有官瘾'等等；两人有共同可谈而别人不知道的话，所以很快就熟了。"①

"叶公超先生大概想试试阿季的英文，一天，拿了一册英文刊物，指出一篇文章要她翻译，说是《新月》要这篇译稿。这是一篇很晦涩、很沉闷的政论《共产主义是不可避免的吗？》。……她七翻八翻总算完成了。她把译稿交给叶先生，只算勉强交卷。叶先生看过后说"很好"，交给《新月》发表了。原文内容，阿季早已忘记，单凭题目可以想见是反共的。'文化大革命'中，阿季交代'罪行'，想起了这篇翻译，趁早主动交代。三十多年前的译文，交代了也就没事了。"②

《共产主义是不可避免的么？》，英文名为 *Is Communism Inevitable？*，作者 F. S. Marvin，原发表于伦敦 *Hibbert Journal* 三十一卷一号，1932年10月。杨绛的译文发表于《新月》1933年第7期。

---

① 吴学昭：《听杨绛谈往事》，第87页。
② 同上。

到了1935年,钱锺书考取了庚款留英奖金。在清华的杨绛不及毕业,办理休学手续,准备以自费留学形式与钱锺书一同去往英国。

7月13日,钱锺书与杨绛在苏州庙堂巷举行婚礼,张一麐证婚。喜筵过后,一对新人又被接到无锡七尺场钱家,继续热闹一番。

此时,离出国之期,只有短短的一个月左右的时间了。

再说说钱锺书考取第三届庚款留英生的情况。

回溯历史,1922年12月,英国政府宣称,以后中国应付庚款,英国预备全部退还,作为发展两国互有利益事业之用。1925年,英国国会正式通过"退还中国赔款案"。1930年,中英两国正式换文,决定成立中英庚款董事会(后称中英文教基金董事会),并确定庚款用途:将退还的全部庚款设置基金,借充中国建筑铁路和经营其他生产事业,然后以所得利息兴办文化教育事业。文化教育事业中,规定留学费用占15%。这是庚款留英公费的由来。1933年起举行留英公费生考试,共九届。钱锺书参加的是第三届留英公费考试,于1935年4月举行。报名290人,应考262人,录取24人。其中选考英国文学类的17名。钱锺书填表内容,学门:英国文学,年龄:二十五,籍贯:江苏无锡,学历:清华大学外语系文学士,经历:光华大学英文讲师,保证人:朱公瑾。朱公瑾时任光华大学副校长。

留英公费考试十分严格,录取率极低,而且当年度英国文学专业只有一个录取名额,竞争十分激烈。吴学昭著《听杨绛谈往事》记载:"1935年春假,钱锺书没有北来与阿季相聚。他教书将满两年,已有资格参加中英庚款留英考试。本届招收留英学生二十余人,英国文学专业只有一个名额。许多人听说钱锺书本年报考,便不再报名。吴宓在清华研究院指导的研究生吴仲贤成绩很好,中英文俱佳,原来也准备考庚款学文学;吴宓得知钱锺书已报名,便劝他报考别的专业。……钱锺书以高分考上了庚款留英,他是本届唯一被录取专攻英国文学的学生。中英庚款董事会董事长朱家骅参加了主考,对钱锺书成绩印象深刻,很赏识。"①吴仲贤后来改学畜牧,获爱丁堡大学动物遗传学哲学博士,后成为中国科学院院士。据说,曹禺听说钱锺书报名之后,也直接放弃了。曹禺在大四时就完成了名著《雷雨》,轰动文坛。本科毕业后,他被清华研究院录取,但他没有入学,而是去往河北保定一所中学任教。1935年,曹禺放弃报考庚款留英,而是开始了他另一部名著《日出》的创作。

吴仲贤、曹禺的选择,无疑是正确的。成绩揭晓,钱锺书总平均成绩为87.95分,顺利考取。这一成绩为历届最高,之后各届未有逾75分者。而且,以后的第四届和第五届取消了英国文学这一门类,而是改成了英语学(语言学),此后便取消了语言文学类的名额。钱锺书幸运地搭上了公费留英学习英国文学的末班车。

从现有资料来看,当时还有一位原本完全有资格考取此专业的学生,最终也没有投考,他就是张骏祥。张骏祥与钱锺书同生于1910年,出身书香世家。其父张立瀛早年留日,归国后曾在江苏军政界为官,后举家迁居北京。1927年张骏祥进入北师大英文系,1928年转学清华外文系。张骏祥在清华比钱锺书高两级,1931年毕业后被外文系留用,接替李健吾担任系主任王文显的助教。

1933年夏,在中英庚款留学考试创办的同时,清华大学也在教育部要求下公开举办了第一届面向全社会的留美考试。对有志出国留学的人而言,这两个考试都是大好良机,专业大方向符合均可一试。到了1935年第三届留英考试时,考试时间由暑期提前到春季,理由是"天气

---

① 吴学昭:《听杨绛谈往事》,第94—95页。

炎热，颇不适宜"①。这样一来，这一年的应试者无意之中多了一个选择，既可参加春季的留英考试，又可参加暑期的留美考试。

1935年留英考试的全部考生里，却没有张骏祥的名字，可见他主动放弃了这次机会。他中意的是留美考试，因为这一届留美考试出现了面向外文系毕业生的两个语言文学类名额：语言学和戏剧（注重舞台技术）。而戏剧正是他的爱好所在。

张骏祥果然以高分考取，除法文（留美要考两门外语）和西洋文学史外，其他科目都在85分至95分之间。张的总平均分为82.24，在清华举办的六届庚款留美考试中位列第二。若刨去带有主观评价的"研究或服务成绩"，张骏祥的笔试成绩为历届留美考生之冠②，与留英考试的榜首钱锺书相映成趣。需要指出的是，在第三届留英考试中，普通科目和英国文学门专门科目的命题人均与第二届相同。张骏祥曾考过不错的成绩，如继续参加此届考试，轻车熟路，与钱锺书谁会胜出还未可知。

当然，在钱锺书背后的失意者也大有人在，比如他的清华同学王锡冀。他在留英考试中失利，旋即在8月又参加了留美考试，并考取语言学门。后来王锡冀于1946年早逝。

对于庚款留英考试的过程、录取以及学生"放洋"的前后经过，《申报》给予了密切关注，屡有报道：

> 中英庚款会三届留英公费生考试，已于月初在京、平两地举行。当由校试委员王世杰、丁文江、沈刚伯、李圣五等五十人，赶将

---

① 《庚款留英第三届考试明年四月举行》，《外部周刊》1934年第34期。
② 参见《留学教育——中国留学教育史料》第4册，刘真主编，台北"国立编译馆"1980年版，第1889页、1907页。

试卷评阅完竣,嗣于二十二日在该会事务所召集考试委员会议。该会董事长朱家骅,亦出席参加讨论,将应考人分数详加审核,按照及格标准,录取二十四人:一、英国文学一名:钱锺书(清华)……闻此次录取标准,因各考生一般成绩较前两届尤优,特将总平均及格分数提高。又据该会负责人云,定七月中召集录取人在京谈话,八月初启程放洋。①

中英庚款会录取之第三届公费留英学生,八月初放洋出国。旅费服装费,业已决定,计川资为八十镑,服装费二十四镑,共一百零四镑(约华币一千五百元)。②

中英庚款董事会考试录取之第三届留英公费学生,定七月二十二日前须赴南京报到,在京请名流学者作短期之演讲会后,于八月六日离沪放洋。已分别通知各生遵照办理矣。③

朱家骅二十三日晚欢宴中英庚款留学生。席间朱报告中英庚款,经中央决定分配办法及分配经过,与该会管理情形。次请戴传贤演说,颇多勖勉,词极恳挚,各生深为感动。④

……又本届由中英庚款项下补助留英学生二十四人,已定今日搭英邮凯森号启程赴英。该会特于昨日下午四时,假座霞飞路一九二五号威尔金逊氏住宅,举行欢送会。参加者除该会董事朱家骅、宋子良、曾镕浦、陈蔼士、刘瑞恒等外,并请市长吴铁城、驻沪英总领事白利南及英总商会会长马锡尔等多人。由朱家骅、吴铁城分别致词,学生代表答词,至七时许散会。……中央社云:中英

---

① 《英庚款留英生 三届录取二十四人》,《申报》,1935年4月24日。
② 《中英庚款会公费留英生八月放洋》,《申报》,1935年6月9日。
③ 《中英庚款会三届留英生限期报到》,《申报》,1935年7月6日。
④ 《朱家骅宴庚款留英生》,《申报》,1935年7月25日。

庚款委员会,本年考选赴英留学生二十四人,昨由该会副董事长、英商会长马赛迩君茶会欢送,由该会董事长朱家骅致词后,吴市长致词……①

中英庚款董事会考选录取之第三届留英公费学生,于上月集中南京作短期之演讲后,即行来沪办理出国手续。现定今日在沪乘凯森号轮赴英。闻每人川资、服装费等需一千五百国币云。②

庚子赔款英国退还部分所派留学英国之中国学生二十三人,已于今日抵此,暂寓中华学社附近之某旅馆,以待分入牛津、伦敦、爱汀堡、孟却斯德、里资、东玛抹等大学及农科专校肄业,而无一入剑桥大学者。虽有数人提出申请,惜为时已迟,未经容纳。英伦中国学生会各大学小组委员会等机关现拟开会欢迎。诸生曾语路透访员,谓沿途安顺,诸人体皆强健,对于在英之前程,盼望綦殷。诸人并承认骤见伦敦之伟大气象,不庭[禁]为之目眩。(十三日路透电)③

根据上引的《申报》的相关报道,可以了解到第三届庚款留英生从被录取到"放洋"前这一期间的有关情况和行踪:录取后不久,定下每位留英生的旅费为 80 英镑,服装费为 24 英镑,共 104 英镑,约当国币 1 500 元。(按:另有资料表明,每个学生可获得 20 英镑衣物购置费、80 英镑路费和 24 英镑的每月学费生活费。在上世纪三十年代,这是一笔非常优厚的奖学金。有英国学者根据英国历史消费数据和通货膨胀率

---

① 《中英庚款董事会通过导淮及粤汉借款》,《申报》,1935 年 8 月 6 日。
② 《中英庚款会考选留英生今日放洋》,《申报》,1935 年 8 月 6 日。
③ 《我留英学生抵伦敦》,《申报》,1935 年 9 月 14 日。

做出了一个"英国历史价格换算器"。照此计算,1935年的上述奖学金,大略相当于2013年的1 200英镑置装费,4 900英镑路费和每月1 500英镑学费和生活费。)所有留英生于7月23日前赴南京报到,请在南京的名流学者给他们作短期演讲;7月23日晚,由中英庚款董事会董事长朱家骅宴请留英生,席间由朱家骅"报告中英庚款,经中央决定分配办法及分配经过,与该会管理情形",并由戴传贤(字季陶)演讲;8月5日下午四时,假座上海霞飞路1925号威尔金逊氏住宅,举行欢送会,由朱家骅和上海市市长吴铁城分别致辞,学生代表答辞。

《听杨绛谈往事》一书中又载:"阿季和锺书是1935年8月13日乘P&O公司的邮轮离开上海远航的,……邮轮在海上行驶三星期,于

图53　钱锺书与杨绛在去往英国的邮轮上

1935年9月初抵英国。"①但现在根据《申报》当时的"实时报道",钱锺书等人离开上海赴英的日期是8月6日,而非8月13日,乘坐的英国邮轮名叫"凯森号"。抵达英国伦敦的日期是9月13日,而非9月初。这或许是杨绛在多年以后回忆往事时,在记忆上出现的误差。

参加第一届世界青年大会

抵达英国以后,钱锺书进入牛津大学的埃克塞特学院英文系就读。牛津大学共有39个学院,埃克塞特学院成立于1314年,已有600余年历史,是牛津第四古老的学院。

不过,牛津大学校规要求,入学的硕士候选人必须在被牛津大学委员会"认可"的大学获得本科学位,而当时清华尚不在此列。为此,埃克塞特学院先给予钱锺书"高级学生"(Senior Student)的身份,之后再"转正"。所以,到了1935年11月1日,钱锺书才正式被埃克塞特学院录取,11月5日注册入学。

杨绛呢,做了一名旁听生,听几门课,然后到大学图书馆自习。杨绛回忆说,在牛津的第一学年是她最用功读书的一年,除了想家想得苦,也是她生平最轻松快乐的一年。② 1936年暑期,他们决定到伦敦、巴黎出游度假。

在巴黎,钱锺书和杨绛还没来得及和老同学、朋友们畅快交流,就匆匆一起去瑞士日内瓦参加第一届世界青年大会了。对于钱锺书、杨绛夫妇参加此次世界青年大会的情形,杨绛后来在她的著作和与吴学昭的谈话中,有较为详尽的回忆。如《我们仨》中写道:

---

① 吴学昭:《听杨绛谈往事》,第102—103页。
② 吴学昭:《听杨绛谈往事》,第121页。

巴黎的同学更多。不记得是在伦敦还是在巴黎,锺书接到政府当局打来的电报,派他做一九三六年"世界青年大会"的代表,到瑞士日内瓦开会。代表共三人,锺书和其他二人不熟。我们在巴黎时,不记得经何人介绍,一位住在巴黎的中国共产党员王海经请我们吃中国馆子。他请我当"世界青年大会"的共产党代表。我很得意。我和锺书同到瑞士去,有我自己的身份,不是跟去的。

锺书和我随着一群共产党的代表一起行动。我们开会前夕,乘夜车到日内瓦。我们俩和陶行知同一个车厢,三人一夜谈到天亮。陶行知还带我走出车厢,在火车过道里,对着车外的天空,教我怎样用科学方法,指点天上的星星。

"世界青年大会"开会期间,我们两位大代表遇到可溜的会,一概逃会。……重要的会,我们并不溜。例如中国青年向世界青年致辞的会,我们都到会。上台发言的,是共产党方面的代表;英文的讲稿,是钱锺书写的。发言的反映还不错。[①]

又《听杨绛谈往事》一书中写道:

到巴黎,中国同学更多,阿季和锺书还没来得及和老同学、朋友们畅快交流,就匆匆一起去瑞士日内瓦参加1936年7月召开的第一届世界青年大会了。锺书当代表,是政府当局由国内拍电报来指派的;阿季呢,是经友人介绍而认识的一位在巴黎的中共党员,邀请她当中共方面的青年代表。他俩随共产党的代表一起活

[①] 杨绛:《我们仨》,《杨绛全集》(4),第72—73页。

动。开会前夕,同乘夜车赴日内瓦,他俩和陶行知一个车厢,三人一夜聊到天亮。

开会期间,重要的会议,阿季和锺书都参加。按理,大会代表中国青年发言的,该是国家特派的代表,但锺书不爱做这类事,正好共产党代表要争取讲,锺书就把他写的中国青年向世界青年的英文致辞交她上台去念。①

第一届世界青年大会,由国际联盟同志总会召集,于1936年8月底至9月初在瑞士日内瓦举行,中国组成代表团参加了这次大会。据巴黎中国书报社《中国代表团参加世界青年大会报告书》中记:"中国代表团出席大会的共20人:由法国赴会者有王海镜、徐寿轩、朱伯奇、何德鹤、刘汀业、王燊、王静如、陈柱天;由英国赴会者有胡秋原、侯雨民、钱锺书、钱清廉、伍启元、杨季康(女);由中国直接赴会者有陶行知、陆璀(女);由美国赴会者有蔡葵(女);由瑞士赴会者有谢劲健、潘济南、王冷樵。团长王海镜,法文秘书朱伯奇,英文秘书钱清廉,中文秘书陆璀。"②王海镜,就是杨绛回忆中所指的王海经。

杨绛在回忆这段往事时,对于一些细节,仍然有一些"记忆上的误差"。根据其它相关的史料文献,略作考辨订正:

(一)《听杨绛谈往事》中说第一届世界青年大会是于"1936年7月召开",但中国代表团成员陆璀、伍启元等人写的文章,当时国内报刊媒体的报道及其他许多史料文献对此都有确切的记载,这次会议的召开日期是从1936年8月31日到9月6日。

---

① 吴学昭:《听杨绛谈往事》,第121—122页。
② 《中国代表团参加世界青年大会》,《陶行知文集》第12卷,四川教育出版社2002年版,第472—473页。

（二）《我们仨》和《听杨绛谈往事》都提到，中国青年向世界青年的英文致辞是钱锺书写的。《听杨绛谈往事》中更是交待，这一英文致辞是钱锺书写好后，交由一女性代表（"她"）上台去念的。而据《中国代表团参加世界青年大会报告书》载，中国代表作发言的主要有以下几次：一是"9月1日上午第一轮大会，听取各国代表报告各该国青年运动之现况。陆璀代表中国向大会作五分钟的报告"；二是"9月2日下午第一组讨论如何加强国联使成为更有效的国际和平组织时，中国代表王海镜发言"；三是"9月3日下午徐寿轩在第二组作了'中国最近经济及社会的动态'的发言"；四是9月6日"大会闭幕时，王海镜登台代表亚洲青年发言"。此外，"中国代表团除参加世界青年大会的统一活动外，还在9月4日下午四时，假中国驻国联代办处招请各国代表茶会，王海镜、陆璀均有演说"。①

细味《我们仨》和《听杨绛谈往事》的文意，"中国青年向世界青年的英文致辞"，应该是指9月1日上午第一轮大会上"陆璀代表中国向大会作五分钟的报告"。因为中国代表在会议期间的几次发言，除了闭幕式上的发言之外，只有这一次是在全体大会上的发言，其余的都是小组会上的发言或茶话会上的演说，恐怕也只有这一次才能称得上是向"世界青年"的致辞。另外，在上述的几个发言者或演说者中，只有陆璀是女性，杨绛说由"她"上台去念致辞，那只能是指陆璀。

陆璀在第一轮全体大会上发言的题目是《中国青年为保卫祖国独立与世界和平而奋斗》，这个发言的中文稿曾全文刊载于1936年9月10日的巴黎《救国时报》（中文报纸）上。1995年，陆璀编订自己历年文稿为《晨星集》出版，其中有一篇文章的题目是《"一二·九"运动走向了

---

① 《中国代表团参加世界青年大会》，《陶行知文集》第12卷，第473页。

世界》，文中有一节是"世界青年大会"，记叙作者参会的情况；而《中国青年为保卫祖国独立与世界和平而奋斗》作为"附件一"附于此文之后。对于这个发言稿的起草，各家也有一些角度不一的记述。一是陆璀在为《晨星集》中收录这个发言稿时所做的"几点说明"说："这个发言稿是中国代表团共同拟定的。"①二是《救国时报》1936年9月25日刊载了一篇《为祖国而奋斗的中国青年并为世界和平而奋斗——日内瓦通讯》，文中说："关于大会的发言及提案，都事先经过代表团全体讨论通过后始得执行……"②三是代表团成员之一伍启元，后来在《参加世界青年大会的观感（伦敦通讯）》一文中说：9月1日上午会议上"我国代表团之演讲稿由钱清廉起草，由陆璀宣读"。③

参照以上诸说，并揆诸事理，可以基本了解这个发言稿的形成过程：它是经代表团成员共同讨论，由钱清廉执笔起草，最后由陆璀在大会上宣读。钱清廉，江苏昆山人氏，第一届庚款公费留英学生，后获英国伦敦大学哲学博士学位，另有一说是牛津大学法学博士学位。他是中国代表团的英文秘书，由他来执笔起草英文稿，也是很顺理成章的事情。在讨论和起草的过程中，钱锺书或当是对发言稿有所贡献；但如说这份发言稿都是由钱锺书一人所写的，则恐怕不够确切。

（三）《我们仨》中说"上台发言的，是共产党方面的代表"；《听杨绛谈往事》中也说："按理，大会代表中国青年发言的，该是国家特派的代

---

① 陆璀：《晨星集》，人民日报出版社1995年版，第40页。
② 《为祖国而奋斗的中国青年并为世界和平而奋斗——日内瓦通讯》，《中国青年运动历史资料》第13集，中国青年出版社1996年版，第287—288页。
③ 伍启元：《参加世界青年大会的观感（伦敦通讯）》，《中国国际联盟同志会月刊》第1卷第7期，1936年6月。

表,但锺书不爱做这类事,正好共产党代表要争取讲,锺书就把他写的中国青年向世界青年的英文致辞交她上台去念。"据《晨星集》一书所附的"陆璀简历",1936 年 5 月全国学生救国联合会在上海成立,陆璀担任宣传部部长;1936 年 6 月她加入共青团,同年 10 月转为中共党员。也就是说,1936 年 9 月上旬世界青年大会召开时,陆璀还不是中共党员。另外,陆璀自己在《"一二·九"运动走向了世界》一文的"世界青年大会"一节中说:"世界学联几次给我们来信,力劝和敦促我们务必派代表前去出席。认识到这件事的重要性,全国学联决定派代表去。但是学联没有钱,只能派一个人。于是学联开会决定,派我作代表去参加。"①也很清楚地说明她是以中国学联代表的身份而不是以"共产党方面的代表"的身份参加这次大会的。同一篇文章中又说:"由于我是唯一参加了'一二·九'运动并直接从国内派出来的学生代表,所以,就公推我代表中国青年在大会上发言。"这说明她代表中国青年发言,同样也不是以共产党代表的身份。

钱锺书为何没有申请牛津学位

时间过得很快,转眼就到了钱锺书应该递交论文的时候了。

学者杨昊成写过《钱锺书在牛津大学》一文,刊登在 2015 年 7 月 3 日《文汇报》副刊《文汇学人》上。据杨文载,1937 年 6 月 22 日,钱锺书提交了论文,论文题目是《17 及 18 世纪英国文学里的中国》,并参加了口试。英文系任命了两位主考官来考察他的论文:基布尔学院的英文导师伦纳德·赖斯-奥克斯利和林肯学院的中国宗教和哲学高级讲师欧内斯特·休斯。主考官给出报告,证明他在口试和论文中的表现足

---

① 陆璀:《晨星集》,第 28 页。

图 54　钱锺书与杨绛在牛津大学公园合影(1936 年)

以获得学位。

关于钱锺书论文的内容,杨绛在回忆文章中已有详尽的叙述,此处不赘。

1937 年 10 月 29 日,学院向钱锺书颁发了毕业证书。然而,出乎人意料的是,他并没有像其他学生那样接着走下面一步,即申请学位。因此,从理论上说,钱锺书在牛津并没有被授予任何学位。

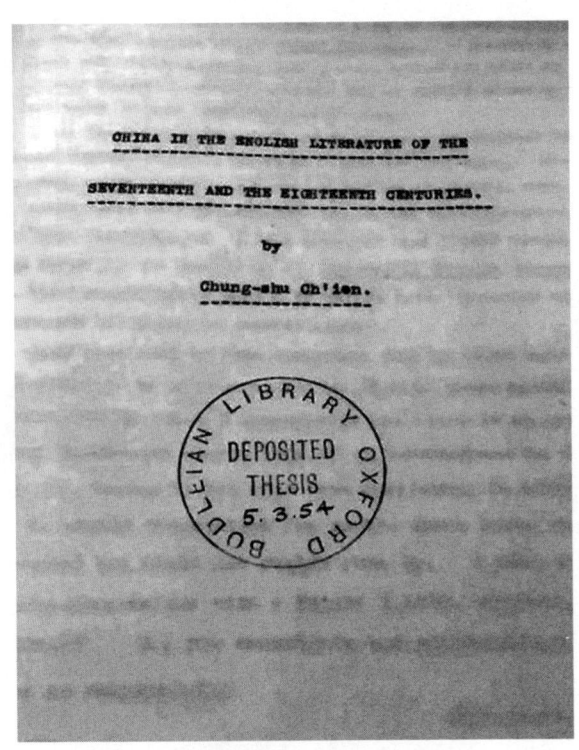

图 55　钱锺书当年的毕业论文原稿

那么,钱锺书为什么没有申请牛津学位呢?

牛津大学规定,每人只有一次机会参加毕业典礼,不少人因此会选择在一些年以后,比如家人都有时间参加的情况下,再提出申请,参加典礼,获得学位。钱锺书毕业后很快去了巴黎深造,加上女儿钱瑗刚出生不久,当时没有时间申请是非常可能的。而且,对于钱锺书而言,他本身就是一个不看重学位的人。

也就是说,钱锺书已经通过了所有的考试,论文也被接受,只是没有走最后的程序和形式而已。

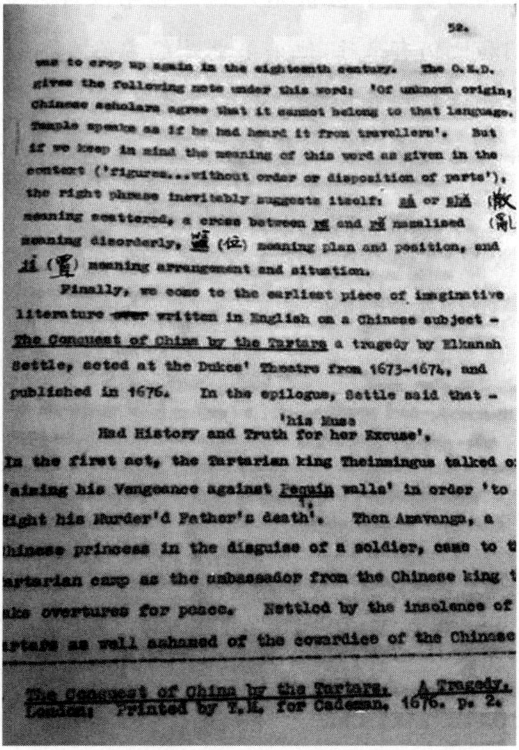

52.

was to crop up again in the eighteenth century. The O.E.D. gives the following note under this word: 'Of unknown origin; Chinese scholars agree that it cannot belong to that language. Temple speaks as if he had heard it from travellers'. But if we keep in mind the meaning of this word as given in the context ('figures...without order or disposition of parts'), the right phrase inevitably suggests itself: sǎ or shǎ (散 meaning scattered, a cross between rě and rǎ nasalised (亂 meaning disorderly, wèi (位) meaning plan and position, and zhì (置) meaning arrangement and situation.

Finally, we come to the earliest piece of imaginative literature ~~ever~~ written in English on a Chinese subject – The Conquest of China by the Tartars a tragedy by Elkanah Settle, acted at the Dukes' Theatre from 1673-1674, and published in 1676. In the epilogue, Settle said that –

'his Muse
Had History and Truth for her Excuse'.

In the first act, the Tartarian king Theinmingus talked o 'aiming his Vengeance against Pequin walls' in order 'to right his Murder'd Father's death'.[1] Then Amavanga, a Chinese princess in the disguise of a soldier, came to t Tartarian camp as the ambassador from the Chinese king t ake overtures for peace. Nettled by the insolence of artars as well ashamed of the cowardice of the Chinese

1. The Conquest of China by the Tartars. A Tragedy. London: Printed by T.M. for Cademan. 1676. p. 2.

图 56　毕业论文中的笔迹

"史博定"教席之争

在牛津,还有一件事。杨绛如此回忆:

牛津有一位富翁名史博定(H. N. Spalding)。据说他将为牛津大学设立一个汉学教授的职位。他弟弟 K. J. Spalding 是汉学家,专研中国老庄哲学。K. J. Spalding 是牛津某学院(Brasenose College)的驻院研究员(Fellow Don)。富翁请我们夫妇到他家吃茶,劝锺书放弃中国的奖学金,改行读哲学,做他弟弟的助手。他口气里,中国的奖学金区区不足道。锺书立即拒绝了他的建议。以后,我们和他仍有来往,他弟弟更是经常请我们到他那学院寓所去吃茶,借此请教许多问题。锺书对于攻读文学学士虽然不甚乐意,但放弃自己国家的奖学金而投靠外国富翁是决计不干的。①

而据杨昊成的《钱锺书在牛津大学》一文所记,情况似乎并非如此。

据杨文记,1936年,牛津大学决定设立"史博定中国哲学和宗教讲师",为期三年,仅对中国出生、说中文、在中国接受教育的学者开放。此项教席的重要任务之一,就是将中国一些经典哲学宗教作品协助翻译成英文。

钱锺书和在北京大学获得硕士学位的另一位中国年轻学者王维诚都申请了这个职位。那时王维诚是清华大学的一名助教。他的申请得到了当时中国三位著名学者的支持,他们分别是中央研究院历史与哲学所的傅斯年教授,清华大学文学院院长、中国哲学教授冯友兰,以及北京大学哲学教授汤用彤。

杨文提到,钱锺书在清华读书时,也曾是冯友兰的学生,因此他也请冯友兰写了推荐信。有意思的是,冯友兰在一封信中同时推荐了王维诚和钱锺书。这封推荐信是这样写的:

> 我荣幸地向你们推荐两位史博定中国哲学与宗教讲师教席的学者,王维诚先生和钱锺书先生。王先生毕业于国立北京大学,并继续在同一学校研究生院攻读了研究生。他被任命为本校清华大学助教,于1935—1936学年担任佛教一门课程的教学。他即将赴

---

① 杨绛:《我们仨》,《杨绛全集》(4),第62—63页。

德国，故今秋已辞去清华教职。他的研究能力十分出色，他在中国哲学、宗教、佛教、道教方面的知识在年轻一辈学者中都是一流的。钱先生毕业于本校清华大学，目前正在牛津大学留学。他是我们最优秀的毕业生之一，在中国哲学、文学、艺术方面具有令人惊讶的广博的知识，宗教方面或者稍弱一些。他对英文的掌握非常出色，这一点牛津人或者已经有所了解。在我看来，若论中国哲学与宗教方面的知识，王先生似乎比钱先生条件更好一些；若论对英文的掌握程度，则钱先生比王先生更合格。具体选择何人，则悉听各位根据牛津的政策作出决定。王先生和钱先生的个人品格均令人赞赏。附带说一句，王先生还是休斯先生的一位好友。

冯友兰在信末所提到的休斯，中文名叫修中诚，是南京庚款管理委员会董事会的成员，又是牛津大学林肯学院宗教与哲学高级讲师，因此是史博定讲师教席遴选委员会的当然委员。这位修斯，也正是钱锺书毕业论文两位主考官中的一位。杨文指出，从冯友兰的推荐信中我们得知，休斯显然对王维诚及其学问了解颇深。冯在信末提一下休斯，貌似轻描淡写，实则颇具份量。面对王维诚这名既有"关系"，又有中国宗教这一特殊强项的对手，钱锺书的申请自然希望渺渺。

不过，杨文称"有证据表明"钱锺书曾申请此职位，除冯友兰在王维诚申请档案中的推荐信里也推荐了钱锺书之外，并未给出其他证据。其实，仅凭这一点还不能证明钱锺书一定申请过。

而且，1936年10月牛津大学秋季学期开始时，钱、杨夫妇已托友人代为在巴黎大学办好注册手续。据学者杨成埻先生考证，冯友兰的推荐信写于1936年11月，这样一来，钱锺书在已决定赴法后，何必还去请冯推荐自己留在牛津呢？

修中诚在遴选学者人选的过程中，在 1936 年 6 月接受访谈时曾表示："吾人愿于中国最完文大学青年学者之中物色一人，现正考虑二三人之履历，但尚未有何决议。"① 修中诚赴牛津任教前已与冯友兰熟识，冯友兰 1933 至 1934 学年从清华休假，赴英访学，修氏曾推荐其到英国大学中讲演。② 有一种可能是修氏就史博定讲席人选向冯友兰征询意见，请其作为本领域专家进行推荐，冯便将王维诚和钱锺书同时荐为候选，该信实际并不曾用作钱锺书的申请材料。

不管最终的事实如何，1937 年 4 月 27 日，牛津大学宣布，史博定中国哲学与宗教讲师教席遴选委员会将此教席授予王维诚，任期三年。8 月底，钱锺书这位中国未来的大学问家挈妇将雏，坐船前往法国，开始了对欧洲文化更进一步的深入学习与研究。

在巴黎

1937 年 8 月，钱锺书和杨绛带着新生的女儿圆圆，离开伦敦来到巴黎，进入巴黎大学进修并研究法国文学。

他们的交游不广，但巴黎的中国留学生多，他们经常接触到一个小圈子的人，有盛澄华、向达、林藜光、李伟（玮），还有 T 小姐、H 小姐。杨绛在回忆录《我们仨》中还记下了一段颇有几分"八卦"味的往事：

> 向达也到了巴黎，他仍是我家的常客。林藜光好客，李伟能烹调，他们家经常请客吃饭。T 小姐豪爽好客，也经常请客。H 小姐是她的朋友，比她更年轻貌美。H 小姐是盛澄华的意中人。盛澄

---

① 《申报》，1936 年 6 月 18 日。
② 蔡仲德：《冯友兰先生年谱初编》，河南人民出版社 1994 年版，第 133 页。

华很羡慕我们夫妻同学,也想结婚。可是 H 小姐还没有表示同意。有一位由汪精卫资助出国留学的哲学家正在追 T 小姐。追求 T 小姐的不止一人,所以,仅我提到的这几个人,就够热闹的。我们有时在大学城的餐厅吃饭,有时在中国餐馆吃饭。

哲学家爱摆弄他的哲学家架式,宴会上总喜欢出个题目,叫大家"思索"回答。有一次他说:"哎,咱们大家说说,什么是自己最向往的东西,什么是最喜爱的东西。"T 小姐最向往的是"光明",最喜爱的是"静"。这是哲学家最赞许的答案。最糟糕的是另一位追求 T 小姐的先生。我忘了他向往什么,他最喜欢的东西——他用了三个法国字,组成一个猥亵词,相当于"他妈的"(我想他是故意)。这就难怪 T 小姐鄙弃他而嫁给哲学家了。①

杨绛在文中提到的盛澄华,1913 年出生,浙江萧山人。1935 年清华大学外国语言文学系毕业,与杨绛是同学。毕业后,他即赴巴黎大学文学院进修四年。在此期间,与法国著名作家纪德建立了友谊。据他的清华好友王辛笛回忆:"在巴黎的短旅中,澄华还和我一同研读纪德的《地粮》和《新粮》,其文体之优美令我心折,就中尤以纪德关于'我思、我信、我感觉,故我在'的阐释使我终生难忘。……当时澄华一面在巴黎大学攻读,一面日夜埋头于纪德作品研究,常亲去登门请教,纪德很欣赏他的见解和心得,和他成为无话不谈的忘年交。澄华也曾有两次邀我去访问他,但可惜总因纪德正在外地旅行而未能实现。"②

钱锺书和杨绛 1936 年假期乘游览巴黎之际,当时就托盛澄华帮他

---

① 杨绛:《我们仨》,《杨绛全集》(4),第 81 页。
② 王辛笛:《忆盛澄华与纪德》,《辛笛集》第五卷"长长短短集",上海人民出版社 2012 年版,第 143—144 页。

们在巴黎大学办好注册入学手续。当钱锺书和杨绛这次来到巴黎时，又是盛澄华在火车站接他们，然后送他们至他已找好的公寓安顿下来。在王辛笛眼中，"澄华看重作家研究，专攻纪德作品，不像一般留学生惟学位文凭是问，这点与锺书看重真才实学地研究学问是相一致的。"①

盛澄华的意中人 H 小姐，名叫韩惠连。韩惠连，1912 年 8 月生于河北深县，三岁时随着祖父母移居北京。1934 年毕业于北京大学法语系，即赴法国巴黎大学进修。

当钱锺书和杨绛来到巴黎之时，韩惠连对盛澄华的求爱，"还没有表示同意"。一年之后，情况就发生了变化。1938 年春，盛澄华去爱丁堡大学进修。在他的热烈追求下，韩惠连也赶去爱丁堡，与盛澄华在那里结婚。如同钱锺书与杨绛在英国的生活一样，他们租了一间房子，"租的是一室一厅的房子，有小卫生间和小厨房。所有房间的家具都很简朴实用。"婚后，"白天，澄华和辛笛各自在家中钻研他们自己的课题，有时他们也会去大学图书馆查找资料"，"有时也会去爱丁堡大学听课，那里实行一年三个学期的教学制式，可能是天气非常凉爽吧，在夏季学校也安排一个学期来授课"。他们"都忙于学习和研究"，韩惠连就请澄华在爱丁堡大学借了一些巴尔扎克、左拉等法国作家的作品在家阅读。②

1938 年 8 月底，盛澄华结束了在爱丁堡大学的学习和研究，夫妻俩一起返回了巴黎。此时钱锺书、杨绛已带着女儿启程回国。1939 年 11 月，盛澄华夫妇带着在法国出生的长子也踏上了归国的路程。回国后，夫妻俩去往陕西城固，在国立西北联合大学任教，盛澄华在英语系教

---

① 王圣思：《怀念父亲的挚友盛澄华先生》，《散文 2012》，人民文学出版社 2013 年版，第 301 页。
② 参见王圣思：《怀念父亲的挚友盛澄华先生》，《散文 2012》，第 304、305 页。

书,韩惠连讲授"法语"和"欧洲文化史"。国立西北联合大学,是在七七事变后由北平师范大学、北平大学、天津北洋工学院临时组建的联合大学。之后,夫妻俩又接受重庆北碚复旦大学英语系的邀请,去那里任教。

抗战胜利后的1946年,盛澄华到上海复旦大学任教授,接着韩惠连一人带着孩子一路艰辛地来到上海与丈夫团聚。盛澄华、韩惠连也曾受邀去钱锺书、杨绛家做客,估计就在那时盛澄华将自己翻译出版的两书《伪币制造者》和《地粮》送给两位学长,扉页都写有:"中书、季康兄正之,澄华卅五年五月"。

盛澄华的激情与新时代十分合拍。1949年他是第一个报名参加"中国人民解放军南下工作团"的教授,轰动整个清华园。他穿上灰军装,打着绑腿,脚着黑布鞋白袜子,一副军人模样,随工作团到武汉接收武汉大学,直到患了肺病才回到北京。[①] 以后,高等院校调整,盛澄华由清华调入了北京大学西语系。韩惠连先在外国语学校教书,后来又到外交学院任教,成为法语系教授。不幸的是,上世纪五十年代中期,盛澄华提出离婚,于是韩惠连带着五个孩子独立生活。1969年秋,盛澄华随北京大学去江西鲤鱼洲农场劳动,次年因心肌梗塞逝世于鲤鱼洲农场。其一生重要著作有《论纪德》《纪德艺术与思想的演进》《纪德的文艺观》《诺贝尔奖金获得者纪德》《新法兰西评论与法国现代文学》等。

这是盛澄华与H小姐的情况,那么T小姐和那个追求她的哲学家,又是怎样一番情状呢?

这位哲学家,在杨绛笔下,是"由汪精卫资助出国留学的",会是谁

---

① 参见王圣思:《怀念父亲的挚友盛澄华先生》,《散文2012》,第310页。

呢？极有可能正是钱锺书、杨绛的无锡老乡许思园。

许思园，原名寿康，号思玄，后改名思园，1907年出生。1923年考入上海大同大学。1927年，也就是他20岁之际，用英文写《人性及其使命》(1933年付印成书)，分寄国内外学者，受到英国曼斯菲尔德、白克司，法国纪德，印度大诗人泰戈尔以及吴宓等的称道。1933年，许思园获得一笔中、比庚款资助，遂游学英、法等国，在伦敦留驻一段时间后，即转赴巴黎，在巴黎大学登记注册作哲学博士论文。1938年夏，他搬到巴黎近郊皇后村去住，专心致志地准备论文并写作《相对论驳议》。是年秋，他在巴黎大学获得博士学位。

据施蛰存回忆，许思园在大学时已有"哲学家风度"："同宿舍的同学有许思玄，读英国文学书甚勤奋，我和他对床而坐，颇受他的影响。""无锡许思玄，大同大学同舍生。我二人对床对案，同在一灯下读书。君读书甚博，过目不忘。又能冥想深思，在大学时已有哲学家风度。"①

T小姐，名叫唐郁南，早期革命党人唐才常的侄女。这个唐才常，前文已经有所叙述。1900年，唐才常发起"自立会"，准备在武汉起兵。在日本的中国留学生回国参与其事，其中就有杨绛之父杨荫杭。当钱锺书、杨绛夫妇来到巴黎之时，唐郁南在中国驻法领事馆任职员。就在许思园获得博士学位的那一年，也是1938年秋天，许思园、唐郁南结婚，证婚人是时任中国驻法大使顾维钧。此时，钱锺书、杨绛夫妇已然回国。

1940年7月，德军进占巴黎，许思园夫妇避居附近乡村。1942年，许思园用法文写成《相对论驳议》(后有英译本)，同年用法文写出《从一

---

① 沈建中编撰：《施蛰存先生编年事录》(上)，上海古籍出版社2013年版，第84页。

种新的观点论几何学基础》。1944年离开法国到葡萄牙。在葡滞留年余,即乘货轮到美国。到美国后,住普林斯顿,与爱因斯坦讨论战争、宗教与中国哲学诸问题。1946年春回国,先在南京中央大学任教授,翌年夏任无锡江南大学哲学研究所所长。新中国成立后,在山东大学历史系任教。1957年被错划为"右派",1963年兼教外文系的英文,1964年后不再讲课,但仍写出《论中国哲学》《论中国文化》《论中国诗》等专著。1974年因病去世。

有人曾说钱锺书与许思园本是童年时的同学,也有人说他们是由钱学熙居间介绍认识的,"两人谈话不上两分钟必争执起来"。不过,他们于1937至1938年这一年同在巴黎则是事实。①

美国学者夏志清判断许思园就是《围城》那个被挖苦最凶的"空头哲学家"褚慎明,说是许氏把汪精卫的诗篇译成英文(Seyuan Shu, tr., *Poems of Wang Ching wei*, London, Alien and Unwin, 1938),汪才送他出国的。② 而汤溢泽则认为夏志清的推测实为乖谬,因许思园出国是受吴稚晖赞助。③

不过,据杨绛回忆,小说《围城》中的人物褚慎明,即取材于这一时期在法国的相识。杨绛写道:

> 褚慎明和他的影子并不对号。那个影子的真身比褚慎明更夸张些呢。有一次我和他同乘火车从巴黎郊外进城,他忽从口袋里掏出一张纸,上面开列了少女选择丈夫的种种条件,如相貌、年龄、

---

① 爱默:《钱锺书传稿》,百花文艺出版社1992年版,第113页。
② [美]夏志清:《重会钱锺书纪实》,《新文学的传统》,新星出版社2010年版,第266页。
③ 汤溢泽:《透视钱锺书》,湖南人民出版社2006年版,第82页。

学问、品性、家世等等共十七八项，逼我一一批分数，并排列先后。我知道他的用意，也知道他的对象，所以小心翼翼地应付过去。……后来我称赞他西装笔挺，他惊喜说："真的吗？我总觉得自己的衣服不挺，每星期洗熨一次也不如别人的挺。"我肯定他衣服确实笔挺，他才高兴。其实，褚慎明也是个复合体，小说里的那杯牛奶是另一人喝的。那人也是我们在巴黎时的同伴，他尚未结婚，曾对我们讲：他爱"天仙的美"，不爱"妖精的美"。他的一个朋友却欣赏"妖精的美"，对一个牵狗的妓女大有兴趣，想"叫一个局"，把那妓女请来同喝点什么谈谈话。有一晚，我们一群人同坐咖啡馆，看见那个牵狗的妓女进另一家咖啡馆去了。"天仙美"的爱慕者对"妖精美"的爱慕者自告奋勇说："我给你把她找来。"他去了好久不见回来，钟书说："别给蜘蛛精网在盘丝洞里了，我去救他吧。"钟书跑进那家咖啡馆，只见"天仙美"的爱慕者独坐一桌，正在喝一杯很烫的牛奶，四围都是妓女，在窃窃笑他。[1]

许思园与褚慎明之间，到底能不能划等号？并不在本书探讨的范围，就此打住。

顺便提一下，杨绛之父杨荫杭早年在家乡鼓吹革命，乡绅许珏曾愤然说："此人该枪毙。"[2]许珏就是许思园的祖父。

---

[1] 杨绛：《记钱锺书与〈围城〉》，《杨绛全集》(2)，第 174—175 页。
[2] 杨绛：《回忆我的父亲》，《杨绛全集》(2)，第 100 页。

第四章　杨绛:抗战岁月

初抵"孤岛"

1937年下半年,日军侵华的消息一天天地从国内传来,而欧陆上空的战争风云也开始密布,法国变得岌岌可危,并非合适的久居之地。
1938年3月12日,钱锺书在写给英国朋友司徒亚的信中说:

> 我们将于九月回家,而我们已无家可归。我们各自的家虽然没有遭到轰炸,都已被抢劫一空……我的妻子失去了她的母亲,我也没有任何指望能找到合意的工作(指国难期间),但每个人的遭遇,终究是和自己的同胞结连在一起的,我准备过些艰苦的日子。①

---

① 吴学昭:《听杨绛谈往事》,第117页。

那时,钱锺书的奖学金还能延期一年,但他们都急着回国。"我们为国为家,都十分焦虑。"①外交部、英文《天下月刊》和上海的西童公学都愿意约聘钱锺书。最后,他又接到了冯友兰的回信,西南联大愿意聘请他担任外文系教授,月薪三百。作为清华大学的毕业生,面对母校的破格聘用,钱锺书立即决定回国任教。

1938年8月,杨绛、钱锺书一家三口坐法国邮轮 AthosII(阿多士II)同船回国。这样,钱锺书、杨绛在法国只住了一年。船抵达香港,夫妻二人就此别过。钱锺书取道越南海防,转赴昆明入西南联大任教。而急于和父亲在上海团聚的杨绛则携幼女原船回沪省亲,11月抵沪,"从此开始了她长达八年备尝艰辛的抗战岁月"。②

图57 杨绛、钱锺书和女儿圆圆合影

---

① 杨绛:《我们仨》,《杨绛全集》(4),第82页。
② 吴学昭:《听杨绛谈往事》,第139页。

抵达上海后,杨绛带着女儿住进了夫家。其时,钱锺书之父基博、叔孙卿两家合住在上海辣斐路609号一幢临街的三层房子,三代同堂、两大家子人合住一起,条件之拮据可想而知。杨绛带着女儿与二弟媳妇及其儿子挤住在二楼的亭子间。后来,杨绛父亲杨荫杭住进霞飞路来德坊的房子,杨绛母女搬去同住,情况才得到好转。

杨绛形容自己回到上海后,仍然能够跟父亲、姊妹生活在一起的情景时,虽只寥寥数语,却十分感人:

> 逃难避居上海,生活不免艰苦。可是我们有爸爸在,仿佛自己还是包在竹箨里的笋,嵌在松球里的松子。①

在那样的乱世,生活条件大不如前,但仍然能够一家人聚在"孤岛",已经是莫大的幸福了。战乱时代的女儿,能够如杨绛姊妹一般,仍然生活在父亲身边,得到父亲的照顾,并且能够照顾父亲,是何等的奢侈啊!

到上海后,杨绛找到的第一份工作是为一李姓富商的女儿担任家庭教师。这时,其母校苏州振华女校的东山分校和同里分校被迫停办,王季玉把学校开到上海,成立振华上海分校,找到杨绛,要求杨绛代她主持。这段历史,吴学昭的《听杨绛谈往事》中记录甚详,后来租定赫德路振粹小学的校舍办学,具体日期却未说。

据《申报》1939年6月23日《学校汇讯》:

> 苏州振华女中　私立苏州振华女子中学人才辈出,自苏州沦

---

① 杨绛:《记杨必》,《杨绛全集》(3),第46页。

陷后,该校即行停办,现定于暑后在沪复课,租爱文义路赫德路口大厦为校址,即日起开始旧生登记,并招收新生。一切教导事宜,仍照成规办理,除原有教职员外,并添聘最近自英国留学回国之文学家杨季康女士主持一切。

图58 王季玉

1939年9月,振华中学上海分校正式开学,避住在上海租界的振华旧生纷纷入学,学校办得颇有起色。

1940年的《振华校友通讯》曾刊有杨绛的《本学年学校概况》。这篇文章只有区区200余字,从中可以知道,振华中学在过去的一年间,"新旧生两次招考共约两百名",本届毕业生,初中高中两班共约五十余人"。

但是杨绛始终对行政工作无大兴趣,更属意文学创作。一年后,她坚辞振华校长职与教职,只在工部局小学担任半天的代课教师,同时开始了剧本《称心如意》的创作。杨绛在工部局北区小学先后任教三年,学校离他们住的法租界很远,但因为待遇不菲,每月还有三斗白米作为实物补贴,她一直坚持了下来。1943年秋,日本人接管工部局小学,杨绛立即辞去教职。

再说钱锺书,则从香港去了西南联大外文系任教。孤身一人在昆明的钱锺书非常思念在上海的妻女,1939年7月,暑假一开始,他就迫不及待赶往上海,住在来德坊的岳丈家里。谁知父亲钱基博突然来信,说很想念儿子,要钱锺书到他任教的湖南蓝田师范学院侍奉,并出任新成立的蓝田师范学院英文系主任。

1938年7月,国民政府拟在湖南安化蓝田镇设立蓝田国立师范学院,首任院长廖世承与钱基博素有交谊,互相欣赏,遂聘钱基博出任蓝田师院教授兼国文系主任。新成立的蓝田师院的水准自与西南联大相去甚远,杨绛竭力反对丈夫去高就低。但是钱锺书在家里受到了空前的压力,似乎不去蓝田不仅当不成孝子,在钱家都难立足了。杨绛后来在《我们仨》一书中回忆当时在婆家受到的压力:

> 一到那边,我好像一头撞入天罗地网,也好像孙猴儿站在如来佛手掌之上。他们一致沉默;而一致沉默的压力,使锺书没有开口的余地。我当然什么也没说,只是照例去"做媳妇"而已。可是我也看到了难堪的脸色,尝到难堪的沉默。我对锺书只有同情的份儿了。①

钱锺书只好请辞清华教职,和蓝田师院聘请的其他同事结伴离开上海,同往湖南蓝田。这似乎就是后来《围城》里方鸿渐和五位同事赴三闾大学的故事原型。父子二人继在光华大学之后再一次同校任教。

但是蓝田师院的学术与教学水准自难望西南联大项背,湘西苦寒之地并非桃花源,在派系林立的中国学校里负责系务行政也绝非钱锺书的强项,工作与生活中的困苦使他愈发的儿女情长。1940年暑假,钱锺书离湘回沪探亲,不料道路不通,无奈只得半路折返。一年后的1941年6月,钱锺书离开蓝田,一路辗转,经广西到越南海防搭海轮才回到上海,终于与妻女团聚。此时,吴宓等好友为钱锺书争取到了西南联大

---

① 杨绛:《我们仨》,《杨绛全集》(4),第87页。

的复聘,但钱锺书接到聘书已经是在新学期已经开学数周的10月初。面对此种尴尬,钱锺书只能请辞。

关于这一年聘书延迟以及1939年电报遗失的两段往事,杨绛在回忆录中多有叙述。据杨绛回忆文章的文意,1939年钱锺书和杨绛内心都不愿去蓝田,盼望联大校方加以挽留,但慰留函迟迟未见。钱锺书刚启程,杨绛便收到堂姐夫沈茀斋(清华秘书长兼联大总务长)的电报,得知此前校长梅贻琦已向钱发过一次电报,钱却并未收到,此时已不及挽回。杨绛在回忆中怀疑那个遗失的电报别有文章,实际或并未发出,清华外文系方面并不欢迎钱锺书回去。以梅贻琦的身份而言,似乎既无作伪动机又无必要,所以杨绛在文中有意无意地把责任推给了清华外文系主任陈福田。

在此,不妨从吴宓的日记及其他资料出发,对1939至1941年间的一些情况作一分析。

1939年7月,清华外文系主任陈福田回檀香山老家度假,分发聘书等系务均由外文系教授吴宓代理,陈直到10月初开学时尚未返回联大。① 吴宓当时的日记中首次出现与聘用钱锺书有关的内容,是9月叶公超邀吴到家中,"悉因钱锺书辞职别就,并谈商系中他事"。② 此后吴宓连续阅读钱锺书在联大授课的讲义,甚表佩服,"而惜钱君今年之改就师范学院教职也。"③从吴宓日记中的措辞来看,联大方面当是以为钱自己另谋高就,而非暗用手段促使其离开。

当时杨绛对电报怀疑的出发点,是"电报会遗失吗?好像从来没有

---

① 参见《吴宓日记》(第七册),三联书店1998年版,第30、73、84页。
② 《吴宓日记》(第七册),第74页。
③ 《吴宓日记》(第七册),第85页。

这等事"。① 杨绛的这一看法,显得过于武断。联大所在的昆明,时有敌机骚扰轰炸,与杨绛所在的上海是两个世界。云南省内军事通信频繁,电路经常拥塞,电报延迟甚至遗失并非罕有。

事实上,清华档案材料显示,1939年清华外文系向钱锺书发出了聘书,聘其为教授。同时受聘的还有钱的清华学长张骏祥。这一年,张骏祥刚从耶鲁大学戏剧研究院毕业回到国内,顺理成章地被母校清华聘为副教授。② 不过,正在国立戏剧学校(此时已迁校到四川江安)任教的曹禺也邀张骏祥前去共事,张骏祥选择了戏剧本行,未在联大停留,旋即奔赴剧校。

1940年3月,又到了筹划下学年教师人选的时候,陈福田"拟聘张骏祥,而殊不喜钱锺书",吴宓不由"为之伤感",在日记中斥为"妾妇之道"。③ 后外文系开系会"决聘张骏祥",吴"终憾人之度量不广,各存学校之町畦,不重人才"。④ 早年在张骏祥赴美留学前,吴宓曾因爱慕清华外文系女生高棣华而对张怀有情敌的戒心,对张的印象是"其人慎敏,深明世故,必可有实事上之成功"。⑤ 尽管如此,暑期陈福田回美后,代理系务的吴宓还是忠实执行了系中决议。1940年7月,吴宓致信清华教务长潘光旦,称陈福田表示"已聘定张骏祥为教授",并令下学期为其排课,但张"迄今尚未得到聘书,日昨托友辗转向宓私询",催促校方尽

---

① 杨绛:《我们仨》,《杨绛全集》(4),第87页。
② "外文系建系以来的教工名单",《百年清华 百年外文1926—2011:清华大学百年华诞暨外国语言文学系建系85周年纪念文集》,清华大学出版社2012年版,第368页。
③ 《吴宓日记》(第七册),第140页。
④ 《吴宓日记》(第七册),第147页。
⑤ 《吴宓日记》(第六册),第22—23页。

快办理。潘光旦和梅贻琦随即批示,向张骏祥发出了副教授的聘书。①

这一年,清华外文系将聘书发给了身在外校,曾经拒绝留在联大的张骏祥,但却耐人寻味地放弃了钱锺书。据"外文系建系以来的教工名单",钱锺书不在1940年清华外文系聘任名单中。张骏祥接到聘书后,却最终还是留在江安剧专,未赴联大。1940年11月,陈福田邀清华外文系诸人商讨系务,"席间议请锺书回校任教,忌之者明示反对,但卒通过"。②

到了1941年,情况又有了新的变化。3月,清华聘任委员会"通过决议新聘钱锺书为外文系教授,月薪390元,张骏祥为外文系教授,月薪360元"。③ 虽然清华方面再次邀请张骏祥,且将职位升到教授,他仍然没有回来。1941年1月,张骏祥离开剧专,本拟赴上海剧艺社,却在重庆受邀到中央青年剧社任副社长,不久担任社长,从此成为职业导演和剧作家,与外文系学术圈渐行渐远,几年后转向电影事业。

这一年夏天,钱锺书辞去师院教职,回到上海家中,计划返回联大任教,但他一等再等,没有等来预期中的聘书。杨绛于钱锺书在世时发表的文章中忆称,1941年暑假,钱回到上海"准备小住几月再回内地。西南联大外语系主任陈福田先生到了上海特来相访,约他再回联大。值珍珠港事变,他就沦陷在上海出不去了"。④ 而到了后来的回忆中,情节丰富了许多,"联大开学以后,陈福田先生有事来上海。他以清华大学外文系主任的身份,亲来聘请钱锺书回校。清华既已决定聘钱锺书回校,聘书早该寄出了。迟迟不发,显然是不欢迎他。既然不受欢迎,何苦挨上去自讨没趣呢?"于是钱"客客气气地辞谢了聘请,陈福田完成

---

① 吴学昭编:《吴宓书信集》,三联书店2011年版,第230页。
② 《吴宓日记》(第七册),第258页。
③ 吴学昭:《听杨绛谈往事》,第176页。
④ 杨绛:《记钱锺书与〈围城〉》,《杨绛全集》(2),第171页。

任务就走了,他们没谈几句话"。①

杨绛笔下对陈福田颇有微辞。实际上,此事也不应诿过于陈。1941年6月初,陈福田例行回檀香山,清华系务仍交由吴宓处理。这个夏天,吴宓正陷于对联大生物系助教张尔琼的痴恋,他在八九月间与钱锺书有过通信往来,但日记中未提及聘书有何问题。② 陈福田人在国外,校中是否按时寄出聘书,钱锺书是否及时收到,他无法掌握,即使出了差错也不该由他负责。上一年暑期,原本议定发给张骏祥的聘书也未及时发出,全靠张本人积极沟通,吴宓写信催促,才得以立即办理。陈福田从美国返回后亲往钱宅聘请,礼数周全,但钱锺书不解释因聘书延迟怀有顾虑这些内情,只是一口辞谢,让陈福田还能说什么呢?

苦难中的笑声

太平洋战争爆发后,"孤岛"沦陷,西去内地也变得遥不可及。钱锺书陷入了失业的困境,杨荫杭避难租界后,未再执律师业,仅在震旦女子文理学院教《诗经》消遣,此时遂将此课每周两小时的课时让给女婿。可是这点钟点课时费远不足以维持家计,曾经的清华教授、国立师范学院的外文系主任不得不兼做家庭教师。钱锺书收了三位家境丰裕的拜门弟子,靠束修贴补家用。

在此后的岁月中,钱锺书始终未能谋到一份大学全职,一直处于半失业的状态;杨绛在小学教书、写剧本,贴补家用,家中也不再雇请佣

---

① 杨绛:《我们仨》,《杨绛全集》(4),第98页。
② 《吴宓日记》(第八册),第156、170页。

人,夫妻一直过着清贫的生活。而"贫"和"病"几乎总是接踵而来的,从小体弱的钱锺书几乎每年都会大病一场,一病可能就是一个月。可怜杨绛这个昔日的大家闺秀不仅要赚钱养家,还要照顾生病的丈夫,而她的戏剧创作却在这时候大放光彩。

1942年,杨绛在逼仄的亭子间里完成了她的第一部喜剧剧本《称心如意》。《称心如意》分四幕,这个故事讲述了一个失去双亲的孤女李君玉,千里迢迢从北平到上海来投靠舅舅们,于是,就有了她一连串的喜剧性的遭遇。在银行任经理的大舅嫌她家贫无利可图,原不拟收留她,可大舅妈却逼大舅收她当书记,也帮助她料理家务。大舅妈此举,实际上是怕丈夫爱上年轻漂亮的女书记陆小姐,利用君玉把这位陆小姐挤走。这位大舅妈利用着君玉,又嫌弃着她。于是,她又借口担心君玉有病传染给她的女儿,便将君玉顺手推给二舅家。二舅妈则借口四舅妈没有孩子,又把君玉推给四舅家,四舅妈不想收留君玉,又将她推给年老孤独的舅公。没想到,最后被踢到舅公那里的君玉,却深得老人的欢心,不仅获得了老人财产的继承权,还找到了乘龙快婿——舅公老友的儿子,真可谓"称心如意"。而那几个苦心巴结舅公的舅舅、舅母们,则机关算尽一场空。

剧本处女作《称心如意》,是杨绛在好友陈麟瑞、李健吾等人鼓励下完成的。1943年1月由国文剧专高职科第五届毕业公演,大导演黄佐临亲自执导;5月由上海联艺剧团在金都大戏院上演两周,仍由黄佐临导演,李健吾客串饰演了老舅公的角色。李健吾用一首诗的形式,对杨绛的戏剧创作给予了极高的评价:

　　一个清莹的湖,
　　现在,你顺着湖岸

或是泛着小舟往前走,
湖水的尽头把一个
更广大也更惊人的天地给你,
于是豁然开朗,
到了桃花源。①

也正是从此时起,"杨绛"这个笔名被首次使用,当时钱杨夫妇大概都预料不到日后她会以这个笔名著称于世。

图 59 《称心如意》书影

---

① 孟度:《关于杨绛的话》,《杂志》第 15 卷第 2 期,1944 年 5 月。

继《称心如意》之后，杨绛的第二部戏五幕喜剧《弄真成假》于1943年10月在金城大戏院公演，由新成立的同茂演艺公司排演。

《弄真成假》写了小职员周大璋和张燕华为了追求金钱婚姻而发生的一场可笑而又可悲的故事。男主角周大璋，市井穷人出身，但长得一表人才，靠借舅舅的资助，到外国最便宜的地方混了一年半载，"借"来一张洋中学文凭，再凭着长相与口才，一心想当有钱人家的乘龙快婿。于是，他抛开旧情人张燕华，结识了地产商的女儿张婉如，为此极尽阿谀诌媚、甜言蜜语之能事。他的女友张燕华在家里受父亲与后母嫌弃，寄居叔叔家，在外是公司的小职员，可她却凭着"地狱里的火，在心里烧"的能量，巧使手腕，不惜抛弃了忠厚老实的恋人冯光祖，使周大璋跟她私奔。结果却发现周家一贫如洗，周大璋根本不是啥富家少爷。由于地皮商的作梗，以及张燕华的阻挠，周大璋对张婉如的追求未能成功。本来对张燕华恼恨交加的周大璋，在得知张燕华声称有钱之后，转而投入到旧情人的怀抱，两个人立刻"相爱"并迅速结婚了。但是，最后谜底揭晓了，"弄真成假"，此二人都是穷光蛋。透过这些看来可笑而可悲的故事，展现着他们的种种可笑和可怜，折射出处身在那个社会的人的悲哀。

杨绛戏里的故事都发生在家庭亲戚之间，她很巧妙地挑战了以往戏剧电影中司空见惯的男—女、富—穷、好—坏等这些二元对立，批评有钱人的虚伪，也讽刺了贫民的势利，鞭挞男人的无情，也嘲讽了女人们的机关算尽。杨绛通过这两部喜剧，将上海人日常生活中的喜怒哀乐、善恶美丑刻画得入木三分。当时的剧评家称："作者观察人间诸相，别有慧眼，描写人物性格，亦独具女性之敏感，能超乎现实以上，以深入现实之中，仿佛对于事事物物无显著之爱憎，而又是关心她周遭的形形色色，都寄于相当的同情，静观有得，沾沾自喜，于世间之熙攘、纷争，一概以温和、清新的嘲讽加以覆被,如春风,亦如朝阳。"① 李健吾说:"我坚持地说,在现代中国文学里面,《弄真成假》将是第二道纪程碑。……第一道纪程碑属诸丁西林,人所共知,第二道我将欢欢喜喜地指出,乃是杨绛女士。"②

李健吾是钱杨夫妇抗战时期在上海的密友,他描述那时的杨绛,"是一位勤劳的贤淑的女人,白皙皙的,不高、不瘦、不修饰,和她在一起,你会觉得她和她的小女孩子一样腼腆,唯其具有性静的优美的女性的敏感,临到刻画社会人物,她才独具慧眼,把线条勾描得十二分匀称。一切在情在理,一切平易自然,而韵味尽在个中矣"。③

这两部戏的创作似乎出于偶然,首演大获成功也多少让人有点意外,实际杨绛在学生时代已接触西洋戏剧,对戏剧理论、戏剧史和戏剧创作技巧有丰富的知识和理解。杨绛在清华大学研究院学习时,外国语言文学部主任是曾受教于戏剧家贝克(G. P. Baker,1866—1935)的王文显教授,著有《委曲求全》《梦里京华》等多部剧作,他所开设的"外国戏剧""戏剧概要""莎士比亚研读"等课程,使清华外文系毕业的许多同学如洪深、陈铨、石华父(陈麟瑞)、李健吾、曹禺、张骏祥等受影响,开始接触西洋戏剧,并在以后从事剧本创作和演剧活动。在牛津大学和巴黎大学进修西洋文学时,杨绛遍读古希腊以来的西文戏剧经典,对悲剧和喜剧以及后来的悲喜剧概念的理解更清晰了。她生性开朗幽默,对喜剧体会尤深。喜剧不应只是用夸张的手法讽刺和嘲笑丑恶落后的现象,还应有趣可笑而又意味深长。杨绛就是本着这样的认识创作中国式的风俗喜剧的。

---

① 孟度:《关于杨绛的话》,《杂志》第 15 卷第 2 期,1944 年 5 月。
② 同①。
③ 同①。

杨绛的生活和创作的态度,在战时上海的知识分子中是有代表性的,而杨绛的喜剧创作对沦陷时期的上海更加意义非凡。"像目前如此动乱、淫靡、畸形发展的社会,要想产生大量真正艺术的剧作是不可能的,那些乱七八糟的'喜剧''闹剧',正是反映这种吸血的商业社会的镜子。这时候居然悄悄出来一位杨绛先生,使关心戏剧艺术的人们在紧张刺激、纷乱杂沓之余突然宁静下来,同时体味到一种和谐美。""以《称心如意》一剧出现于战后剧坛的杨绛先生,恰如早春的一阵和风复苏了冬眠的大地、万物,平添上欣欣的生意。"①

　　凭着《称心如意》《弄真成假》的成功,杨绛饮誉上海滩。差不多同时在上海开始话剧创作与翻译工作的宋淇,多年以后回忆沦陷时期的上海戏剧界还专门讲到杨绛,说黄宗英就是靠演杨绛的《称心如意》一炮而红,钱锺书"靠着大学教授和教有钱人家的家馆,还是不够,那么,杨绛就出来写剧本,写了三个喜剧,一个悲剧"。② 宋淇分析沦陷时期上海戏剧发达的原因,是"因为好莱坞的电影没法来了,可是老百姓要娱乐,惟一能代替电影的是话剧……因为当时同样花钱去看日本人华影的《万世流芳》,大家不如去看《甜姐儿》了,或者去看黄佐临的《大马戏团》了,《荒岛英雄》,或者是黄佐临改编的《梁上君子》了"。③ 战后,著名的剧作家、小说史学家赵景深忆及当年观看《称心如意》演出时的深刻印象:"觉得此剧刻划世故人情入微,非女性写不出,而又写得那样细腻周至,不禁大为赞赏。"④

---

① 孟度:《关于杨绛的话》,《杂志》第15卷第2期,1944年5月。
② 水晶:《访宋淇谈流行歌曲及其他》,《记忆张爱玲》,陈子善编,山东画报出版社2006年版,第116—117页。
③ 水晶:《访宋淇谈流行歌曲及其他》,《记忆张爱玲》,第126页。
④ 赵景深:《记钱锺书与杨绛》,《世界月刊》1946年第4期。

第四章 杨绛：抗战岁月

即使到了当代，这些喜剧的价值仍然没有消减。柯灵将杨绛的两个喜剧称为"孤岛戏剧"中"喜剧的双璧""中国话剧库存中有数的好作品"。① 夏衍说："谈当代剧作家而不提杨绛，是不公道的。"②

从1944年开始，钱锺书开始创作《围城》，杨绛甘为"灶下婢"，但她仍没有放弃戏剧的创作。1945年夏季，杨绛的第三出戏剧《游戏人间》由苦干剧团上演，导演是姚克。不过，剧本未能保留。

杨绛的第四出，也是最后一部戏剧由喜剧转向悲剧，剧名为《风絮》，由钱锺书出的点子。此剧仍然由苦干剧团排演，并已登出预告，但终因时局的变化，未能正式登台。

《风絮》写知识青年方景山携妻沈惠连到乡间创业，不料被诬入狱，经其友人唐叔远与沈共同营救始出狱。在此过程中，沈不知不觉钟情于唐，唐迫于朋友妻不可欺之古训而婉拒。方却经受不住爱妻移情别恋的打击，留下遗书欲走绝路。唐见到遗书，以为障碍已去而抱拥沈，沈却又陷入深深的自责。此时改变主意的方重新折回，三个人面对面摊牌。悲剧终于酿成，沈乘方、唐不备夺过手枪自尽，方、唐陷入更大的痛苦之中。三个有为青年竟为情感所困而酿成一出悲剧，"一生太短了，不能够起个稿子，再修改一遍"（沈惠连语），这正是作者想要告诉读者的。

《风絮》剧本连载于1946年4月、5月上海《文艺复兴》第一卷第三、四期，其时钱锺书的《围城》也正在《文艺复兴》连载，夫妇俩的作品同时在同一刊物连载，在中国现代文学史上少见。《文艺复兴》刊出《风絮》时，注明是"四幕悲剧"。编者李健吾在《编余》中说："从本期起，我们开

---

① 柯灵：《上海沦陷期间戏剧文学管窥》，《上海师范学院学报》1982年第2期。
② 夏衍：《忆健吾——〈李健吾剧作全集·序〉》，《文艺研究》1984年第6期。

始发表杨绛女士的《风絮》,她第一次在悲剧方面的尝试,犹如她在喜剧方面的超特成就,显示她的深湛而有修养的灵魂。"到了 1947 年 7 月,《风絮》单行本由上海杂志公司推出,列入"文艺复兴丛书第一辑"之中。这套书规格不低,第一辑还收入唐弢编《鲁迅全集补遗》、郑振铎《蛰居散记》、师陀《果园城记》、柯灵和师陀《夜店》、许广平《遭难前后》等。据白烨编《杨绛著译书目》,《风絮》1986 年由《华人世界》重新发表,但后来的《杨绛文集》未收入。直到 2014 年 8 月人民文学出版社出版《杨绛全集》,《风絮》才被编入。

杨绛自己在晚年总结这段困苦时期的喜剧创作时说:

> 如果说,沦陷区在日寇铁蹄下的老百姓,不妥协、不屈服就算反抗,不愁苦、不丧气就算顽强,那么,这两个喜剧里的几声笑,也算表示我们在漫漫长夜的黑暗里始终没丧失信心。在艰苦的生活里始终保持着乐观的精神。①

对日本士兵的记忆

杨绛这个初涉戏剧界的家庭主妇,很快被日本人瞩目。后来她写过一篇文章描述日本人上门搜查的惊险经历:日本宪兵司令部的荻原大旭带着一个"高丽棒子",勒令杨绛次日到贝当路宪兵司令部交代情况:

---

① 杨绛:《〈喜剧两种〉一九八二年版后记》,《杨绛全集》(5),第192 页。

那时候李健吾先生已给日本宪兵司令部拘捕多时,还未释放。我料想日本人找我,大约为了有关话剧的问题,很可能问到李先生。那么,我就一口咬定和他不熟,他的事我一概不知,我只因和李太太是同乡又同学,才由她认识了李先生。(其实,我是由陈麟瑞先生而认识李先生的。)

杨绛"穿一身半旧不新的黑衣黑鞋,拿一只黑色皮包",还"带了一本当时正在阅读的《杜诗镜铨》",坐了一辆三轮车,就去了那传说中吃人的宪兵司令部。结果进了"一间干净明亮的小会客室里,长桌上铺着白桌布,沙发上搭着白纱巾,太阳从白纱窗帘里漏进来"。日本宪兵让杨绛坐在沙发上,杨绛感觉自己"像武松在牢房里吃施恩家送的酒饭一样,且享受了目前再说,就拿出书来孜孜细读"。等荻原大旭进来后,叫杨绛填了简历表,只问她如何认识剧团的头头等一些话题,并未刁难她,"日本人很客气地"把她"送到大门口"。[①]

这些细节是杨绛1988年在一篇题为《客气的日本人》的杂文里回忆的,当然因时过境迁,笔触相对轻松。她甚至清晰地记得当天日本宪兵司令部会客室里的沙发、窗帘的装饰,显然,那可怕的吃人的地方并没有给她留下多少恐怖的记忆。

同样,李健吾专门写过一篇散文叫《荻原大旭》。在那篇散文里,李健吾与杨绛对周边环境细致入微的描写完全不同,着力勾勒了这个日本军曹的可怕:

这个绍兴师爷似的人物,完全是一个冷血动物,两眼闪闪发

[①] 杨绛:《客气的日本人》,《杨绛全集》(3),第110—113页。

光,活像一条对着青蛙的长蛇,不动,以一种内在的吸力摄取着囚犯的心灵。他看定你,先不开口,打量你,微笑一下,同情而又彬彬有礼。忽然地轻轻咳了一声,似乎对于自己的缄默的观察有所心得,或者有所领悟。他的瞳仁转动一下,森森然给你一种异样的不安的零乱的感觉。①

李健吾在被荻原军曹施了水刑折磨了近二十天后,才被朋友们花钱赎了出来,所以他对这段经历心有余悸,描述荻原是"地狱放出来的鬼怪",当他写下这段往事之时,"提笔写到这个日本宪兵的名姓的时候,手好像关在贝当路宪兵队写口供,不由自主就颤抖起来"。②

同一个日本军曹,在杨绛与李健吾的回忆中呈现出截然不同的面相,一方面客气斯文,另一方面格外狠毒。或许这就是人性的多元性,又或许是战争泯灭了侵略者原本善良的人性。

杨绛还曾回忆过一段与日本士兵正面交锋的往事。那时,她在工部局某小学任代课老师,乘有轨电车上下班。有一天,一位日本士兵上车检查。乘客都得站起,而她站得比别人略晚了些。"日本兵觉察了,他到我面前,瞧我低头站着,就用食指在我颔下猛一抬。""我顿时大怒。他还没发话,我倒发话了。我不会骂人,只使劲咬着一字字大声说:'岂有此理!'"在与她相持了不知多久后,日本兵居然"转过身","蹬着笨重的军靴一步步出去"。杨绛觉得"那日本兵也许年纪较小,也许比较老实,一时上不知怎么对付",才让她只是在"闯祸的边缘",而没有

---

① 李健吾:《荻原大旭》,《李健吾散文随笔选集:咀华与杂忆》,中央编译出版社2010年版,第363—367页。
② 李健吾:《荻原大旭》,《李健吾散文随笔选集:咀华与杂忆》,第363页。

真的闯祸。①

　　杨绛无论是战时的戏剧创作,还是战后的回忆写作,都拒绝投身于宏大叙事,再沉重的记忆,再深重的苦难,都从细节的回忆,都从细腻的观察写起,不作狂言大语,不随便控诉。

甘当"灶下婢"

　　与妻子戏剧创作大获成功相比,钱锺书的蛰居生活颇不如意,"锺书的二弟、三弟已先后离开上海,锺书留在上海没个可以维持生活的职业,还得依仗几个拜门学生的束脩,他显然最没出息"。② 正是在看了杨绛的话剧公演后,钱锺书对妻子说,"我想写一部长篇小说!"这部小说就是日后赢得国际赞誉、取得巨大成功的《围城》。

　　杨绛全身心地支持丈夫的创作,"做灶下婢也心甘情愿"。钱锺书怕自己没有时间写长篇,妻子鼓励他可以减少授课的时间:

> 我们的生活很省俭,还可以更省俭。恰好我们的女佣因家乡生活好转要回去。我不勉强她,也不另觅女佣,只把她的工作自己兼任了。劈柴生火烧饭洗衣等等我是外行,经常给煤烟染成花脸,或熏得满眼是泪,或给滚油烫出泡来,或切破手指。可是我急切要看锺书写《围城》(他已把题目和主要内容和我讲过),做灶下婢也心甘情愿。③

---

① 杨绛:《闯祸的边缘——旧事拾零》,《杨绛全集》(3),第103—105页。
② 杨绛:《我们仨》,《杨绛全集》(4),第102页。
③ 杨绛:《记钱锺书与〈围城〉》,《杨绛全集》(2),第172页。

《围城》完稿后,在 1946 年 2 月至 1947 年 1 月的《文艺复兴》连载,1947 年 5 月由上海晨光出版公司出版单行本,1948 年 9 月再版,1949 年 3 月第三次出版。钱锺书在《围城》的序中对妻子的全力支持表示大力的感谢:

> 这本书整整写了两年。两年里忧世伤生,屡想中止。由于杨绛女士不断地督促,替我挡了许多事,省出时间来,得以锱铢积累地写完。照例这本书该献给她。①

在杨绛甘为"灶下婢"的无私支持下,钱锺书在战时还完成了《写在人生边上》《谈艺录》和短篇小说集《人兽鬼》,这三本著作均由上海开明书店出版,是战时上海"鸟笼文艺"中的传世之作。

2009 年,台湾学界朋友举行座谈会,议题之一为"钱锺书生命中的杨绛"。杨绛因年事已高未能成行,却以此为题写下短文,但未交出。文中称:"但每项工作都是暂时的,只有一件事终身不改,我一生是钱锺书的杨绛。这是一项非常艰巨的工作,常使我感到人生实苦。但苦虽苦,也很有意思,钱锺书承认他婚姻美满,可见我的终身大事业很成功,虽然耗去了我不少心力体力,不算冤枉。"②钱锺书、杨绛蛰居上海的近四年时间,正是太平洋战争爆发,上海从"孤岛"到沦陷的战时最黑暗时期。钱锺书更是先离开大后方抗日教育的最高学府西南联大,再从国立的蓝田师院撤退,回到日本人统治下的上海,过着逼仄而困苦的岁月。但钱锺书、杨绛夫妇始终抱着一种不悲观、不妥协的生活态度,坚

---

① 钱锺书:《围城·序》,晨光出版公司 1947 年版。
② 杨绛:《钱锺书生命中的杨绛》,《杨绛全集》(3),第 290 页。

持着自己的艺术与学术追求。

当时困守在沦陷区的知识分子并非少数,与钱锺书夫妇常常走动的就有暨南大学外文系主任陈麟瑞和柳无非夫妇,戏剧家陈西禾、李健吾,翻译家傅雷夫妇等。"那时候知识分子在沦陷的上海,日子不好过,真不知'长夜漫漫何时旦'。但我们还年轻,有的是希望和信心,只待熬过黎明前的黑暗,就想看到云开日出。"①

1945年,抗战胜利,他们终于走过最黑暗的这段岁月。钱锺书结束了靠做家庭教师补贴生活的日子,也辞去了震旦女子文理学院的几个小时课,任中央图书馆英文总纂,主编《书林季刊》(*Philobiblon*),后又兼任暨南大学教授,英国文化委员会顾问等,几本重要的作品也陆续出版。生活变得忙碌而充实起来。

"香粉铺"和"活春宫"

《围城》出版以后,万人传诵,被誉为好书,但同样也招致了一些批评和非议。

在《听杨绛谈往事》中,吴学昭写道:

> 《围城》在好评如潮的同时,也遭到一伙人围攻,每天在报刊上痛骂《围城》是'香粉铺',是'活春宫'。不久,巴人(王任叔)在报上写了一篇文章,声明骂《围城》的不是共产党,他代表共产党

---

① 杨绛:《〈傅译传记五种〉代序》,《杨绛全集》(2),第300页。

发表此文。①

文中所说"每天在报刊上痛骂《围城》是'香粉铺',是'活春宫'","每天"用词显然是文学化的描写,但批评《围城》是"香粉铺"和"活春宫",的确有之。

所谓"香粉铺",出处是罗曼罗兰《约翰·克利斯朵夫》中的一段话:"……产生了雨点般多的小说,老是猥亵的、装腔作势的……令人读了如入香粉铺,闻到一股俗不可耐的香味与糖味。"1948年2月25日,上海横眉社出版了《横眉小辑》第一辑,其中有"方典"撰写的《论香粉铺之类》一文。"方典"称:

> ……作者钱锺书还是一位学者。从他用了一串拉丁文、西班牙文之类就可以知道他的身份。可是你把这篇小说读上一两页,你就会怀疑自己的眼睛起来,你会惊异,因为你在这篇小说里看不到人生,看到的只是像万牲园里野兽般的那种盲动骚动着的低级的欲望……作者对于女人无孔不入的观察,真使你不能不相信他是一位风月场中的老手,或者竟是一个穿了裙子的男人!他在他的小说中,闯进了女人的闺房,翻动了她们的床褥,检阅了她们的全身,甚至描写到她们的每一个毛孔!总之,这篇小说在这方面研究的周到、精细、入微,简直可以当作这类玩意的百科全书来读!

"方典",是王元化的笔名。

---

① 吴学昭:《听杨绛谈往事》,第221页。

至于"活春宫"的话,见于《同代人》1948年4月20日第一卷第一期上发表的《从〈围城〉看钱锺书》。在文中,作者张羽对钱锺书予以排炮式的轰炸。张羽称《围城》中的人物虽然是虚构的,但他认为里面人物是钱锺书自己。"只有钱锺书这样装饱了肚皮,闲着没事做的绅士和清客,才会在这五光十色的市场上演幻术,为那些遗老遗少们寻开心,替那些妖姬艳女们讲恋经。"他认为钱锺书的才情在廉价地向公众拍卖,"在故弄玄虚,在制造巧遇,搬来了西洋古董和海外奇谈,以显示自己明了掌故"。这些只是供遗老遗少们在茶余酒后,作排愁解闷而已。最后,张羽结合小说中一些琐屑情节,称《围城》"是一幅有美皆臻无美不备的春宫画,是一剂外包糖衣内含毒素的滋阴补肾丸。它会引你进迷谷,动邪火,陷情网"。

吴学昭还称,巴人(王任叔)"在报上写了一篇文章,声明骂《围城》的不是共产党,他代表共产党发表此文"。① 这可能是吴的笔误。解放前的国民党统治区,国共两党斗争剧烈,白色恐怖严重,说巴人"代表共产党"在报上"声明骂《围城》的不是共产党",是无法想象、很不现实的。

据沈鹏年在《行云流水记往》一书中记载:

> 1948年7月,巴人署名"无咎"在香港《小说》月刊一卷二期发表《读〈围城〉》,同在香港的乔冠华已获悉周恩来明确指示"不能批评钱锺书"。但巴人认为《围城》作者"他只看到一切生存竞争的动物性,而忽略了一切生存竞争的社会阶级斗争意义,我们作者……是需要改造了。"巴人要求《围城》作者"别再给我们小市民读者以颓废的感伤,或否定一切的冷嘲,而给予以敢于愤怒与憎恶,并进一步给

---

① 吴学昭:《听杨绛谈往事》,第221页。

予以敢于战斗。以作者圆熟的技巧……也将给予这诞生中新人类助一臂之劳吧!"——据邵荃麟同志说:当时香港(文委)发现上海有人(主要是胡风系统的)错误地批判钱锺书,又在重蹈创造社、太阳社错误批判鲁迅的覆辙了。他(邵荃麟等)要巴人写文章纠正上海(胡风系统)批钱的错误倾向。……巴人当时思想上还未摆脱"左"的影响,并没有肯定《围城》,也未能对钱锺书作出正确评价。这是巴人思想上的局限……(他从来没有"在报上发表"什么"声明")①

图60　《围城》书影(上海晨光出版公司1947年5月出版)

建国以后,"方典"和张羽都受到组织追查和批评,主要是查他们和胡风的关系,并不是为错批《围城》的事。巴人则作为中华人民共和国驻印尼大使,已出使雅加达,当外交官去了。

---

① 　沈鹏年:《行云流水记往》上,生活·读书·新知三联书店2014年版,第160页。

小妹杨必

在抗战期间的 1941 年,杨绛的小妹杨必从工部局女中高中毕业。《申报》6月 27 日《各校行毕业礼》一文中提到杨必毕业:

图 61　杨必

> 工部局女中　工部局女子中学于昨晨行毕业礼。局董明思德博士主席,校长杨瑜灵报告,赫斯德夫人给凭。黄安素牧师训词,讲合作精神,毕业生杨必别辞。本届高中毕业生姓名如下:丁兆梅、王花南、吴学淑、李幼英、李雅珍、周德华、陶潮、彭斐、程佳因、杨必、杨琇娟、华嘉增、管亨贞、骆凤鸣、邓爱德、鲍纪英、韩素侯、苏读慧。

杨必代表毕业生致别辞,可见在学校相当突出。这里的吴学淑即吴宓之大女儿,也是《听杨绛谈往事》作者吴学昭之姐,与杨必有同窗之谊。

杨必从工部局女中高中毕业后,又考入震旦女子文理学院。恰逢钱锺书在那里教课,也曾教过她。大学末一个学期,父亲杨荫杭去世,毕业后她就留校当助教,兼任该校附中的英语教师。还应傅雷之邀,曾教授傅雷之子傅聪英文。

对于这个小妹,杨绛专门写过独篇的回忆文章《记杨必》。在此篇文章的开头,杨绛写道:

> 杨必是我的小妹妹,小我十一岁。她行八。我父亲像一般研究古音韵学的人,爱用古字。杨必命名"必",因为"必"是"八"的古音;家里就称阿必。她小时候,和我年龄差距很大。她渐渐长大,就和我一般儿大。后来竟颠倒了长幼,阿必抢先做了古人。……
>
> 杨必一九二二年生在上海。不久我家搬到苏州。她的童年全是在苏州度过的。①

杨必从小聪颖,才华横溢。1934 年 4 月 4 日,《苏州明报》办了个儿童节(按:4 月 4 日是民国的儿童节)特刊,整整两大版都是苏州优良儿童的介绍,足有二十多人。其中就有杨绛的小妹杨必,报纸是这样介绍的:

> 杨必,年十二岁,江苏无锡人。六岁入本校幼稚园,后来因为距离住的地方太远,便转学到城西小学。隔了二年,再入本校。现在是六年级上期。在一级中,她的年纪最小,但是无论哪一种功课,成绩都很优异,而且聪颖异常,过目不忘。去年全校举行作文竞赛,获得冠军。先生、同学没有一个不称赞她的好学。杨君不特品学俱优,而且擅长演说,更富于办事能力,因此,本学期便由全校

---

① 杨绛:《记杨必》,《杨绛全集》(3),第 40 页。

公举她为小仓市市长。

有资料表明,解放前1947年夏,杨必在清华当了一年助教,次年6月回震旦继续教课;1948年下半年,经师长陈麟瑞(时任《上海新闻》总编辑)介绍,进入南京西路的国际劳工局兼职,做了一年翻译;同样经陈推荐,1950年4月间她又获得一份《密勒氏评论报》的翻译差事。

杨必留下两部译作:英国小说家萨克雷的不朽杰作《名利场》(Vanity Fair)、女作家玛丽亚·埃杰沃斯的《剥削世家》(Castle Rackrent)。这是在傅雷的鼓励和钱锺书的指导下完成的,译书的选择与书名的译法均是钱锺书帮忙定的。《名利场》,几乎成了杨必的名片。这部"罕见的佳译"诞生于上世纪五十年代,至今仍是业界经典译本,著名学者陆谷孙曾撰文高度评价,"英蕤窈窕,元气淋漓,非文字功力出众,小说文学修养精湛者不可为"。而《剥削世家》,傅雷曾经致信巴金,就出版事宜作推介和商议。

1952年全国"院系大调整"后,杨必调入复旦大学外文系,评为副教授。她终身未婚,被称为复旦的"玉女教授"。

1968年在"清理阶级队伍运动"中,杨必被要求交代国际劳工局的事。运动期间死亡,年仅46岁。1979年,复旦大学外语系为杨必开了追悼会。对于她的死因,有人疑心是自杀。

杨绛不接受这种说法。她在忆文中这样说:"阿必在家人偏宠下,不免成了个娇气十足的孩子。一是脾气娇,一是身体娇。身体娇只为妈妈怀她时身体虚弱,全靠吃药保住了孩子。阿必从小体弱,一辈子娇弱。""她是一九六八年睡梦里去世的","军医的解剖检查是彻底的,他们的诊断是急性心脏衰竭。"①

　　杨绛如是说,可能是因为她在北京情况不清,也可能是因为当时自杀被当作"对抗文革"的罪行,所以家属一般都回避说是自杀,后来就一直沿用这个说法。

---

① 　杨绛:《记杨必》,《杨绛全集》(3),第 42、40、50 页。